大学生职业发展与就业指导

王录军　吴旭锦　主编

国家开放大学出版社・北京

图书在版编目（CIP）数据

大学生职业发展与就业指导 / 王录军，吴旭锦主编．
北京：国家开放大学出版社，2024. 8. -- ISBN 978-7
-304-12506-6

Ⅰ. G647.38

中国国家版本馆 CIP 数据核字第 2024VH8257 号

大学生职业发展与就业指导

DAXUESHENG ZHIYE FAZHAN YU JIUYE ZHIDAO

王录军　吴旭锦　主编

出版·发行：国家开放大学出版社

电话：营销中心 010-68180820　　总编室 010-68182524

网址：http://www.crtvup.com.cn

地址：北京市海淀区西四环中路45号　　**邮编：**100039

经销：新华书店北京发行所

策划编辑：唐　华　　**版式设计：**何智杰

责任编辑：张子翱　　**责任校对：**张　娜

责任印制：武　鹏　沙　烁

印刷：天津嘉恒印务有限公司

版本：2024年8月第1版　　2024年8月第1次印刷

开本：787mm × 1092mm　1/16　　**印张：**16.25　**字数：**322千字

书号：ISBN 978-7-304-12506-6

定价：49.00元

（如有缺页或倒装，本社负责退换）

意见及建议：OUCP_ZYJY@ouchn.edu.cn

大学生职业发展与就业指导
编委会名单

前言

PREFACE

在人生的旅途中，每个人都渴望走出一条属于自己的道路，成就一番事业，实现个人的价值和追求。而对于大学生而言，站在人生新的起点上，面对着未来的无限可能，如何为自己的职业生涯进行合理规划，就显得尤为重要。《大学生职业发展与就业指导》一书，正是为引导大学生理性思考未来、明确职业方向、提升职业素养而精心编写的一部指南。

职业启蒙与专业教育，是大学生职业发展的基础。在这个阶段，大学生需要了解自己所学专业的就业前景，明确专业发展方向，培养自己的专业兴趣和能力；需要通过参与实习、社会实践等活动，增加对职业世界的感性认识和理性思考，为未来的职业发展奠定坚实的基础。

职业的自我探索，是大学生自我认知深化的过程。通过探索自己的兴趣、价值观、性格特点等，大学生可以找到适合自己的职业领域和职业方向。同时，大学生通过积极参加各类职业发展与就业指导课程，能为自己的职业生涯规划提供有力的支持。

开发职业素养，是提升个人职业竞争力的关键。大学生需要注重培养自己的职业素养，不断提升自己的综合素质；通过参加各种职业培训、技能竞赛等活动，提高自己的专业水平和实际操作能力，为未来的职业发展积累宝贵的经验。

探索职业环境，是了解职业发展趋势和市场需求的必要步骤。通过了解行业的发展趋势、企业的用人需求、职业的晋升空间等信息，大学生能为自己的职业生涯规划提供有力的依据。同时，大学生通过积极参与社会调研、行业分析等活动，能增强自己的市场敏感度和职业洞察力。

认识职业生涯规划，是明确职业目标和发展路径的前提。在这个过程中，大学生需要了解职业生涯规划的基本理论，掌握职业生涯规划的步骤和技巧；要通过制定明确的职业目标、规划合理的发展路径、设计可行的实施方案等，为自己的职业生涯描绘出一幅清晰的蓝图。

职业生涯规划实施与控制，是实现职业目标的重要保障。在这个过程中，大学生需要制订具体的行动计划，明确每个阶段的任务和目标；要建立有效的监督机制，对自己的职业生涯规划进行持续的跟踪和调整，确保职业发展的顺利进行。

职业生涯决策，是面对职业选择时的关键一步。在这个过程中，大学生需要运用科学的决策方法，理性分析各种职业选择的优势和劣势，权衡利弊得失，最终做出符合自己兴趣和能力特点的职业决策。

管理你的时间，是实现职业生涯规划的有效手段。大学生通过合理安排时间，可以充分利用时间资源，提高学习和工作效率；可以培养自己的时间管理意识和能力，为未来的职业发展打下坚实的基础。

现代职业观念，是适应职业发展变化的重要思想武器。在这个快速变化的时代，大学生需要不断更新自己的职业观念，积极应对职业挑战；要通过树立正确的职业观念，增强自己的职业适应能力和创新能力，为未来的职业发展注入新的活力。

职场新人生存法则，是帮助大学生顺利融入职场的重要指南。大学生需要了解职场文化、职场规则、职场人际关系等方面的知识，增强自己的职场适应能力和竞争力；通过遵守职场规则、积极建立良好的人际关系、不断学习和进步等，为自己的职业发展创造有利的环境和条件。

本书由渭南职业技术学院的王录军、咸阳职业技术学院的吴旭锦担任主编；渭南职业技术学院的舒新建、陕西铁路工程职业技术学院的姜留涛、宝鸡职业技术学院的温亮、榆林职业技术学院的贺五四担任副主编；王云峰、曾良华、彭晓进、巩晶、娄良珍、康旭、何宇、薛静云参与了编写。其中王录军、吴旭锦负责教材构架设计和统稿工作。具体分工为：王录军编写项目一和项目二的内容；吴旭锦、姜留涛编写项目三的内容；温亮编写项目四的内容；贺五四、彭晓进、巩晶编写项目五的内容；舒新建编写项目六的内容；王云峰编写项目七的内容；娄良珍、曾良华、康旭编写项目八的内容；薛静云编写项目九的内容；何宇编写项目十的内容。

本书在编写过程中，参考了其他一些作者的相关内容与资料，并得到部分专家学者的支持与帮助，在此一并表示感谢。由于编者水平有限，书中难免存在不妥与疏漏之处，恳请读者批评指正。

总之，《大学生职业发展与就业指导》一书能够帮助大学生理性思考未来职业发展方向和目标，提升职业素养和竞争力，实现个人价值和追求。希望广大大学生能够认真阅读本书，结合自己的实际情况进行职业生涯规划和实践，为自己未来的职业发展奠定坚实的基础。

编　者
2024 年 4 月

目录

CONTENTS

项目一 职业启蒙与专业教育

开篇导航

职业，或被视为人们谋求利益的生活舞台，或被认为是劳动者施展才华、奉献社会的连续篇章。然而，不论如何描绘其轮廓，职业始终是我们生活的重要组成部分。作为人们参与社会交往、探索人生道路的关键环节，职业深刻地塑造着每个人的个性与命运。因此，刚刚踏上职业生涯征程的大学生们，需要敏锐地洞察职业的多重维度，稳步迈向属于自己的精彩人生篇章。

学习目标

知识目标：系统掌握职业与专业的基本概念及其在当前社会的重要性，为未来的职业规划奠定坚实的知识基础。

技能目标：通过实际案例分析、模拟演练等方式，提升对职业与专业的理解，为未来的职业生涯做好准备。

素养目标：培养对职业与专业的热爱以及敬业精神，树立正确的职业观念和价值观；在追求专业技能的同时，注重个人素养的提升，成为具备综合素质的优秀人才。

单元一 职业启蒙

一、职业、行业和岗位的概念与联系

1. 职业的概念

职业是个人参与社会分工，利用专门的知识和技能，为社会创造物质财富和精神财富，获取合理的报酬作为物质生活来源，并满足精神需求的工作。选择并从事一定的职业，对每个人都非常重要。职业是人们安身立命的基础，是个人价值转化为社会价值的载体，是个人社会身份的一般性表征。

职业的概念包括以下四个方面的内容。

（1）职业与人类的需求及职业的机构相关，强调社会分工。这是因为一个人没有时间和精力完成所有工作。例如，一个人要想穿丝质面料的衣服，其不可能从养蚕做起，完成包括抽丝、织布、染色、设计样式、裁剪、缝制等整个流程的工作，而需要别人参与才能完成。不同职业的分工，体现了个人和社会的关系，也体现了职业的结构。

（2）职业与其内在属性相关，强调利用专门的知识和技能创造物质财富和精神财富。

（3）职业与社会伦理相关，强调个人只有创造物质财富和精神财富，才有资格获取合理的报酬。

（4）职业与个人生活相关，强调个人通过工作获得合理的报酬，并满足精神需求。

任何一种职业，都是独立于个人而存在于行业或组织中的，是不同行业和组织中存在的一组类似的职位。例如，会计是一种职业，它可能存在于食品行业、电子行业或其他行业和组织机构中。一个组织（或企业）中可能会有一些不同的会计岗位，如成本核算、会计电算化、出纳等岗位，但鉴于它们的相似性，我们可以把它们看作一种职业。一些人力资源调查表明，很多人在一生中不只经历一种职业，在市场经济社会中，一个人一生会经历4～7种不同的职业。有些职业可能是同时存在的，如大学生都非常熟悉的政治辅导员，他们就从事着行政管理人员和教师的双重职业。

2. 行业的概念

行业一般是指按生产同类产品、具有相同工艺和生产过程或提供同类劳动服务划分的经济活动类别，如食品行业、服装行业、机械行业等。行业是个人从事的工作的领域，行业的环境直接影响企业的发展状况，从而影响个人职业生涯的发展。

3. 岗位的概念

企业的每个部门都由若干个岗位组成，所谓岗位，是指一定的人员经常担任的工作职务和承担的职责。岗位具有以下三个要素。

（1）任务，即岗位规定个人所担任的工作职务或为实现企业的某一目的而从事的明确的工作行为。

（2）职权，即企业赋予该岗位的某种权利，用来保证该岗位人员能够履行职责，完成工作任务。

（3）责任，即岗位人员对完成任务的承诺。

任何岗位的内容都由以上三个要素组成，是任务、职权和责任的统一体。这三个要素就像一个凳子的三根支柱，缺少其中任何一根，凳子都不能站立。没有任务的岗位是多余的；没有职权的岗位，任务是完不成的；没有责任的岗位是不能保证工作的质量和效益的。

4. 职业、行业、岗位的联系

职业、行业、岗位均与工作有关，岗位是工作对应的职务与位置；行业是大概念，包括职业与岗位；职业就是专门知识、技能与工作的结合。

举例来说，财务是一种职业，但也是指财务方面的工作；财务经理、会计、出纳是不同的岗位；如果在一家制药厂做财务，就是在医药行业工作。

二、职业的意义和功能

职业在实质上实现了劳动者与生产资料的结合，体现着人与人的社会关系。人们不仅通过从事某种职业，满足了自身的需要，而且通过各自劳动成果的交换，满足了彼此的需要。职业活动在人们的社会生活中是居首要地位的活动，解决好职业问题，对促进人的社会化乃至一生的顺利发展，具有重要意义。

第一，职业是经济性和社会性的统一。生产劳动是人类社会发展中最重要的活动，而人们的职业和生产劳动是紧密相连的，这是因为人们总是通过一定形式的职业进行劳动，以获取生存和发展所必需的生活资料，满足维持个人和家庭生活的基本需要。在现实生活中，人们从事职业活动是为了取得一定的报酬，职业活动区别于其他活动的重要标志就是：职业活动是以获得经济收入、取得报酬为目的的；人们在职业活动中取得个人经济利益的同时，也为社会创造了财富，实现了社会物质财富和精神财富的积累。

第二，职业能满足人们的精神需求，促进个性的健康发展。职业是个人获得名誉、权利以及满足友谊、交往等精神需求的重要途径。同时，在人们按照一定的社会规范从事特定的职业时，由于每种职业都有不同于其他职业的活动内容和形式，因此其必然对个人的生理和心理产生重大影响。当职业活动能够使个人的才能得到发挥、个性得到不断发展与完善时，就成为促进个人个性健康发展的途径。而随着个性的健康发展和才能的逐步提高，人们自我实现的需求就会得到满足。

同时，职业对于个人而言，具有以下五个方面的功能。

第一，职业是个人经济收入的来源，是个人赖以生存以及维持家庭生活的手段；

第二，职业是个人从事的特定工作；

第三，职业是个人在社会劳动体系中从事具体劳动的体现，因而是个人为社会做出贡献的途径之一；

第四，职业是个人名誉、权利等的来源；

第五，职业生活使个人在特定社会情境中形成一定的行为模式和特定的思想观念，是其进一步社会化的条件。

不仅如此，职业对社会的作用也是显而易见的。职业及职业活动是社会存在和发展的基础。具体来说，职业对社会的作用体现在五个方面：①职业的存在及其运动构成了人类社会存在和社会运动的丰富内容；②人类通过职业劳动，生产出社会财富，进而为社会的存在和发展奉献精神产品、奠定物质基础；③职业分工及劳动是社会经济制度及其运行的主要组成部分；④职业是维持社会稳定、实现社会控制的基本手段，人人安居乐业便于社会控制，有助于维持社会稳定；⑤职业的运动，如个人的职业转换、职业结构的变动、职业阶层间的矛盾冲突及解决等，可以成为社会进步的动力。

三、职业的特点

1. 职业的经济性

职业的经济性是指个人通过所从事的职业活动而获得的经济收入是其主要的生活来源，而不是可有可无的；这种收入是稳定的，而不是断断续续的。

2. 职业的连续性

职业的连续性是指个人所从事的职业活动是较为稳定的，有明显的连续性。

3. 职业的社会性

因为职业是个人在社会劳动体系中从事的一种活动，所以职业活动的过程也是为社会提供服务的过程。

4. 职业的规范性

每种职业都有其特定的职业规范，主要包括人们在就业活动中应遵守的各种操作规则及章程。

5. 职业的统一性和差异性

同一类别的职业，其劳动条件、工作对象、操作内容等都相近或相同，这就是职业的统一性。由于统一性的存在，因此会出现行业规范、行业语言、行业协会等，但也会出现行业垄断。而不同类别职业之间存在较大的差异性，正如俗语所说，“隔行如隔山。”古代的“三百六十行”发展到今天已是上千种职业，而且随着科学技术的进步、社会分工的细化，不同类别职业的差异还将继续扩大，这已经是不争的事实。

从职业的特点来看，职业无论对社会发展还是对个人生存都具有十分重要的意义，它既可以维持社会的运转、为社会创造财富，又能为个人维持生存、发展个性和承担义务服务。

为使广大大学生能切合实际地根据自己的兴趣、能力、专业选择职业，大学生有必要了解职业的分类。

四、职业的分类

职业的分类是相对的，随着经济、社会的发展，职业的分类也在不断变化。各个国家根据本国的具体情况，对职业有不同的分类。下面介绍国际标准职业分类和中国标准职业分类。大学生可以根据以下职业分类来考虑自己的职业发展方向。

1. 国际标准职业分类

国际标准职业分类共将职业分为 10 个大类，即管理者，专业人员，技术和辅助专业人员，办事人员，服务与销售人员，农业、林业和渔业技工，工艺和相关行业工，工厂、机械操作与装配工，初级职业，武装军人。10 个大类包括 43 个中类、130 个小类、436 个细类。

2. 中国标准职业分类

《中华人民共和国职业分类大典（2022 年版）》共将职业分为 8 个大类，第一个大类是党的机关、国家机关、群众团体和社会组织、企事业单位负责人；第二个大类是专业技术人员；第三个大类是办事人员和有关人员；第四个大类是社会生产服务和生活服务人员；第五个大类是农、林、牧、渔业生产及辅助人员；第六个大类是生产制造及有关人员；第七个大类是军队人员；第八个大类是不便分类的其他从业人员。八个大类又分为 79 个中类、449 个小类、1 636 个细类。

根据国际标准职业分类和中国标准职业分类的内容，可整理出 16 种主要的行业：农、林、牧、渔业；采掘业；制造业；电力、煤气及水的生产和供应业；建筑业；地质勘查、水利管理业；交通运输、仓储及邮电通信业；批发和零售贸易、餐饮业；金融、保险业；房地产业；卫生、体育和社会福利业；社会服务业；教育、文化艺术及广播、电影、电视业；科学研究和综合技术服务业；党的机关、国家机关和社会团体；其他行业。

根据国际标准职业分类和中国标准职业分类的内容，可整理出 18 种主要的职业人员：政府官员、一般公务员、军人、警员、教师、专业技术人员、企业家、销售人员、服务人员、办事员、生产人员、艺术工作者、律师、社会工作者、党务工作者、金融工作者、自由职业者、其他职业人员。

五、职业的发展趋势

职业是现实经济运行和社会生活中客观存在的社会现象，是随着人类文明的进步和社会分工的发展而出现的。随着社会政治、经济、文化等因素的发展和变化，职业也在不断地发展和变化。因此，把握职业发展的趋势和职业发展的特点，有助于我们合理地规划自己的未来，获得满意的职业。

1. 影响职业发展和变化的因素

（1）社会生产力的发展水平是决定职业发展和变化的根本原因。生产力是人们征服自然和改造自然的能力。马克思曾经指出："一个民族的生产力发展的水平，最明显地表现在该民族分工的发展程度上。"社会分工是产生职业的基础。人们通过不断改进生产工具来开发生产资源，并使自己的劳动技能随之提高，从而推动社会生产力的发展，促进社会分工的不断变化。产业革命的发生，也必然伴随着职业的重新组合和大批新职业的出现。

（2）科学技术的进步是职业发展和变化的一个重要原因。"科学技术是第一生产力"，科学进步促进了生产力的高速发展，新技术、新工艺和新产品不断出现，必然导致部分职业的新旧更替。例如，计算机发明后，社会就出现了计算机生产业、计算机运输业和计算机修理业，以及一些和计算机有关的行业，如互联网行业；同时，计算机教师、硬件工程师、计算机销售员、计算机操作员等职业不断涌现。

（3）经济的发展是促进职业变化、发展的主要原因。经济发展的根本目的是满足人民日益增长的美好生活需要，如物质和精神生活需要。人们的物质和精神生活水平的不断提高，也会促进职业的发展和变化。例如，近年来迅速发展的保健品业、服饰业、旅游业等，都促进了相关职业的产生和发展。

2. 未来职业发展趋势

科技的进步给职业发展带来了前所未有的冲击，新技术、新工艺的研究、开发、应用必然导致部分职业的新旧更替。例如，计算机的发展使得如电话接线员、机械打字员等传统职业逐渐消失，但随之而来的电子通信、网络服务、计算机制造、电子保安等新行业及其相关职业却相继问世。具体来说，职业的发展趋势主要表现在以下几个方面。

（1）职业种类越来越多。中国古代有"三百六十行"之说，而现代社会的职业已划分为上千种了。无论在生产部门还是服务部门，新型的职业活动和职业都不断地涌现。而且过去的一个职业，现在可以细分出许多种，如农业，现代社会已经发展出由现代化农业机械、育种、栽培、农产品加工等数十种职业构成的农业职业群。

（2）职业结构变迁的速度越来越快。随着产业结构和行业机构的变化速度不断加快，不但新的行业经常出现，而且各行业主次结构变化也越来越快。在19世纪的工业革命时期，世界的主要产业是纺织业；一直到20世纪，钢铁、汽车和建筑业才先后超过纺织业；而电子行业从产生、发展到成为一个主要行业，只用了几十年时间。

（3）职业专业化对人的素质要求越来越高。随着科学技术的发展，职业的专业化水平越来越高，因此，个人若不具备一定的专业知识和业务能力就无法满足职业的要求。例如，对于会计这一职业，随着计算机的普遍使用，以及许多财务软件的发明和使用，那些只靠“打算盘”而缺乏现代计算机知识的人，将越来越难以胜任此项职业的要求。而且职业对人的素质要求将越来越高，除了知识和技能，人们还需要具备现代观念和意识，如时间观念、合作观念、竞争意识、创新意识等。此外，人们职业的转换也将更加频繁，而每一次转换，都会对从业人员提出更高、更新的要求，这也会促使人们自觉提高自身的素质。

职场提示

李开复：现代企业需要的7种人才

（1）融会贯通的人才：不仅能够掌握书本知识，而且具备思考的能力，懂得自学的方法，并可以将学到的知识灵活运用于生活和工作实践，懂得做事与做人的道理。

（2）创新与实践相结合的人才：从根本上说，价值源于创新，但创新只有与实践相结合才能发挥最大的效力。“为了创新而创新”是最不可取的。反之，在实践过程中，我们也不能只局限于重复性的工作，而应当时时不忘创新，以创新推动实践，以创新引导实践。只有这样，我们才能不断研发出卓越的产品。

（3）跨领域的综合性人才：21世纪是各学科、各产业相互融合、相互促进的世纪。现代社会和现代企业不但要求个体在某个特定专业拥有高深的造诣，还要求个体了解甚至通晓相关专业、相关领域的知识，并善于将来自两个、三个甚至更多领域的技能结合起来，综合应用于具体的问题。

（4）三商兼高的人才：一个人能否取得成功，不要只看他的学习成绩或智商（intelligence quotient，IQ）的高低，而要看他在智商、情商（emotional quotient，EQ）、灵商（spiritual quotient，SQ）这三个方面是否达到了均衡发展。

①智商：高智商不但代表着聪明才智，也代表着有创意，还代表着善于独立思考和解决问题。

②情商：情商是与认识自我、控制情绪、激励自己以及处理人际关系、参与团队合

作等相关的个人能力的总称。在高级管理者中，情商的重要性远超智商。

③灵商：高灵商意味着拥有正确价值观，能分辨是非、甄别真伪。那些没有正确价值观指引，无法分辨是非的人，其他方面的能力越强，对他人的危害也可能越大。

（5）善于沟通与合作的人才：沟通与合作能力是21世纪对人才的基本要求。在21世纪，我们需要的是“高情商的合作者”，而不是孤僻、自傲的“天才”。

（6）从事热爱的工作的人才：真正自觉、自信的人会根据自己的兴趣、爱好来选择工作，因为只有做自己热爱的工作，才能真心投入，才能在工作的每一天都充满热情和欢笑。这样的人才是最幸福和最快乐的人，他们最容易在事业上取得较大的成功。

（7）积极乐观的人才：在机会稍纵即逝的21世纪，如果不能主动把握机会甚至创造机会，机会也许就再也不会降临到我们的身边，如果不能主动让别人了解我们的能力与才干，我们也许就永远与心仪的工作无缘。畏惧失败的人会在失败面前跌倒，并彻底丧失继续尝试的勇气；而乐观向上的人却总能把失败看作自己前进的动力。显然，积极乐观的人才更容易适应21世纪的竞争环境，更容易在不断提高自己的过程中走向成功。

资料来源：佚名.李开复：现代企业需要的7种人才［EB/OL］.（2013-09-16）［2024-03-13］.https：//blog.csdn.net/xiwu1616/article/details/11723921.

单元二　专业教育

职业活动是以专业作为支撑的，专业反过来促成一个人的职业发展。学生入学选择专业，往往不是单纯为了学到相关的知识和技能，还会考虑这些知识和技能的使用场合和使用方式。摆正职业和专业的关系，对学生的成才十分重要。

一、专业的概念

现实情况下，对专业的认识，大学生们表现得较为模糊和混乱。一些刚从学校走出来的大学生被有一定从业经验的人指出带有“学生气”，也多源于大学生固有意识中对专业的模糊认识。

严格来说，我们通常使用的“专业”一词有着两层明显不同的含义划分，即学科专业和业务专业。作为学科的专业指的是在现行学校教育活动中，高等学校或中等专业学校根据社会专业分工的需要所设立的学业类别；而在科学研究和知识管理活动中，专业是根据所要研究或处理的对象的性质和涉及领域的差异所做的门类划分，如物理、化学、文学、艺术、经济、法律，等等。作为业务的专业描述的是人们在社会活动、科学活动与生产和生活实践活动中的职业生涯某一阶段或长期从事的具体业务作业规范，是区分各种业务工作的重要标志。例如，同样是从事医疗卫生活动的医务人员，五官科医生和心内科医生、研究员和麻醉师，等等，他们之间表现出显著的业务专业差异。

上述事实提醒我们，在教育和科学研究过程中，为了更好地把握系统化的知识、进行基础性的研究探索，我们往往需要以学科专业的眼光来看待对象、处理问题；而在生产和生活实践活动中，我们又不得不结合实际的工作环境和工作对象，从业务专业的实际角度来规范和对待自己的工作，即运用专业的视角来处理问题、做好工作。以学科专业的意识对待实际生产或生活中的对象或业务工作，常常表现出来的就是“学究气”或“学生气”；对待理论问题过多地牵扯实际工作环境和工作状态，又会被认为是没有理论深度和学术头脑。因此，细致区分“专业”一词的使用环境和使用状况，明确“专业”一词的差别含义，对于处理现实中存在的与专业有关的问题，是十分必要和关键的。

作为学生，在校期间，面对学习活动和知识掌握的需求，我们理应以学科专业的眼光看待对象和解决问题。如果走出校门，且不再从事基础研究性工作，那么就要以业务专业的视角对待工作和工作对象。只有这样，这两类活动才会各得其所、各安其位。诚然，这种转换不是轻易就能做好的，我们首先需要对这两种专业的差异有明确的认识，其次要在活动中审慎判断、准确辨别，最后要在行为方式上进行过渡。这两类活动一旦错位，轻则造成误解，重则影响发展，需要警惕。

二、专业与职业的关系

大学生通过专业的学习和系统的指导，一方面可以掌握专业理论和技能；另一方面可以进一步认识自我、了解职业、准备职业、选择职业、获得职业。理解专业与职业的关系，需要认识到以下方面。

1. 职业能力是通过专业培训获得的

任何一个职业岗位都有相应的岗位职责和要求，职业能力是胜任职业岗位工作的必要条件。因此，大学生应在了解了入职条件和要求后，在专业培训中努力达到该要求。

2. 专业实践和培训是职业能力发展的前提

专业实践是与专业相结合的实践活动，是大学生将专业理论知识与社会工作相结合的环节。实践促进个人职业能力的发展，职业能力在实践中得到发展和提高。大学生要了解自身的先天条件，但更重要的是不要放弃自己的后天努力。专业知识、专业素养、职业技能和职业素养的提升是适应职业岗位需求的重要因素。大学阶段是学生为自己一生的发展打下坚实的专业知识、专业素养、职业技能和职业素养基础的关键阶段。因此，大学生必须充分利用在校学习期间的各种机会，做一些与专业相关或与目标职业有关的工作，发挥自身专业特长，把自己所学的知识运用到实际工作中，积累丰富的实践经验，全方位地提升自己的综合素质与社会适应能力。

3. 学好专业才能提高职业竞争能力

很多大学生对自己的专业在社会中的需求没有客观、完整的了解，导致他们在专业学习上存在一定的盲目性，从而没有为自己将来更好地适应工作打下坚实的基础。就业竞争就是能力的竞争，职业竞争能力强弱和就业机会多少以及有没有发展机遇正相关。如果说职业理想和就业目标是“目的地”，那么专业学习就是主要的“路线图”。我们知道，不同的职业需要不同的专业知识、专业素养、职业技能和职业素养，而不同的知识和技能是专业学习的主要内容。

4. 专业与职业的关系是多样化的

有人说，专业决定了职业，即强调“专业对口”；也有人说，专业与职业没有多少联系，有很多成功的人并没有从事原来所学的专业，即“专业不对口”。其实，这只能说明人们对二者关系的认识比较片面与肤浅。专业与职业既不像前者所说的一一对应的关系，当然也不像后者所说的一点关系都没有。学习中国语言文学的大学生可以成为记者、编辑和管理人员；学习新闻学的大学生可以成为教师或公务员。

从经济和效率的角度来看，我们所选择的专业的学习内容，当然应该是目标职业所需要的知识和技能。然而从专业学习与职业的相关性来讲，它们并不都是一一对应的关系，而是呈现出非常复杂的相关关系，基本可以概括为三种：一对多、多对一、一一对应。一对多就是指一个专业对应多个职业方向，这种专业一般是学习内容比较广博、发展方向比较分散的专业，如哲学、历史学、中国语言文学、经济学等专业；多对一就是指不同的专业可以对应同一个职业方向，这种职业一般技术含量不高，但要求个人在实践中自己领悟和学习，如业务开拓人员、文秘人员、企业管理人员等；一一对应关系则一般出现在技术性较强、专业分工明确的理工科专业。

其实，现在许多职业对于专业的限制并没有那么严格。同一专业的学生可以从事多种不同的职业，而从事同一职业的人也可能来自许多不同的专业。相对于专业知识和技能，很多用人单位在招聘时更看重个人的综合素养。而且专业知识和技能，也不一定非要通过大学学习才能获得。社会上各种各样的培训班、学历班、职业技能培训等都可以帮助我们获得工作所需的专业知识和技能；许多大型公司还会为员工提供专门的专业知识和技能培训，因此跨专业找工作并非不可能。如果是社会所需要的具有某项专业技能且在其他领域有特长的“复合型人才”，在人才市场上更具竞争力。

三、职业资格证书与就业准入制度

1. 职业资格与职业资格证书

职业资格是指对从事某一职业的劳动者所具备的学识、技术和能力的基本要求。职业资格包括从业资格和执业资格。

从业资格是指从事某一职业的学识、技术和能力的起点标准。执业资格是指政府对某些责任较大、社会通用性强的职业实行的准入控制，是个人依法独立开业或从事某一特定职业的学识、技术和能力的标准。

（1）从业资格证书的获取。从业资格证书是建立在从业资格确认的基础上的，从业资格确认工作由各省、自治区、直辖市人事部门会同当地业务主管部门组织实施。从业资格通过学历认定或考试取得。

（2）执业资格证书的获取。不同专业的执业资格考试的报名条件、考核内容、考核标准有所差异。目前，执业资格证书无疑是市场经济条件下获得就业资格的“敲门砖”。

注册是对专业技术人员进行从业管理的重要手段，未经注册者，不得使用相应名称和从事有关职业。国务院有关业务主管部门为执业资格的注册管理机构。各省、自治区、直辖市业务主管部门负责审核、注册，并报国务院业务主管部门备案。各省、自治区、直辖市人事部门负责对注册工作的监督、检查。

申请执业资格注册，必须同时具备以下条件：第一，遵纪守法，遵守职业道德；第二，取得执业资格证书；第三，身体健康，并能坚持在相应的岗位工作；第四，经所在单位考核合格。再次注册者，应经单位考核合格并取得知识更新、参加业务培训的证明。

对已在须由取得执业资格人员充任的关键岗位工作、但尚未取得执业资格证书的人员，要进行强化培训，限期达到要求。对经过培训仍不能取得执业资格者，必须调离关键岗位。应特别注意，取得执业资格证书者，应在规定的期限内到指定的注册管理机构办理注册登记手续。逾期不办者，执业资格证书及考试成绩不再有效。此外，不同职业的执业资格注册规定有所不同。

2. 就业准入制度的概念及意义

（1）就业准入制度的概念。就业准入制度是根据《中华人民共和国劳动法》和《中华人民共和国职业教育法》的有关规定，要求从事技术复杂、通用性广、涉及国家和人民生命安全和消费者利益的职业（工种）的劳动者，必须经过培训，并取得相应的职业资格证书后，方可上岗的制度。

（2）就业准入制度的意义。实施就业准入制度，既是经济社会发展的需要，也是合理开发和配置我国劳动力资源的重要举措，其目的就是促进劳动者素质的提高，进而促进劳动者就业和再就业能力的提高。

3. 职业技能鉴定

职业技能鉴定是国家职业资格证书制度的重要组成部分，是一项对劳动者职业技能水平的考核活动，属于标准参照型考试。它是由考试考核机构对劳动者从事某些职业所需要掌握的技术理论知识和实际操作能力做出的客观测量和评价。

我国的职业技能鉴定实行政府指导下的社会化管理体制，即按照国家法律政策，在政府劳动行政部门领导下，由职业技能鉴定指导中心组织实施，依托职业技能鉴定所（站）对劳动者技能水平实施评价和认定的工作体制，包括政策法规、组织实施、质量保证和监督检查四个系统。职业技能鉴定分为五个级别：初级工、中级工、高级工、技师、高级技师。

（1）职业技能鉴定的机构。中华人民共和国人力资源和社会保障部所属职业技能鉴定中心参与制定国家职业技能标准和组建国家职业技能鉴定题库，开展职业技能分类、标准、技能鉴定理论研究及咨询服务，开展全国职业技能竞赛活动。

各省、自治区、直辖市人力资源和社会保障部门所属职业技能鉴定中心组织本地区职业技能鉴定工作和具体实施考评人员的资格培训，开展职业技能鉴定有关问题的研究和咨询服务，开展本地区职业技能竞赛活动。

经中华人民共和国人力资源和社会保障部批准，有关行业可建立行业的职业技能鉴定指导中心，其参与制定国家职业技能标准以外非社会通用的本行业特有工种的职业技能鉴定标准，并负责对考评人员的资格培训，开展职业技能鉴定及有关问题的研究和咨询服务，开展本行业的职业技能竞赛活动。

职业技能鉴定所（站）是具体承担对待业人员、从业人员、军地两用人才、各级各类职业技术院校和其他职业培训机构的毕（结）业生，进行职业技能鉴定的事业性机构。职业技能鉴定所（站）是经劳动保障行政部门批准设立的实施职业技能鉴定的场所，它是职业技能鉴定的基层组织，承担规定范围内的职业技能鉴定活动。其具体工作任务包括：

第一，受理职业技能鉴定的申请，对申报人的资格条件进行审查，经鉴定中心核准后，签发准考证；

第二，组织申报人员按规定的时间、地点和方式进行考核或考评；

第三，协调鉴定过程中的有关事务；

第四，汇总鉴定成绩，并负责报送鉴定中心；

第五，向鉴定中心提供鉴定报告，对考评小组的工作提出评价、意见；

第六，协助鉴定中心办理证书手续，并负责向鉴定合格者发放职业资格证书；

第七，负责鉴定的咨询服务和信息统计等工作。

（2）职业技能鉴定的申报条件。一般来说，参加职业技能鉴定以自愿为原则，企事业单位的职工以及社会各类人员，可以根据单位实际需要或个人愿望决定是否参加鉴定。但是，对于准备从事涉及国家财产和人民健康安全的职业（工种）的人员，根据国家就业准入制度的规定，必须参加职业技能鉴定，鉴定合格后，方能持证上岗。

参加不同级别鉴定，其申报条件有所不同：

①参加初级鉴定的人员必须是学徒期满的在职职工或职业学校的毕业生；

②参加中级鉴定的人员必须是取得初级技能证书并连续工作 5 年以上或是技工学校以及其他职业学校的毕业生；

③参加高级鉴定的人员必须是取得中级技能证书 5 年以上、连续从事本职业（工种）生产作业不少于 10 年或是经过正规的高级技工培训并取得结业证书的人员；

④参加技师鉴定的人员必须是取得高级技能证书、具有丰富的生产实践经验和操作技能特长、能解决本工种关键操作技术和生产工艺难题，具有传授技艺能力和培养中级技能人员能力的人员；

⑤参加高级技师鉴定的人员必须是任技师 3 年以上，具有高超精湛技艺和综合操作技能，能解决本工种专业高难度生产工艺问题，在技术改造、技术革新以及排除事故隐患等方面有显著成绩，而且具有培养高级工和组织带领技师进行技术革新和技术攻关能力的人员。

申请职业技能鉴定的人员，可向相应的职业技能鉴定中心提出申请，职业技能鉴定中心也可以授权其管辖的职业技能鉴定所（站）接收报名。申请人填写职业技能鉴定申报表，同时出示本人身份证、培训毕（结）业证书、技术等级证书或工作单位劳资部门出具的工作年限证明等。职业技能鉴定申报表由考生、考生单位（或培训机构）填写后报鉴定所（站），将申报表第二联报职业技能鉴定中心；在职业技能鉴定中心申报的，将申报表第一联交职业技能鉴定所（站）。

申报表从考生申请参加鉴定开始，直到完成考核鉴定、确认成绩，都是要使用的。此表是考生资格审查和确认的原始依据，也是个人鉴定考核结果的记录，还是职业技能鉴定中心和职业技能鉴定所（站）需要长期归档保存的资料。申请技师、高级技师资格的人员，还必须提交本人的技术成果、工作业绩及技术总结、论文资料等。

此外，申请职业技能鉴定还须注意以下内容：申报职业技能鉴定首先要根据所申报职业的资格条件，确定自己申报鉴定的等级。如果需要培训，要到经政府有关部门批准的培训机构参加培训。申报职业资格鉴定时要准备好证明自己资历的材料，参加正规培训的须有培训机构证明，工作年限须有本人所在单位证明，经鉴定机构审查符合要求的，由职业技能鉴定所（站）颁发准考证。参加考试时必须携带准考证，否则不能参加考试。

（3）职业技能鉴定的主要内容和方式。职业技能鉴定的主要内容包括职业知识、操作技能和职业道德三个方面。这些内容是依据国家职业技能标准、职业技能鉴定规范

（考试大纲）和相应的教材确定的，并通过编制试卷进行鉴定考核。

职业技能鉴定的方式分为理论知识考试和操作技能考核两部分。理论知识考试一般采取笔试，操作技能考核一般采用现场操作加工典型工件、生产作业项目、模型操作等方式进行，计分一般采用百分制，两部分成绩都在 60 分以上为合格，80 分以上为良好，95 分以上为优秀。

（4）职业技能鉴定证书。职业技能鉴定证书包括技能等级证书、技师合格证书和高级技师合格证书，其是劳动者职业技能水平的凭证。同时，根据《对出国工人技术等级、技术职务证书公证的规定》（劳培字〔1992〕1 号），职业技能鉴定证书是我国公民境外就业、劳务输出法律公证的有效证件。职业技能鉴定证书由中华人民共和国人力资源和社会保障部统一印制，并由相关部门按规定核发给取得技能鉴定合格者。

技能实训

1. 实训名称

职业启蒙与专业教育实训。

2. 实训内容

本次实训通过一系列的实践操作和理论学习，帮助参与者熟悉职业启蒙与专业教育领域的核心技能，提升个人职业素养和专业能力。实训内容涵盖职业规划、职业技能学习、专业实践三个方面，为参与者未来的职业发展奠定坚实基础。

3. 实训步骤

（1）职业规划：参与者需制定个人职业规划，明确职业目标和发展方向，了解职业市场和行业发展趋势，为未来的职业发展做好准备。

（2）职业技能学习：参与者需学习专业知识和技能，包括理论知识、实践操作技能等，并通过案例分析、实践操作等方式，深入理解并掌握相关知识和技能。

（3）专业实践：参与者需参与实际项目，将所学知识和技能应用于实践，锻炼实际操作能力和解决问题的能力。同时，参与者要接受教师的指导，对实践过程进行总结和反思，不断提高自己的专业素养。

4. 实训评价

实训结束后，参与者需完成实训报告，总结实训过程中的收获和发现的不足，提出改进意见和建议。教师对参与者的实训成果进行评价和反馈，帮助参与者认识自己的优势和不足，为未来的职业发展提供有益参考。

通过本次实训，参与者将全面提升职业启蒙与专业教育领域的核心技能，为未来的职业发展奠定坚实基础。

项目二 职业的自我探索

开篇导航

深谙《孙子兵法》的智慧，我们深知“知己知彼者，百战不殆”的道理。在职业规划中，唯有深入剖析自我，才能确保一帆风顺。因此，当大学生踏上职业生涯规划的征程时，首要任务便是进行自我探索，深入挖掘自身的兴趣、性格、能力以及价值观。通过这样的内省，我们能更好地定位自己，为未来的职业生涯奠定坚实的基础。

学习目标

知识目标：通过阅读相关书籍、参加专业培训和实践经验积累，努力掌握与职业兴趣相关的专业知识，为未来的职业发展奠定坚实基础。

技能目标：在自我探索的过程中，明确自己的职业性格和技能专长，有针对性地提升与职业目标相匹配的实际操作能力；通过实践锻炼和持续学习，不断提高自己在专业领域内的技能水平，为实现职业梦想提供有力支撑。

素养目标：注重培养自己的职业道德、团队合作精神、沟通能力和创新能力等素养；通过不断反思和自我提升，努力成为具备高尚职业道德和卓越职业能力的优秀人才。

单元一　职业兴趣

兴趣是最好的老师，它可以使人集中精力做事情。如果可以从事自己感兴趣的职业，人们就能够全身心地投入工作、探索工作，在自己的工作岗位取得更大的成绩，因此，了解自己的职业兴趣非常重要。

一、兴趣和职业兴趣

1. 兴趣的基本概念

兴趣是在需要的基础上，在社会实践的过程中形成和发展起来的，它反映人的需要，是人对事物进行认识和获取知识的心理倾向。一个人只有对某种客观事物产生了需要，才有可能对这种事物产生兴趣。例如，一个人只有感到了学习知识的需要，才有学习知识的要求，然后产生对学习知识的兴趣。皮亚杰指出："兴趣，实际上就是需要的延伸，它表现出对象与需要之间的关系，我们之所以对一个对象产生兴趣，是因为它能满足我们的需要。"但需要不一定都表现为兴趣。例如，人有睡眠的需要，但并不代表对睡眠有兴趣。

人的需要是各种各样的，人的兴趣也是各种各样的，特别是人对精神和文化的需要是产生兴趣的重要基础。兴趣是人们认识和从事活动的强大动力。凡是符合人的需要和兴趣的活动，就容易提高人的积极性，使人轻松愉快地从事这种活动。兴趣对活动的作用一般有三种类型，即对未来活动的准备作用、对正在进行的活动的推动作用、对活动的创造性态度的促进作用。

（1）兴趣的种类。人的兴趣是各种各样的，我们可以按不同的标准对其分类。

①物质兴趣和精神兴趣。根据兴趣的内容，可以把兴趣分为物质兴趣和精神兴趣。物质兴趣主要是指人们对舒适的物质生活（如衣、食、住、行等）的兴趣和追求；精神兴趣主要是指人们对精神生活（如学习、研究、文学、艺术、知识等）的兴趣和追求。儿童更多是物质兴趣，青年以后，精神兴趣得到发展，开始对文学、艺术感兴趣。中小学生的人生观和世界观尚未完全形成，无论物质兴趣还是精神兴趣都需要师长进行积极引导，以防止其在物质兴趣方面的畸形发展、在精神兴趣方面的消极发展。

②直接兴趣和间接兴趣。根据兴趣的倾向性，可以把兴趣分为直接兴趣和间接兴趣。直接兴趣是指对活动过程的兴趣。例如，幼儿园的孩子对游戏有极大的兴趣，他们喜欢

游戏过程带给他们的快乐，而很少去注意游戏的结果。间接兴趣主要是指对活动过程所产生的结果的兴趣。例如，有的中学生喜爱练习英语口语，当其发现自己能和外国朋友自如地对话时，会因为自己取得的成绩产生极大的兴趣。直接兴趣和间接兴趣是相互联系、相互促进的。只有把直接兴趣和间接兴趣有机地结合起来，才能充分发挥一个人的积极性和创造性，才能持之以恒、目标明确，直至取得成功。

③短暂兴趣和稳定兴趣。根据兴趣存在时间的长短，可以把兴趣分为短暂兴趣和稳定兴趣。短暂兴趣存在的时间短，往往产生于某种活动，又随着该种活动的结束而消失。稳定兴趣具有稳定性，它不会因活动的结束而消失。只有短暂兴趣而没有稳定兴趣，最终将是一事无成；只有稳定的对某种事物的兴趣，而没有对其他事物的短暂兴趣，人生也会过于单调。因此，人既要有短暂兴趣，又要有稳定兴趣。

（2）兴趣的特点。

①广博性。兴趣的广博性又称“兴趣的广度”，是指兴趣的范围或丰富性。

在兴趣的范围上，存在着个体差异。有的人兴趣范围较广，对许多事物和活动都感兴趣；有的人兴趣单调、狭窄，对什么都不感兴趣、漠不关心。兴趣的范围和个人知识的丰富性有关，个人的兴趣越广泛，知识面越丰富，就越容易取得成功。历史上，许多卓越的人物都有广泛的兴趣和渊博的知识。例如，爱因斯坦是最伟大的物理学家之一，但其又非常喜欢音乐，小提琴拉得很好，钢琴也弹得很出色，甚至能撰写文学评论。兴趣的广博和兴趣的分散不同。兴趣的广博是指一个人兴趣丰富，但有中心兴趣；兴趣的分散是指一个人兴趣易变、肤浅，而且没有中心兴趣，好像样样懂，但样样都不精，忙忙碌碌，无所创造。因此，兴趣的广博性是指在中心兴趣基础上的兴趣的广博。社会的发展需要具有广博兴趣的复合型高素质人才，但这并不是要求所有人都要广泛学习。很多“望子成龙”“望女成凤”的父母给孩子报了很多培训班，但没有结合孩子的特点，反而使孩子疲于奔命，丧失了对一切培训班的兴趣。大学生在培养兴趣广博性的基础上，要有所侧重，发展出中心兴趣。

②倾向性。兴趣的倾向性是指兴趣所指向的事物。人与人之间在兴趣的倾向性上有很大差异，如有人喜欢音乐，有人喜欢舞蹈，有人喜欢美术等。兴趣有高尚和低级之分。高尚的兴趣是指对有益于人类社会的事物产生兴趣；低级的兴趣是指对有害于人类社会的事物产生兴趣。

③稳定性。兴趣的稳定性是指兴趣保持时间的长短。有的人兴趣保持的时间长，而有的人兴趣保持的时间短，变化无常。稳定的兴趣能使人长时间地专注于某项活动，一步一步地深入探索，有极大的热情和意志力，遇到困难能百折不挠，这样很容易在某个领域取得成功。有的人很少专注于一项活动，兴趣多样化而不稳定，朝秦暮楚，见异思迁，往往最终难有成就。

④效能性。兴趣的效能性是指兴趣对活动产生的作用的大小。兴趣对人的活动产生的作用有积极和消极两种，凡是能推动社会进步和个人身心发展的，就是具有积极效能的兴趣；凡是阻碍社会进步和个人身心发展的，就是具有消极效能的兴趣。同样，人们兴趣的效能性是有很大的个体差异的。有些人的兴趣是主动的、积极的；有些人的兴趣是消极的、被动的。例如，有的学生对计算机很有兴趣，但主要用于玩游戏或聊天，影响了正常的学习和生活，这样的兴趣就是消极的兴趣。

2. 职业兴趣

职业兴趣是指人们具有的对某种职业活动比较稳定而持久的心理倾向。它是一个人对某种职业或从事某种职业活动所表现出来的特殊个性倾向，它使个人对某种职业给予优先的注意，并具有向往的情感。由于兴趣爱好不同，人的职业兴趣也有很大的差异。有人喜欢具体工作，如室内装饰、园林、美容、机械维修等；有人喜欢抽象和创造性的工作，如经济分析、新产品开发、社会调查和科学研究等。职业兴趣对职业选择和职业发展都有一定的影响。

（1）职业兴趣的影响因素。职业兴趣是以一定的素质为前提，在职业生涯实践过程中逐渐产生和发展起来的。它的形成与个人的个性、自身能力、实践活动、客观环境和所处的历史条件有着密切的关系，因此，职业规划中，对兴趣的探讨不能孤立进行，而应当结合个人的、家庭的、社会的因素来考虑。了解这些因素，有利于我们深入认识自己，进行职业规划。

①个人需要和个性。无论人的兴趣是什么，都是以需要为前提和基础的，人们需要什么，也就会对什么产生兴趣。由于人们的需要包括物质需要和精神需要，因此人的兴趣也同样表现在这两个方面。人的物质需要一般来说是暂时的，容易满足。例如，人对某一种食物、衣服感兴趣，吃饱了、穿上了也就满足了。而人的精神需要却是持久的、稳定的、不断增长的，如人际交往、对文学和艺术的兴趣、对社会生活的参与是长期的、终生的，并且不断追求的。兴趣是在需要的基础上产生的，也是在需要的基础上发展的。

有的人兴趣和爱好的品位比较高，有的人兴趣和爱好的品位比较低，兴趣和爱好品位的高低会受个性特征的影响。例如，一个人个性品质高级，会对公益活动感兴趣，乐于助人，大概率对高雅的音乐、美术有兴趣；反之，一个人个性品质低级，会对占小便宜感兴趣，对低级、庸俗的文艺作品更容易有兴趣。

②个人认识和情感。兴趣不足是和个人的认识和情感密切联系的。如果一个人对某项事物没有认识，也就不会产生情感，因而就不会对它产生兴趣。同样，如果一个人缺乏某种职业知识，或者根本不了解这种职业，那么他就不可能对这种职业感兴趣，在职业规划时也想不到这种职业。相反，认识越深刻，则情感越丰富，兴趣也就越深厚。

例如，有的人对集邮很入迷，认为其既有收藏价值，又有观赏价值，它既能丰富知识，又能陶冶情操，而且收藏得越多、越丰富，就越投入、越情感专注、越有兴趣，于是就发展为一种爱好，并有可能成为他的职业。

③家庭环境。家庭作为最基本的社会单元，对每个人的心理发展都有重要的影响，因此个人职业心理发展具有很强的社会化特征，家庭环境的熏陶对其职业兴趣的形成具有十分明显的导向作用。大多数人从幼年起就在家庭的环境中感受其父母的职业活动，随着年龄的增长，逐步形成自己对职业价值的认识，使其在选择职业时，不可避免地带有家庭教育的印迹。家庭因素对职业取向的影响，主要体现在择业趋同性与协商等方面。一般情况下，个人对于家庭成员特别是长辈的职业比较熟悉，在职业规划和职业选择上有一定的趋同性；同时，受家庭群体职业活动的影响，个人的职业生涯决策或多或少产生于家庭成员协商的基础上。此外，兴趣有时会受遗传的影响，父母的兴趣也会对孩子有直接的影响。

④受教育程度。个人受教育的程度是影响其职业兴趣的重要因素。任何一种社会职业从客观上对从业人员都有知识与技能等方面的要求，而个人的知识与技能水平的高低在很大程度上取决于其受教育的程度。一般意义上，个人学历层次越高，接受职业培训范围越广，其职业兴趣就越广泛。

⑤社会因素。一方面，社会舆论对个人职业兴趣的影响主要体现在政府政策导向、传统文化、社会流行文化等方面。政府就业政策的宣传是主导的影响因素，传统的就业观念和就业模式往往制约个人的职业选择，而社会流行职业则始终是个人特别是青年人追求的目标。例如，当前计算机技术和旅游事业都得到较大发展，对这两个行业有兴趣的人也增加得很快。

另一方面，兴趣和爱好是受社会因素制约的，不同的环境、不同的职业、不同的文化层次的人，兴趣和爱好也会不一样。

⑥职业需求。职业需求是一定时期内社会用人单位可提供的不同职业岗位对从业人员的总需求量，它是影响个人职业兴趣的客观因素。职业需求越多、类别越广，个人选择职业的余地就越大。职业需求对个人的职业兴趣具有一定的导向性，在一定条件下，它可以强化个人的职业选择，或抑制个人不切实际的职业取向，也可引导个人产生新的职业取向。

⑦个人年龄的变化和时代的变化。个人年龄的变化和时代的变化也会对人的兴趣产生直接影响。就年龄方面来说，少儿时期，人们往往对图画、歌舞感兴趣；青年时期，对文学、艺术感兴趣；成年时期，往往对某种职业、某种工作感兴趣。它反映了一个人兴趣的中心随着年龄的增长、知识的积累而转移。就时代来讲，不同的时代，不同的物质和文化条件，也会对人兴趣的变化产生很大的影响。

以上因素对每个人的影响都不同，我们需要在职业规划中予以考虑。

（2）职业兴趣与职业生活的关系。良好而稳定的兴趣使人从事各种实践活动时，具有高度的自觉性和积极性。个人根据稳定的职业兴趣选择某种职业，职业兴趣就会产生巨大的积极性，促使一个人在职业生活中做出成就。反之，如果对所从事的职业不感兴趣，就会影响积极性，个人就难以从职业生活中得到心理满足，也不利于工作上的成就。

值得一提的是，需要是影响职业选择的重要且不易觉察的内在因素，动机是在需要支配下受到外在刺激影响而形成的综合性动力因素，其会影响职业选择。职业兴趣是在需要基础上受到动机的影响，从而对职业选择产生一定影响的、变化的、较为外在的因素。

当然，相对持久的兴趣作为外延因素对动机的变化和发展产生一定作用。例如，一个人缺乏物质生活保障，便会有生理、安全需要，从而产生去工作、劳动，以获取报酬、换取物质条件、满足自己需要的动机，因而会对所有能挣钱糊口、维持生存的工作感兴趣。当个人认为某项工作能挣大钱、报酬高时，会强化自己克服种种困难而从事该项工作的动机；但若觉察或发现该项工作有生命危险时，便会降低或放弃这种兴趣，减弱从事该项工作的动机。

（3）职业兴趣的分类。职业兴趣的分类如表 2-1 所示。

表 2-1　职业兴趣的分类

兴趣类型	特点描述
农业兴趣	喜欢播种、耕地、观察庄稼生长、收割谷物，喜欢饲养牲畜和家禽
艺术兴趣	喜欢用颜料、黏土、织物、家具、服装等来表达美和色彩的协调
运动兴趣	喜欢体育活动，如跑步、跳远和团队运动，通过运动保持身材，喜欢看体育节目等
商业 / 经济兴趣	喜欢参加买卖、销售、贸易产品和服务等商业活动，喜欢拥有企业或在企业里从事管理工作，喜欢参与财政事务，关注经济结果
档案 / 办公室工作兴趣	喜欢从事商业记录、整理资料、打字、撰写报告、为计算机程序准备数据等注重细节、准确和整洁性的工作
沟通兴趣	喜欢通过写作、演讲或抽象的形式来表达自己的思想和学识，喜欢向别人讲述故事或提供信息
电子兴趣	喜欢电子方面的工作，如电报、拆收音机或电视机、组装或修理计算机等
工程兴趣	喜欢进行工程、机械、建筑、桥梁和化工厂等方面的设计
家务兴趣	喜欢家务活动，如打扫屋子、看管孩子、做饭、缝补衣服和管理家务等
文学兴趣	喜欢阅读小说、诗词、文章、论文等，喜欢读书、看杂志并讨论其中的观点
管理兴趣	喜欢为自己和别人制订计划、组织事务和监督他人
机械兴趣	喜欢用机械和工具进行工作，喜欢修理物品，在学校选修实践研讨课

续表

兴趣类型	特点描述
医学 / 保健兴趣	喜欢能帮助人和动物的活动，喜欢诊治疾病和保健工作
音乐兴趣	喜欢乐器，喜欢参加音乐活动，如音乐会、唱歌、教音乐等
数学兴趣	喜欢与数字打交道，喜欢数学、代数、几何、微积分和统计等课程
团队兴趣	愿意作为团体或小组的一分子，并会为了自己所在的公司、机构、部门的工作进展而牺牲个人的一些爱好
户外 / 自然兴趣	大多数时间都喜欢待在户外，喜欢露营和户外活动，喜欢饲养动物和培育植物
表演兴趣	喜欢在人前活动、在戏剧中扮演角色或表演话剧等
政治兴趣	喜欢参加政治活动或选举，希望拥有权力、进行决策、制定政策来影响自我和他人
科学兴趣	喜欢对自然界进行研究和调查，喜欢学习生物、化学、地理和物理等课程，喜欢用理性、科学的方法寻求真理
手工操作兴趣	喜欢安装或操作机器、装备和工具，喜欢使用木制品或铁器，喜欢驾驶小轿车、大卡车和重型设备，愿意成为木匠、机械维修工、管道工、汽车修理工、焊工、工具或金属模型加工师
社交兴趣	喜欢与人打交道，关心他人的福祉，愿意为大众解决问题、教人技术、为人们提供服务（如环保、保健和交通等方面的服务）
技术兴趣	喜欢兼具管理和责任于一身的服务他人的工作（如工程师），喜欢承接汽车、电子、工业和产品工业等技术性的项目

二、兴趣与职业匹配理论

广义地说，兴趣是一种人格特征。萨柏（D.Super）曾主张，职业的选择是自我观念的延伸及完成。越来越多的研究指出，不同职业团体具有不同的性格特征。例如，人们发现，具有科学兴趣的人，性格明显内倾；而与推销兴趣有关的则是攻击性。研究表明，个人在斯特朗－坎贝尔兴趣问卷上的分数与人格问卷的分数（如爱德华个性偏好量表）之间有显著的相关性。很多心理学家认为，职业选择反映出个体基本的情绪需求，职业的调整一般是生活步调调整的主要部分。因此，对职业兴趣的测量，找出与个体的态度及兴趣最贴近的职业团体就成为了解不同人格的一个焦点。

霍兰德（J. Holland）就是持这种观点的人之一。他把职业兴趣看作一种生活方式的选择，即一种反映出个体自我观念和主要性格特征的选择。此处重点介绍霍兰德的人格与职业类型说。

霍兰德是著名的职业指导专家，他的人格与职业类型说源自人格心理学的概念，进一步完善了兴趣与职业匹配理论。他把人格和职业划分为不同的类型，并且提出了具体的测量方法，有很强的科学性和预测力。霍兰德的观点如下。

（1）职业选择是个人人格的延伸，个人的行为是人格与环境交互作用的结果，职业选择也是人格的表现。

（2）个人的兴趣组型即人格类型。人的兴趣可以是多种兴趣的组合，如一个人喜欢研究，但研究的是社会问题，其可能是一个社会科学研究人员，社会科学研究人员是研究型和社会型的组合。

（3）人格形态与行为形态影响人的择业及其对生活的适应，同一职业团体内的人有相似的人格，因此他们对很多情境与问题会有相似的反应方式，从而产生相应的人际环境。

（4）人格可以分为六种类型（兴趣组型）：现实型（realistic type，简称 R）、研究型（investigative type，简称 I）、艺术型（artistic type，简称 A）、社会型（social type，简称 S）、企业型（enterprising type，简称 E）和传统型（conventional type，简称 C）。这六种类型按照一个固定的顺序可排成一个六边形，如图 2-1 所示。

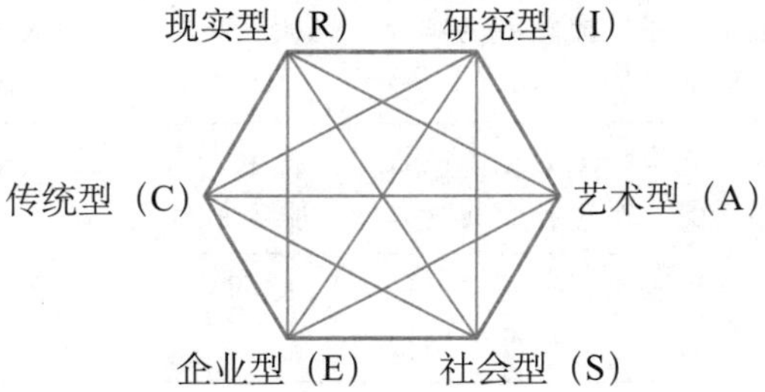

图 2-1　六种人格类型

（5）人所处的环境也可以分为相应的六种类型，即现实型、研究型、艺术型、社会型、企业型和传统型。六种人格类型及其对应的职业模式如表 2-2 所示。

表 2-2　六种人格类型及其对应的职业模式

人格类型	人格特点与兴趣倾向	典型职业
现实型	此类型的人具有顺从、坦率、谦虚、自然、实际、有礼貌、害羞、稳健、节俭、物质主义的特征； 行为表现上，此类型的人爱劳动，有机械操作的能力，喜欢做和物体、机械、工作、动物、植物有关的工作，是勤奋的技术家	人际要求不高的技术性职业，如劳工、机械员、工程师、电工、飞机机械师
研究型	此类型的人具有分析、谨慎、批评、好奇、独立、聪明、内向、有条理、谦逊、精确、理性、保守的特征； 行为表现上，此类型的人有数理能力和科学研究精神，喜欢观察、学习、思考、分析和解决问题，是重视客观的科学家	要求具备思考和创造能力、社交要求不高的职业，如科研工作者，从事生物、医学、化学、物理、地质、天文等研究的科学家，工程师

续表

人格类型	人格特点与兴趣倾向	典型职业
艺术型	此类型的人具有复杂、想象、冲动、独立、直觉、无秩序、情绪化、理想化、不顺从、有创意、富有表情、不注重实际的特征； 行为表现上，此类型的人有艺术、直觉、创作的能力，喜欢运用想象力和创造力，从事具有美感的创作活动，是表现美的艺术家	艺术性的、直觉的、独创性的、有关艺术创作的职业，如作家、音乐家、画家、设计师、演员、舞蹈家、诗人
社会型	此类型的人具有合作、友善、慷慨、助人、仁慈、负责、圆滑、善社交、善解人意、善于说服他人、理想主义、富洞察力的特征； 行为表现上，此类型的人有教导、宽容的特征，以及与人和谐相处的能力，喜欢与人接触，并以教学或协助的方式，增加他人的知识、自尊心、幸福感，是温暖的助人者	与人打交道的、要求高水平沟通技能、热情助人的职业，如教师、心理咨询师、辅导人员、教育工作者
企业型	此类型的人具有冒险、独断、冲动、乐观、自信、追求享受、精力充沛、善于社交、善于获取注意、知名度高等特征； 行为表现上，此类型的人有领导和说服他人的能力，喜欢以影响力、说服力和人群互动，追求政治或经济上的成就，是有自信的领导者	管理、督导、要求领导力的职业，需要说服力的职业，如企业经理、政治家、法学家、推销员
传统型	此类型的人具有顺从、谨慎、保守、规律、坚毅、实际、稳重、有效率、缺乏想象力等特征； 行为表现上，此类型的人有敏捷的文书和计算能力，喜欢处理文书或数字数据，注意细节、能按指示完成琐碎的事，是谨慎的事务家	注重细节、讲究精确的职业，办公、事务性的职业，如银行人员、财税专家、文书处理、秘书、数据处理人员

（6）环境造就了人格，人格又反过来影响着个体对职业环境的选择与适应。人们总是寻找能够施展其能力与技能、表现其态度与价值观的职业；职业满意感、稳定性和职业成就取决于个体人格类型和职业环境的匹配与融合；职业行为是人格与环境相互作用的结果。

霍兰德用如图 2-1 所示的六边形模型来表示六种人格类型的相互关系，图中边和对角线的长度反映了六种人格类型之间在心理上的一致性程度，同时也代表着六种人格类型之间的相似与相容程度。

在六边形模型中，任何两种人格类型之间的距离越近，其职业环境及人格特质的相似程度就越高。例如，企业型和社会型距离最近，它们的相似性也最高，如社会型和企业型的人都较其他类型的人更喜欢与人打交道。而企业型和研究型则具有最低程度的相似性。

六边形模型也表明了六种人格类型之间的一致性。一种人格类型与其相邻的类型组成了一个最一致的模型，如“RIC”（即现实型、研究型、传统型）。而人格类型相反的模型如“企业型与研究型”“传统型与艺术型”等距离最远，其一致性最低。例如，传统型的人多墨守成规，而艺术型的人则富有创新精神；传统型的人擅长自控，而艺术型的人则擅长表达等。

人与所选职业的适应与匹配也可从该模型中得以体现。六边形模型可以帮助我们对人格类型与职业类型之间的适配性进行评估。例如，一个社会型人格特质占主导地位的人从事社会型的职业会感到更舒畅，但如果让他从事现实型职业，他可能会感到不舒服、不满意。

大多数人都属于六种人格类型中的一种或两种以上类型的不同组合，某种人格类型或类型组合的个体在与之相对应的职业类型或类型组合中最能满足其职业需求、表现职业兴趣、发挥职业能力。

每一种职业都有它的主要兴趣类型，一个人同时有几种职业兴趣，关键是要弄清自己的哪些职业兴趣较强，并根据社会需要和自己的能力优势选择和确定一种主要的职业兴趣。大学生在进行职业规划时，应把自己的职业兴趣与个人的职业能力、人格特征结合起来。

职场提示

职业生涯设计五大前提

1. 正确的职业理想，明确的职业目标

职业理想在人们的职业生涯设计过程中起着调节和指南作用。一个人选择什么样的职业，以及为什么选择某种职业，通常都是以其职业理想为出发点的。任何人的职业理想都必然受到社会环境、社会现实的制约。社会发展的需要是职业理想的客观依据，凡是符合社会发展需要和人民利益的职业理想都是高尚的、正确的，并具有现实的可行性。大学生的职业理想更应把个人志向与国家利益和社会需要有机地结合起来。

2. 正确进行自我分析和职业分析

首先，大学生要通过科学的认知方法和手段，对自己的职业兴趣、气质、性格、能力等进行全面认识，清楚自己的优势与特长、劣势与不足，并避免设计中的盲目性，达到设计高度适宜。其次，现代职业具有自身的区域性、行业性、岗位性等特点，大学生要对该职业所在的行业现状和发展前景有比较深入的了解，如人才供给情况、平均工资状况、行业的非正式团体规范等。最后，大学生还要了解职业所需要的特殊能力。

3. 构建合理的知识结构

知识的积累是成才的基础和必要条件，但单纯的知识数量并不足以表明一个人真正的知识水平。人不仅要具有相当数量的知识，还必须形成合理的知识结构，没有合理的知识结构，就不能发挥其创造的功能。合理的知识结构一般是指宝塔型和网络型两种。

4. 培养职业需要的实践能力

综合能力和知识面是用人单位选择人才的依据。一般来说，进入岗位的新人，应重点培养社会需要的决策能力、创造能力、社交能力、实际操作能力、组织管理能力和自我发展的终身学习能力、心理调适能力、随机应变能力等。

5. 参加有益的职业训练

职业训练包括职业技能的培训、对自我职业的适应性考核、职业意向的科学测定等。大学生可以通过“三下乡”活动、“青年志愿者”活动、毕业实习、校园创业及社会兼职、模拟性职业实践、职业意向测评等进行职业训练。

三、职业兴趣的培养方法

虽然职业兴趣一旦形成，便具有一定的稳定性，但根据实际需要，我们还是可以通过多种途径，以自己的努力去改变、发展和培养职业兴趣的。在培养职业兴趣时，可从以下几个方面努力。

1. 培养广泛的兴趣

具有广泛兴趣的人，不仅对自己职业领域的事物有浓厚的兴趣，而且对其他方面也有一定的兴趣。这种人眼界比较开阔，解决问题时也可以从多方面得到启发，在职业选择上有较大的余地。例如，一个电视节目主持人，利用闲暇时间搜集和鉴定古玩、旧家具，当他失去主持人的工作后，他原来的“业余爱好”使他能靠鉴定古玩继续他的职业生活。兴趣范围狭窄、涉足面小的人，对新事物的适应性就要差些，在职业选择上所受的限制也多些。

2. 重视培养间接兴趣

直接兴趣是个人由于对事物本身感到需要而引起的兴趣，间接兴趣不是对事物本身的兴趣，而是对这种事物未来的结果感到需要而产生的兴趣。人在最初接触某种职业时，往往对职业本身缺乏强烈的兴趣，必须从间接兴趣着手培养直接兴趣。例如，可以通过了解职业在社会活动中的意义、对人类活动的贡献等引起兴趣，也可以通过了解某项职业的发展机会引起兴趣，还可以通过实践逐步提高间接兴趣。

3. 培养中心兴趣

人的兴趣应广泛，但不能浮泛，而是要有一定的中心兴趣。兴趣既广又有重点，人才能学有所长，获得深邃的知识。如果只具广泛性而无中心兴趣，人往往会知识肤浅，没有确定的职业方向，心猿意马，这样难以有所成就。所以，我们应注重培养自己在某一方面的职业兴趣，促进自己的发展和成才。

4. 积极参加职业实践

只有通过职业实践，才能对职业本身有深刻的认识和了解，才能激发自己的职业兴趣。职业实践活动内容十分丰富，包括生产实习、社会调查、参观访问以及组织兴趣小组等。每个人都可以通过参加各种职业实践活动调节和培养兴趣，并根据社会和自我需要，有意识地去培养和发展兴趣，为事业的成功创造条件。

5. 客观评价自己的能力以确定职业兴趣

对某项职业有浓厚的兴趣是成功的前提，但事业要取得成功，个人也必须具备该职业所要求的能力。因此，在培养职业兴趣的同时，我们也要客观评价自己的能力，看自己是否适合某种职业，在此基础上形成的职业兴趣才是长久的。

6. 保持稳定的职业兴趣

我们应在某一方面有持久稳定的兴趣，不能朝三暮四、见异思迁，这样才能投入更多的热情和精力，深入钻研相关内容，从而在事业上有所发展和成就。

7. 培养切实的职业兴趣

对于兴趣的培养，我们不能因为追求“清高”而不考虑外界为这种兴趣所提供的客观现实条件。否则，过分“清高”，只能是“画地为牢”“自缚手脚”。

四、大学生职业兴趣培养

就大学生来说，除了使用以上的方法，在就业前还需做到以下方面。

1. 拓宽职业认识面

首先，要客观地评估和寻找自己的兴趣所在，不要简单地把社会、家人或朋友认可和看重的事当作自己的爱好；不要以为有趣的事就是自己的兴趣所在，而是要亲身体验它并用自己的头脑做出判断；不要以为有兴趣就意味着自己有这方面的天赋。不过，我们可以尽量寻找天赋和兴趣的最佳结合点。例如，如果对数学有天赋又喜欢计算机专业，那么完全可以做计算机理论方面的研究工作。

其次，在就业前，认识的职业种类越多，对职业的性质了解得越细致，个人的职业兴趣就会越广泛。职业兴趣越广泛，个人的择业动机就越强，择业余地也会相对宽广。

最后，最好的寻找兴趣的方法是开阔自己的眼界，接触众多的领域。唯有接触，才能尝试；唯有尝试，我们才能找到自己最喜欢的东西。大学正是这样一个可以让我们接触并尝试众多领域的独一无二的场所。因此，在大学学习中，我们要充分利用学校的资源，通过使用图书馆资源、旁听课程、搜索网络、听讲座、打工、参加社团活动、与朋友交流、使用电子邮件和电子论坛等不同方式接触更多的领域、更多的职业和更多的专家学者，找寻自己感兴趣的领域。

2. 珍惜所学专业

我们要学习在理想与现实之间找到自己的平衡点。有的同学认为一旦学了自己不太喜欢的专业，眼前的路就只剩下两条：换专业或者面对漆黑一片的前途。在大学中，换专业并不容易，但前途却不是想象中那样黑暗。

在这种情况下，除了“选你所爱”，我们也不妨试试“爱你所选”。首先，我们应该尽力把本专业学好，并在学习过程中逐渐培养自己对本专业的兴趣。其次，一个专业里可能有很多不同的领域，也许我们会对专业里的某一个领域会有兴趣。最后，现在有很多专业发展了交叉学科，两个专业的结合往往是新的增长点。多接触、多尝试，我们也许就会碰到自己真正感兴趣的方向。

一方面，专业学习需要很多的能力，一个专业所包含的课程也能够培养一个学生多方面的能力，这些能力对个人职业发展都会有一定的帮助；另一方面，当我们学习自己不喜欢的专业时，还可以安排自己的业余时间，从事我们真正感兴趣的事情。我们可以尝试课外学习、选修或旁听相关课程，也可以去找一些打工或假期实习的机会，进一步理解相关行业的工作性质，或者努力去考自己感兴趣专业的研究生，重新进行一次专业选择。其实，读什么专业并不能完全决定毕业后的工作方向，大学期间的学习过程培养的是我们的学习能力，只要具备了这种能力，即使从事的是全新的工作，我们也能在边做边学的过程中获取足够的知识和经验。

3. 培养社会责任心

当就业环境和自身素质决定了我们必须做自己不喜欢的工作时，应该拿出必要的对社会负责的态度，培养自己的职业兴趣，即所谓“干一行，爱一行”。事实上，在就业时，多数人并不能够挑选到自己的理想职业。当我们不能选择到自己满意的职业时，就必须尽快调整职业期望值，适应就业环境，在不理想的职位上培养职业兴趣，干出一番理想的事业来。“把没有意思的工作很有意思地去完成”，卡耐基这样告诫人们。

4. 先就业，后择业

多数人的择业实践表明，走上职位的方法多种多样，有自己找到的，有“撞上”的，有“捡来”的。除自己找到的职业外，其他几种就业方法都是被动的。被动得到的职业，我们也可以对它产生兴趣，其方法是“先就业，后择业”。不少职业，我们刚开始从事的时候，可能对其毫无兴趣。但是随着从业时间的延长和职业技能水平的提高，加之对职业生涯意义的全面了解，特别是当我们能够在职位上取得一定成绩的时候，职业兴趣就会大大增加。只要我们专心地、深入地去从事某种职业，就会发现它有一种使人倾心的魅力。

5. “量体裁衣”

陶行知先生曾讲过一段发人深省的话：“我以为择业时要根据个人的才干和兴趣，做事要有快乐，所以我们要根据个人的兴趣来择业。”我们要成功，就必须有相应的才干。

才干，一般是指我们最突出的某些知识或技能。在通常情况下，才干与兴趣有着互相推动的效应，即兴趣产生才干，才干助长兴趣；同时才干也能产生兴趣，兴趣又会强化才干。在初次择业时，我们应以自己所具有的才干，即擅长的知识和技能去选择职业。因为根据自己的才干适应职业的状况择业，往往更能产生职得其人、人适其职的最佳状态。在这种最佳状态下，我们的工作才能越做越有兴趣，最后的结果可能是使我们成为某一职业领域内的“才干”。

单元二　职业性格

性格与职业的最佳匹配能使我们成为更有效的工作者，可以促进我们对工作的兴趣，使我们可以每天都去工作并且喜欢我们所做的事情。虽然人格特质的分析，让“什么样的人会选择什么样的工作”变得有迹可循，但是工作仍会持续不断地对人格特质的塑造与修正发挥关键性的影响力，使得人格特质也逐渐发生转变。

一、性格和职业性格概述

1. 性格

性格（character）的意思是“特征”“标志”“属性”或“特性”，是指人对客观现实的稳定态度和行为方式中经常表现出来的稳定倾向，它是个性中最重要和最显著的心理特征。

性格可以标志事物的特性，也可以标志人的特性。人的性格是既定的、有核心意义的个性心理特征。性格是一个人对现实的态度以及与之相适应的习惯化的行为。性格是个性心理特征中最重要的方面，它通过人对事物的倾向性态度、意志、活动、言语、外貌等方面表现出来，是人的主要个性特点即心理风格的集中体现。人们在现实生活中显现出的某些一贯的态度倾向和行为方式，如大公无私、勤劳、勇敢、自私、懒惰、沉默、懦弱等，都反映了自身的性格特点。

（1）性格的特征。

①性格的态度特征。性格的态度特征即个人对现实的态度的倾向性特征，如对社会、集体、他人的态度，对劳动、工作、学习的态度以及对自己的态度等。

②性格的理智特征。性格的理智特征即表现心理活动过程方面的个体差异的特征。例如，在感知方面，有主动观察型和被动感知型；在思维方面，有具体罗列型和抽象概括型，以及描绘型和解释型；在想象力方面，有丰富型和贫乏型；等等。

③性格的情绪特征。性格的情绪特征即个人受情绪影响或控制情绪程度、状态的特征，如个人受情绪感染和支配的程度，情绪受意志控制的程度，情绪反应的强弱、快慢，情绪起伏波动的程度，主导心境的性质等。

④性格的意志特征。性格的意志特征即个人自觉控制自己的行为及行为努力程度方面的特征，如是否具有明确的行为目标，能否自觉调适和控制自身行为，在意志行动中表现出的是独立性还是依赖性，是主动性还是被动性，是否坚定、顽强、忍耐、持久等。

（2）性格的类型。性格的类型是指一类人身上所共有的性格特征的独特结合。按一定原则和标准把性格加以分类，有助于我们了解一个人性格的主要特点并揭示性格的实质。由于性格结构的复杂性，在心理学的研究中，至今还没有大家公认的性格类型划分的原则与标准。现将有代表性的观点加以简介。

①以心理机能优势分类。这是英国的培因（A.Bain）和法国的李波特（T.Ribot）提出的分类法。他们根据理智、情绪、意志三种心理机能在人的性格中所占优势不同，将人的性格分为理智型、情绪型、意志型。理智型的人通常以理智来评价周围发生的一切，并以理智支配和控制自己的行动，处事冷静；情绪型的人通常用情绪来评估一切，言谈举止易受情绪左右，这类人最大的特点是不能“三思而后行”；意志型的人行动目标明确、主动、积极、果敢、坚定，有较强的自制力。除了这三种典型的类型外，还有一些混合类型，如理智－意志型，在生活中，大多数人是混合型。

②以心理活动的倾向分类。这是瑞士心理学家荣格（C. Jung）的观点。荣格根据一个人力比多的活动方向来划分性格类型，力比多是指个人内在的、本能的力量。力比多活动的方向可以指向内部世界，也可以指向外部世界。前者对应内倾型，其特点是处事谨慎、深思熟虑、交际面窄、适应环境能力差；后者对应外倾型，其特点是心理活动倾向于外部、活泼开朗、活动能力强、容易适应环境的变化。这种性格类型的划分，在国外已应用于教育和医疗等实践领域，但仍没摆脱气质类型的模式。

③以个体独立性程度分类。美国心理学家威特金（H.Witkin）等人根据场理论，将人的性格分成场依存型和场独立型。前者又称顺从型，后者又称独立型。场依存型的人，倾向于以外在参照物作为信息加工的依据，易受环境或附加物的干扰，常不加批评地接受别人的意见，应激能力差；场独立型的人不易受外来事物的干扰，习惯于利用内在参照即自己的认识，他们具有独立判断事物、发现问题、解决问题的能力，而且应激能力强。可见这两种类型的人是按两种对立的认知方式进行工作的。

④以人的社会生活方式分类。德国的心理学家斯普兰格（E.Spranger）从文化社会学的观点出发，根据人认为哪种生活方式最有价值，把人的性格分为六种类型，即经济型、理论型、审美型、宗教型、权力型、社会型。

a. 经济型：一切以经济观点为中心，以追求财富、获取利益为个人生活目的，实业家多属此类。

b. 理论型：以探求事物本质为人的最大价值，但解决实际问题时常无能为力，哲学家、理论家多属此类。

c. 审美型：以感受事物美为人生最高价值，生活目的是追求自我实现和自我满足，不大关心现实生活，艺术家多属此类。

d. 宗教型：把信仰宗教作为生活的最高价值，相信超自然力量，坚信永存生命，以爱人、爱物为行为标准，神学家是此类人的典型代表。

e. 权力型：以获得权力为生活的目的，并有强烈的权力意识与权力支配欲，以掌握权力为最高价值，领袖人物多属此类。

f. 社会型；重视社会价值，以爱社会和关心他人为自我实现的目标，并有志于从事社会公益事务，文教卫生、社会慈善等职业活动家多属此类。

现实生活中，往往是多种类型的特点集中在一个人身上，但常以一种类型的特点为主。

（3）特质论。特质是指个人的遗传与环境相互作用而形成的对刺激发生反应的一种内在倾向。特质既可以解释人格，又可以解释性格，因为性格是狭义的人格。

美国心理学家奥尔波特（G. Allport）最早提出人格特质学说。他认为，性格包括两种特质：一是个人特质，为个体所独有，代表个人的行为倾向；二是共同特质，是同一文化形态下人们所具有的一般共同特征。另一位美国心理学家卡特尔（R. Cattell）根据奥尔波特的观点，采用因素分析法，将众多的性格分为两类特质，即表面特质和根源特质。表面特质只反映一个人外在的行为表现，是直接与环境接触、常随环境变化而变化的，不是本质的特质。经研究，卡特尔概括出 35 种表面特质。根源特质是一个人整体人格的根本特征，每一种表面特质都来源于一种或多种根源特质，而一种根源特质也能影响多种表面特质。通过多年的研究，卡特尔找出 16 种根源特质，即乐群性、聪慧性、稳定性、支配性、怀疑性、兴奋性、有恒性、敢为性、敏感性、幻想性、世故性、忧虑性、实验性、独立性、自律性、紧张性。根据这 16 种独立的根源特质，卡特尔设计了卡特尔 16 种人格因素问卷，利用此问卷可判断个人的人格特质。

2. 职业性格

（1）职业性格的基本概念。职业性格是指人们在长期、特定的职业生活中所形成的与职业相联系的、稳定的心理特征。例如，有的人对待工作总是一丝不苟，踏实认真；

在待人处世中总是表现出高度的原则性、果断、活泼、负责；在对待自己的态度上总是表现为谦虚、自信、严于律己等，这些心理特征的总和就是他的职业性格。

职业心理学认为，性格影响着个人对职业的适应性，具有一定性格的人适合从事一定的职业。例如，乐观的人适合教师、社会工作者等职业；冷静的人比较适合会计、科研人员等职业；理性的人适合工程师、技师等职业；世故型性格的人适合心理学家、商人等职业。如果自己的性格和职业需要的性格相反，那么工作时会遇到很大的心理冲突，工作上成功的概率也会较小，如一个比较沉默寡言的人担任销售的工作。沉默寡言的人，往往乐群性水平比较低，喜欢对事不对人；而销售的工作需要应付人与人之间复杂的情绪交流。所以，沉默寡言的人如果担任销售的工作，那么在工作的过程中，他不可避免地会有很多心理冲突。因此，在就业前，要认识自己的职业性格。

另外，认识自己的性格有利于反省自己，提高自己的性格修养，使得自己更加适应职位，改善与周围人的人际关系。根据木桶原理，一个木桶中水面的高低取决于木桶壁上最低的洞的位置。因为每个人的性格都有积极和消极两个方面，每个人的短处会限制他的发展，所以我们还要扬长补短。例如，有的人在工作中积极热情、乐于助人、好出头露面，但做事持久性不强，常表现得虎头蛇尾，这种人就应该注意锻炼自己的坚持性和持久性的品格意志；有的人办事热情高、拼劲足、速度快，但有时马马虎虎，甚至遇事就着急，性情暴烈，这种人应该在发扬其性格长处的同时注意培养认真仔细的习惯，并防止急躁情绪；有的人做事深沉、认真、严谨，但有时优柔寡断、办事拖拉，这种人必须经常提醒自己“今天的事今天完成”，并逐步养成当机立断的性格。

（2）职业性格的类型。职业性格一般包括以下类型。

①变化型：能够在新的或意外的工作情境中感到愉快，喜欢工作内容经常有些变化，在有压力的情况下工作得很出色，追求并且能够适应多样化的工作环境，善于将注意力从一件事转移到另一件事上去。

②重复型：适合并喜欢连续不断地完成同一种工作，喜欢按照一个固定的模式或别人安排好的计划工作，爱好工作重复的、有规则的、有标准的职业。

③服从型：喜欢配合别人或按照别人的指示去办事，愿意让别人对自己的工作负责，不愿意自己担负责任，不愿意自己独立做出决策。

④独立型：喜欢计划自己的活动并指导别人的活动，会从独立的、负有责任的工作中获得快感，喜欢对将要发生的事情做出决定。

⑤协作型：会对与人协同工作感到愉快，善于引导别人按客观规律办事，希望自己能得到同事的喜欢。

⑥劝服型：乐于设法使别人同意自己的观点，并能够通过交谈或书面文字达到自己

的目的；对别人的反应具有较强的判断能力，并善于影响他人的态度、观点和判断。

⑦机智型：在紧张、危险的情况下能很好地执行任务；在意外的情况下，能够自我控制、镇定自若，工作出色；在出差错时不会惊慌，应变能力强。

⑧自我表现型：喜欢表现自己，通过自己的工作和情感来表达自己的思想。

⑨严谨型：注重细节的精确，愿意在工作过程的各个环节中，按照一套规则、步骤将工作过程做得尽善尽美；工作严谨、努力、自觉、认真，保质保量，喜欢看到自己出色完成工作的效果。

二、职业与性格的关系

1. 职业与性格的相互适应

一个性格外向、活跃、善于沟通、注重绩效的人，在从事销售和市场开发的工作时，会比一个性格内向、低调、注重技术研发的人更加有干劲、更得心应手，并更有成就感。性格决定着职业发展，了解自己的性格、把握其变化规律，不仅有助于求职择业，而且有利于自己创业、立业。职业和性格的契合度会影响工作的满足感，也间接决定了事业的成功。

职业选择可以看作一个人性格的延伸，同时，性格影响着一个人对职业的适应性，职业选择是性格的反映。个人性格与职业之间的契合和对应是职业满意度、职业稳定性与职业成就的基础。职业发展的过程中，职业能力固然重要，但是充分挖掘自身的个性，找到性格特点、能力素质与职业需求之间的契合，才是最大限度地发挥自身潜能，并尽快达到成功彼岸的关键，是确保职业可持续发展的决定性因素。

需要注意的是，性格是一个人在生活过程中形成的稳定的态度体系，但这并不是说人们对性格的固定性毫无办法。性格很大程度上是来源于后天的培养，并不是完全无法改变的。当发现自身性格与职业的契合度不高时，我们可以通过个人努力来弥补不足，充分发挥自己性格优势的作用，避免或减少自己性格中的劣势对事业的影响。

事业成功与否，与性格和职业的契合度密切相关。现实生活中，有很多因素影响着性格与职业的匹配。

（1）缺乏自我认识。个人对自己的性格类型、兴趣爱好和潜力等了解得不够充分，对目标职业的需求和特点认识不清，就无法选择合适的职业。

（2）经济利益因素。迫于生存和发展的需要，个人在择业时可能由于考虑各种现实因素，如薪酬、福利、工作环境等而忽视了性格因素的重要性。

（3）个人能力局限。个人可能受知识、技能和学历水平的限制而无法根据自己的性格选择合适的职业。

（4）社会舆论。社会舆论使许多人不顾自身的性格特征而一味地从事所谓的热门职业。

（5）社会关系。家族成员的职业或亲友意见对人们择业也有很大的影响。

2. 使性格与职业匹配的方法

性格与职业选择错位的问题非常普遍。对于择业期的大学毕业生，可以从以下三个方面使性格与职业匹配。

（1）根据性格、能力制定职业规划。当怀疑自己选错了职业时，不要盲目地急着换工作，而应该先进行一个自我审视评估和性格测评，了解自己的职业性格、能力，分析自身优势和劣势，结合自己的教育背景、工作经验，在职业咨询师的指导下制定职业生涯的发展规划；或者在明确自己要做什么以及自己的能力水平后，结合自身价值观和理念，进行职业目标的设定以及策划，并进行反馈评估，不断调整方法，完善自己的职业生涯。

（2）让性格主动适应职业。当你发现自己的性格与职业的匹配度不高时，可以通过个人的努力弥补自身不足。性格不是一成不变的，而是具有可塑性，受社会生活环境的影响。通过实践活动，人的职业性格可以随着职业的需求做适当的调整。很多优秀的销售人员的性格就是内向型的，但通过在工作中不断完善自己的性格，选择适当的工作方法，一样可以很出色。对于内向型的大学生，从职业发展的角度来看，使性格与职业匹配是最佳选择，但目前，随着社会的日益开放，完全独立工作的岗位已越来越少，适当塑造自己的性格会对未来的职业发展有很大帮助。

（3）该“跳槽”时就“跳槽”。性格与职业选择错位是非常普遍和正常的。职场中，有些人的性格特征不适合现在的职业，但为了现有的薪金状况或者职业安全感，仍然很努力地去适应工作。这样的人身处职场，无法感受到工作的快乐，只会承受越来越大的压力。

三、MBTI 性格分析

性格集中体现了一个人的处事方式，只有了解自己的性格才能知道自己适合做什么样的事情。迈尔斯－布里格斯类型指标（Myers-Briggs type indicator，MBTI）可以通过辨别个体在性格各方面的不同倾向，找出适合其从事的职业。

1. MBTI 简介

MBTI 以瑞士心理学家荣格的性格理论为基础，由美国的布里格斯（K. Briggs）和迈尔斯（I. Myers）母女共同研制开发，是当前比较流行的心理测试方法。

（1）MBTI 的基本观点。MBTI 向我们揭示了性格类型的多样性和由此导致的不同个体之间行为模式、价值取向的差异性。性格类型深刻影响着我们观察事物的角度、思考问题的方式、决策的动机、工作中的行事风格，以及人际交往中的习惯与喜好。

MBTI 根据个人在性格，即外向（extroversion，E）与内向（introversion，I）；信息收集，即感觉（sensing，S）与直觉（intuition，N）；决策，即思维（thinking，T）与情感（feeling，F）；生活方式，即判断（judging，J）与知觉（perceiving，P）方面的不同倾向，分析出可以分成 4 大类的 16 种倾向组合。这四大类分别是情感主导者、思维主导者、直觉主导者、感觉主导者，每一大类都包含四个性格类型（倾向组合）。

①情感主导者以富有人情味的方式考虑自己的决定对他人的影响，其倾向组合包括：内向 + 感觉 + 情感 + 知觉；内向 + 直觉 + 情感 + 知觉；外向 + 感觉 + 情感 + 判断；外向 + 直觉 + 情感 + 判断。

②思维主导者一般很有逻辑性，善于分析，做决定非常有条理，其倾向组合包括：内向 + 直觉 + 思维 + 判断；内向 + 感觉 + 思维 + 知觉；外向 + 感觉 + 思维 + 判断；外向 + 直觉 + 思维 + 判断。

③直觉主导者是高度直觉型的人，可以在任何地方发现隐藏的信息，其倾向组合包括：内向 + 直觉 + 思维 + 知觉；内向 + 直觉 + 情感 + 判断；外向 + 直觉 + 思维 + 知觉；外向 + 直觉 + 情感 + 知觉。

④感觉主导者相信事实和具体情况胜于其他任何方面，其倾向组合包括：内向 + 感觉 + 思维 + 判断；内向 + 感觉 + 情感 + 判断；外向 + 感觉 + 思维 + 知觉；外向 + 感觉 + 情感 + 知觉。

（2）MBTI 的测评体系。

①性格的第一个层面：外向型（E）与内向型（I）。

性格的第一个层面与我们和周围世界的互动有关，解释能量释放到何处。外向型与内向型的分别描述如表 2-3 所示。我们可以在如图 2-2 所示的连续尺度上判断自己在此层面上的倾向。

表 2-3　外向型与内向型的分别描述

外向型（E）	内向型（I）
与他人在一起感到振奋	独自一人时感到兴奋
希望能成为注意的焦点	避免成为注意的焦点
先行动，再思考	先思考，再行动
喜欢边想边说出声，易于被了解，愿与人共享	注重个人隐私；只与少数人共享信息
“说”比“听”多	“听”比“说”多
热情交流，精神抖擞	不把热情表现出来，显得矜持
反应迅速；喜欢快节奏	思考后再反应；喜欢慢节奏
较之精深更喜欢广博	较之广博更喜欢精深

外向型（E）←——┼——→ 内向型（I）

图 2-2　外向型和内向型的连续尺度

②性格的第二个层面：感觉型（S）与直觉型（N）。

性格的第二个层面与我们平时注意的信息有关。例如，有一些人注重事实，另一些人则注重愿望。感觉型与直觉型的分别描述如表 2-4 所示。我们可以在如图 2-3 所示的连续尺度上判断自己在此层面上的倾向。

表 2-4　感觉型与直觉型的分别描述

感觉型（S）	直觉型（N）
相信确定而有形的事物，相信看到、听到的	相信灵感和推理，相信“第六感”和直觉
喜欢具有实际意义的想法	喜欢新主意和新概念，且注重自己的意愿
崇尚现实主义与常识	崇尚想象力和新事物
喜欢运用和琢磨已有的技能	喜欢学习新技能，但掌握之后容易厌倦
注意特殊的和具体的，喜欢细节	注意普遍的和有象征性的，喜欢隐喻和类比
循序渐进地给出信息	跳跃式地、以一种绕圈的方式给出信息
着眼于现在	着眼于将来
只相信可以测量、能够记录下来的东西	相信字面之外的信息

感觉型（S）←——┼——→ 直觉型（N）

图 2-3　感觉型与直觉型的连续尺度

③性格的第三个层面：思维型（T）与情感型（F）。

性格的第三个层面涉及我们做决定和下结论的方式。思维型与情感型的分别描述如表 2-5 所示。我们可以在如图 2-4 所示的连续尺度上判断自己在此层面上的倾向。

表 2-5　思维型与情感型的分别描述

思维型（T）	情感型（F）
后退一步，客观分析问题	向前看，关心行动给他人带来的影响
崇尚逻辑、公正和公平；有统一标准	注重情感与和睦；看到规则的例外性
自然地发现缺点；有吹毛求疵的倾向	自然地想让别人快乐；易于理解别人
可能被视为无情、麻木、漠不关心	可能被视为过于感情化、无逻辑、脆弱
认为诚实比机敏更重要	认为诚实与机敏同样重要
认为合乎逻辑的感情才是正确的	认为所有感情都是正确的，无论是否有意义
受获得成就欲望的驱使	受情感与被人理解的欲望的驱使
按逻辑做决定	按爱好和感觉做决定

思维型（T）←——|——→ 情感型（F）

图 2-4　思维型与情感型的连续尺度

④性格的第四个层面：判断型（J）与知觉型（P）。

性格的第四个层面所关注的是个人更喜欢有条理的生活还是随意的生活。判断型与知觉型的分别描述如表 2-6 所示。我们可以在如图 2-5 所示的连续尺度上判断自己在此层面上的倾向。

表 2-6　判断型与知觉型的分别描述

判断型（J）	知觉型（P）
做完决定后感到快乐	因保留选择的余地而快乐
具有“工作原则”，即先工作再玩（有时间的话）	具有“玩的原则”，即先玩再工作（有时间的话）
确立目标并按时完成任务	当有新的情况时便改变目标
想知道自己的处境	喜欢适应新环境
注重过程	注重结果
通过完成任务获得满足	通过接触新事物而获得满足
把时间看成有限的资源，认真对待时间	把时间看成无限的资源，认为期限是“活”的
注重条理性、计划性	注重机动性、自由变通

判断型（J）←——|——→ 知觉型（P）

图 2-5　判断型与知觉型的连续尺度

经过以上四个层面的分析，我们可以得到四个层面的性格特性，这四个特性就代表了我们的性格特征。如果对自己的分析没有把握，还可以通过互联网查询相应的量表进行测量。[①]

关于 MBTI 的效度、信度及效果的研究，目前还未形成定论。MBTI 测试的参与者认为它能有效地改变自身的行为，且 MBTI 测试的结果与其所从事的职业有关。对美国、英国、日本等的管理人员的 MBTI 测试结果的分析表明，大多数管理人员属于某些特定的性格类型，如 ISTJ、INTJ、ESTJ 或 ENTJ。[②]

2. 16 种性格类型的特征及适合职业

（1）ISTJ 型：内向 + 感觉 + 思维 + 判断。

①基本特征。ISTJ 型的人沉静，认真；贯彻始终、得人信赖且能取得成功；讲求实

① 邵志伟，田彩虹 . 性格决定职业［M］. 北京：中华工商联合出版社，2005.

② 雷蒙德 . 雇员培训与开发［M］. 徐芳，译 . 北京：中国人民大学出版社，2001.

际，注重事实、有责任感；能够合情合理地去决定应做的事情，而且坚定不移地把它完成；不会因外界事物而分散精神；不论在工作中、家庭中或者生活中，都以做事有次序、有条理为乐；重视传统和忠诚。

ISTJ 型的人是严肃的、有责任心的和通情达理的“社会坚定分子”。他们值得信赖、重视承诺，对于他们，言语就是庄严的宣誓。ISTJ 型的人工作缜密，讲求实际，很有头脑也很现实。他们具有很强的集中力、条理性和准确性。无论他们做什么，都相当有条理且可靠。他们具有坚定不移、深思熟虑的品质，一旦他们着手实践自己相信的最好的行动方法时，就很难转变或变得沮丧。ISTJ 型的人特别安静和勤奋，对于细节有很强的记忆和判断能力。他们能够引用准确的事实支持自己的观点，把过去的经验运用到现在的决策中。他们重视和利用符合逻辑的、客观的分析，以坚持不懈的态度准时地完成工作，并且总是安排有序，很有条理。他们重视必要的理论体系和惯例，对于那些不如此做事的人则很不耐烦。ISTJ 型的人总是很传统、谨小慎微。他们喜欢明确、清晰地陈述事物。ISTJ 型的人天生不喜欢显露，即使危急之时，也显得很平静。他们总是表现得责无旁贷、坚定不变，但是在他们冷静的外表之下，也许有强烈但很少表露的反应。

②可能存在的盲点。ISTJ 型的人有一个缺点，就是他们常常会迷失在一件工作的细节和日常操作中。一旦沉浸进去，他们就会变得顽固，而且对其他的观点置之不理。收集更广泛的信息，并且理智地评估一下自己的行为可能带来的后果，可以让 ISTJ 型的人在所有的领域中更有影响力。ISTJ 型的人有时不能明白别人的需求，因此可能被看成冷酷无情的人。他们应该把对别人的欣赏表达出来，而不是留在心里。

③适合的领域与职业。ISTJ 型的人适合的领域和职业如下。

a. 适合的领域：工商业、金融业、银行业、政府机构，以及技术、医务等领域。

b. 适合的职业：审计员、后勤经理、信息总监、预算分析员、工程师、计算机程序员、证券经纪人、地质学者、医学研究者、会计、文字处理专业人士等。

（2）ESTJ 型：外向 + 感觉 + 思维 + 判断。

①基本特征。ESTJ 型的人讲求实际，注重现实、注重事实；果断，能很快做出实际可行的决定；善于将项目和人组织起来完成工作，并尽可能以最有效率的方法达到目的；能够注意到日常工作的细节；有一套清晰的逻辑标准，且能有系统性地遵循，并希望他人也遵循；会以较强硬的态度执行计划。

ESTJ 型的人能高效率地工作，对自我负责，并监督他人工作，合理分配和处置资源，主次分明，井井有条；能制定和遵守规则，喜欢在制度健全、等级分明、比较稳定的企业工作；倾向于选择较为务实的业务，以生产有形产品为主；喜欢工作中有和人接触、交流的内容；不特别强调工作的行业或兴趣，多以职业角度看待每一份工作。ESTJ 型的人很善于完成任务；他们喜欢操纵局势；他们具有责任感，信守自己的承诺；他们喜欢条理性并且能记住和组织安排许多细节工作；他们能及时和尽可能高效率地、系统地达到目标。ESTJ 型的人常被迫做决定。他们常常以自己过去的经历为基础得出结论。他们很客观，有条理性和分析能力，以及很强的推理能力。事实上，除了逻辑，没有什么可以使他们信服。同时，ESTJ 型的人更感兴趣的是“真实的事物”，而不是诸如抽象的想法和理论等无形的东西。他们往往对那些自认为没有实用价值的东西不感兴趣。他们能预测自己周围将要发生的事情，但首要关心的则是当下。因为 ESTJ 型的人依照一套固定的规则生活，所以他们坚持不懈、值得依赖。他们往往很传统，倾向于维护现存的制度。虽然对于他们来说，感情生活和社会活动并不像生活的其他方面那样重要，但是对于亲情关系，他们却十分重视。他们还是条理分明的纪律执行者。ESTJ 型的人直爽、坦率、友善、合群。通常，他们会很容易了解事物，这是因为他们相信“你看到的便是你得到的”。

②可能存在的盲点。ESTJ 型的人很冷淡而且表现得漠不关心，因此他们通常需要对自己的感情以及别人的反应和情感更加留心和尊重。他们天生是批判性的人，ESTJ 型的人经常不能对别人的才能和努力给予认可和表扬。ESTJ 型的人经常在还没有集齐所有必要的信息，或还没有花足够的时间了解情况的时候就“跳”到结果上。他们需要学会有意识地推迟做决定的时间，直到他们考虑过所有的信息，特别是可能被忽视的其他选择。ESTJ 型的人如果放弃一些他们追求的控制权，并且懂得生活中有一些“灰色”的区域，那么，他们一定能更好地适应社会并获得成功。

③适合的领域与职业。ESTJ 型的人适合的领域与职业如下。

a. 适合的领域：无明显领域特征。

b. 适合的职业：银行管理人员、项目经理、数据库经理、信息总监、后勤与供应经理、业务运作经理、证券经纪人、计算机分析人员、保险代理、承包商、工厂主管等。

（3）ISFJ 型：内向 + 感觉 + 情感 + 判断。

①基本特征。ISFJ 型的人沉静、友善、有责任感、谨慎；能坚定不移地承担责任；做事贯彻始终、不辞劳苦、准确无误；忠诚、替人着想、细心；往往记着他所重视的人的种种微小事情，关心别人的感受；努力创造一个有秩序、和谐的工作和家庭环境。

ISFJ 型的人忠诚、有奉献精神和同情心，理解别人的感受。他们意志清醒而有责任心，乐于满足他人的需求。ISFJ 型的人十分务实，他们喜欢平和、谦逊的人。他们喜欢基于大量的事实情况进行判断，对于细节有很强的记忆力。他们耐心地对待任务的整个阶段，喜欢清晰、明确的事情。ISFJ 型的人具有强烈的职业道德，所以他们如果知道自己的行为真正有用，会对需要完成的工作承担责任。他们准确、系统地完成任务。他们具有传统的价值观，十分保守。他们利用符合实际的判断标准做决定，以注重实际的态度增加工作与生活的稳定性。ISFJ 型的人平和谦虚、勤奋严肃。他们温和，能支持朋友和同伴。他们乐于协助别人，喜欢实际地帮助他人。他们带着个人热情与人交往，在困难中与他人和睦相处。ISFJ 型的人不喜欢表达个人情感，但实际上对于大多数的情况和事件都具有强烈的个人反应。他们关心、保护朋友，愿意为朋友献身，有为他人服务的意识。

②可能存在的盲点。ISFJ 型的人生活得过于现实，很难全面地观察问题，也很难预见可能发生的情况，尤其是他们不熟悉的情况。他们需要向前看，并设想一下如果换个方法，事情会变成什么样。他们做每一件事都会小心翼翼地从头做到尾，这使他们很容易劳累过度。他们需要将心中埋藏许久的愤怒发泄出来，这样才能摆脱这种不利的情况。他们需要让别人知道他们的需求和理想。他们总是过度地计划，因此他们需要使用一些策略来调整自己专注的焦点。他们需要找到途径来给自己安排必要的娱乐和放松。

③适合的领域与职业。ISFJ 型的人适合的领域与职业如下。

a. 适合的领域：医务、消费类商业、服务业等领域。

b. 适合的职业：人事管理人员、计算机操作员、顾客服务代表、信贷顾问、零售业主、房地产代理或经纪人、室内装潢师、商品规划师、语言病理学者等。

（4）ESFJ 型：外向 + 感觉 + 情感 + 判断。

①基本特征。ESFJ 型的人有爱心、有责任心、善于合作；希望周边的环境温馨而和谐，并努力地营造这样的环境；喜欢和他人一起精确并及时地完成任务；忠诚，即使在细微的事情上也如此；能体察到他人在日常生活中的需要并竭尽全力帮助他人；希望自己和自己的所作所为能得到他人的认可和赏识。

ESFJ 型的人通过直接的行动和合作积极、真实、实际地帮助别人。他们友好、富有同情心和责任感。ESFJ 型的人把他们与别人的关系放在十分重要的位置，所以他们往往具有和睦的人际关系，并且通过很大的努力获得和维持这种关系。事实上，他们常常理想化自己欣赏的人或物。ESFJ 型的人往往对自己以及自己的成绩十分欣赏，因此他们对于批评或者别人的漠视很敏感。通常他们很果断，能坚定地表达自己的主张，希望事情能很快得到解决。ESFJ 型的人很现实，他们实事求是、安排有序。他们乐于参与并能记住重要的事情及其细节。他们在自己的个人经历或在他们所信赖的人的经验之上制订计划或得出见解。他们积极了解并参与周围的物质世界活动，并具有主动性和创造性。ESFJ 型的人十分小心谨慎，也非常传统，他们能恪守自己的责任与承诺。他们支持现存制度，往往是委员会或组织机构中积极主动和乐于合作的成员，他们重视并能保持很好的社交关系。无论遇到困难还是取得成功，他们都很积极活跃。

②可能存在的盲点。在紧张而痛苦的时候，ESFJ 型的人会对现实情况熟视无睹。他们需要学会直接而诚实地处理矛盾冲突。ESFJ 型的人总是由于想取悦或帮助他人而忽视自己的需求。当他们不能找到改变自己生活的途径的时候，就可能变得消极和郁闷。从问题中跳出来、更客观地对待问题，常常可以给他们带来全新的视野。他们不愿意寻找

解决问题的新方法，表现得不知变通，因此常延迟做判断的时间。对处理问题的新途径持开放态度，可以使他们获得更丰富的意见并帮助他们更好地做出决定。

③适合的领域与职业。ESFJ 型的人适合的领域与职业如下。

a. 适合的领域：无明显领域特征。

b. 适合的职业：公关客户经理、个人银行业务员、销售代表、人力资源顾问、零售商、餐饮从业者、房地产经纪人、营销经理、电信营销员、接待员、信贷顾问、簿记员等。

（5）ISFP 型：内向 + 感觉 + 情感 + 知觉。

①基本特征。ISFP 型的人沉静、友善、敏感和仁慈；欣赏当下和他们周遭所发生的事情；喜欢有自己的空间，做事能把握自己的时间；忠于自己的价值观，忠于自己所重视的人；不喜欢争论和冲突，不会强迫别人接受自己的意见或价值观。

ISFP 型的人平和、敏感，他们保持着许多强烈的个人理想和自己的价值观念。他们倾向于通过行为而不是言辞表达自己深沉的情感。ISFP 型的人谦虚而沉默，但实际上他们是具有高度的友爱和热情之人。但是除了与相知和信赖的人在一起，他们不经常表现出自我的另一面。因为 ISFP 型的人不喜欢直接进行自我表达，所以常常被误解。ISFP 型的人耐心、灵活，很容易与他人相处，很少支配或控制别人。他们很客观，以一种相当实事求是的方式接受他人的行为。他们善于观察周围的人和物，却不寻求发现动机和含义。ISFP 型的人完全生活在现在，所以他们的准备或计划往往不会多于必需，他们是很好的短期计划制订者。因为他们喜欢享受目前的经历，而不急于前往下一个目标，所以他们对完成工作感到很放松。ISFP 型的人对于从经历中直接了解和感受的东西很感兴趣，常常富有艺术天赋和审美感，力求为自己创造一个美丽而隐蔽的环境。ISFP 型的人不想成为领导者，他们经常是忠诚的追随者和团体成员。因为他们利用个人的价值标准去判断生活中的每一件事，所以他们喜欢那些愿意花费时间去认识他们和理解他们内心的忠诚之人。他们需要最基本的信任和理解，在生活中需要和睦的人际关系，对于冲突和分歧很敏感。

②可能存在的盲点。ISFP 型的人天生具有高度的敏感性，这使得他们可以很清楚地看到他人的需要，并且他们有时会为了满足这些需要而拼命地工作以至于在此过程中忽视了自己。他们需要花些时间像关心别人一样关心自己。ISFP 型的人必须努力控制自己的冲动，并偶尔享受一下安静的生活。他们对别人的批评相当敏感，而且会因受到批评而生气或气馁。在分析中加入一些客观和怀疑的态度会让他们更准确地判断人的性格。

③适合的领域与职业。ISFP 型的人适合的领域与职业如下。

a. 适合的领域：手工艺、艺术、医务、商业、服务业等领域。

b. 适合的职业：客户销售代表、行政人员、商品规划师、测量师、海洋生物学者、厨师、室内 / 风景设计师、旅游销售经理、病理专业人员等。

（6）ESFP 型：外向＋感觉＋情感＋知觉。

①基本特征。ESFP 型的人外向、友善、包容；热爱生活、人类和物质上的享受；喜欢与别人共事。在工作上，ESFP 型的人注重常识和实用性，注意现实的情况，能使工作富有趣味性；具有灵活性，自然、不做作，易接受新朋友和适应新环境；与别人一起学习新技能可以达到最佳的学习效果。

ESFP 型的人喜欢与人相处，有真正的生活热情。他们顽皮、活泼，通过真诚和幽默使别人感到事情更加有趣。ESFP 型的人脾气随和、适应性强，热情友好、慷慨大方。他们擅长交际，常常是别人的“注意中心”。他们热情而乐于合作，积极参加各种活动和节目，而且通常能应对几种活动。ESFP 型的人是现实的观察者，他们按照事物的本身形态去对待并接受它们。他们往往信任自己能够听到、闻到、触摸到和看到的事物，而不是依赖理论解释。因为他们喜欢具体的事实，且对于细节有很好的记忆力，所以他们能从亲身的经历中学习。他们具有与人和物良好相处的能力。他们喜欢收集信息，从中寻找问题的解决方法。ESFP 型的人对于自我和他人都能容忍和接受，往往不会试图把自己的愿望强加于他人。ESFP 型的人通融、有同情心，通常许多人都真心地喜欢他们。他们能够让别人采纳他们的建议，所以他们很善于帮助冲突的各方重归于好。他们寻求他人的陪伴，是很好的交谈者。他们乐于帮助他人，倾向于以真实有形的方式给予协助。ESFP 型的人天真、率直，很有魅力和说服力。他们喜欢意料不到的事情，喜欢寻找给他人带来愉快和意外惊喜的方法。

②可能存在的盲点。ESFP 型的人把体验和享受生活放在第一位，这常常使他们不是那么尽职尽责。他们喜欢交际的特点可能会令他们多管闲事，并使自己陷入麻烦之中。ESFP 型的人易受干扰而分心，以至于不能完成工作，这种毛病使他们变得懒惰。ESFP 型的人应该对将来有所预料，并做两手准备，这样一旦结果不尽如人意，也不至于损失太大。ESFP 型的人经常在做决定时不考虑后果，而习惯于相信自己的感觉。因此，他们需要后退一步，考虑一下事情的起因和结果，并努力让自己在工作中变得坚强。对于他们，拒绝并不像做决定那样困难。

③适合的领域与职业。ESFP 型的人适合的领域与职业如下。

a. 适合的领域：消费类行业、服务业、广告业、娱乐业、旅游业、社区服务等领域。

b. 适合的职业：公关专业人士、劳工关系调解人、零售经理、商品规划师、团队培训人员、旅游项目经营者、表演人员、特别事件协调人、社会工作者、旅游销售经理、融资者、保险代理、经纪人等。

（7）ISTP 型：内向＋感觉＋思维＋知觉。

①基本特征。ISTP 型的人能容忍，有弹性；是冷静的观察者，但当有问题出现时，便迅速行动，找出可行的解决方法；能够分析哪些东西可以使事情进行顺利；能够从大

量资料中，找出实际问题的重心；很重视事件的前因后果，能够以理性的原则把事实组织起来，重视效率。

ISTP 型的人坦率、诚实、讲求实效，他们喜欢行动而非漫谈。他们很谦逊，对于完成工作的方法有很好的理解力。ISTP 型的人擅长分析，所以他们对客观的规则很有兴趣。他们对于技巧性的事物有天生的理解力，通常精于使用工具和进行手工劳动。他们仅仅根据自己所看到的，有条理而直接地陈述事实。ISTP 型的人好奇心强，而且善于观察，只有符合理性、可靠的事实才能使他们信服。他们重视事实，将其视为知识的宝库。他们是现实主义者，所以能够很好地利用可获得的资源，同时他们善于把握时机，这使他们变得很讲求实效。ISTP 型的人平和而寡言，往往显得冷酷而清高，而且容易害羞，除了与好朋友在一起时。他们平等、公正。他们往往受冲动的驱使，对于突发的挑战和问题具有相当强的适应性和反应能力。因为他们喜欢行动和使人兴奋的事情，所以他们乐于进行户外活动和运动。

②可能存在的盲点。ISTP 型的人总是独自做出判断，这使得周围的人对其一无所知。这类人不喜欢与别人分享自己的情感和担忧。过度向往空闲时间使他们有时会“偷工减料”。对刺激的追求使他们变得鲁莽、轻率，而且容易厌烦。设计一个目标可以帮助他们克服自己缺乏主动性的问题，并避免频繁的失望和无规律的生活习惯带来的危害。

③适合的领域与职业。ISTP 型的人适合的领域与职业如下。

a. 适合的领域：技术、证券、金融业、贸易、商业、户外运动、艺术等领域。

b. 适合的职业：证券分析员、银行职员、管理顾问、电子专业人士、技术培训人员、信息服务开发人员、软件开发商、海洋生物学者、后勤与供应经理、经济学者等。

（8）ESTP 型：外向 + 感觉 + 思维 + 知觉。

①基本特征。ESTP 型的人灵活，忍耐力强；实际，注重结果；认为理论和抽象的解释非常无趣；喜欢积极地采取行动解决问题；注重当前，自然、不做作，享受和他人在一起的时刻；喜欢物质享受和时尚；学习新事物最有效的方式是亲身感受和练习。

ESTP 型的人不会焦虑，因为他们是快乐的。ESTP 型的人活跃、随遇而安、天真、率直。他们乐于享受现在的一切而不为将来计划什么。ESTP 型的人很现实，他们信任和依赖自己对这个世界的感受。他们是好奇而热心的观察者。因为他们接受现在的一切，所以他们思维开阔，能够容忍自我和他人。ESTP 型的人喜欢行动而不是漫谈，当问题出现时，他们乐于处理。他们是优秀的解决问题的人，这是因为他们能够掌握必要的事实情况，然后找到符合逻辑的、明智的解决途径，而无须浪费大量的努力或精力。他们能成为适宜外交谈判的人，他们乐于尝试非传统的方法，而且常常能够说服别人给他们一个妥协的机会。他们能够理解晦涩的原则，能够在符合逻辑的基础上，而不是基于他们对事物的感受上做出决定。他们讲求实效，在必须时非常强硬。在大多数的社交场合中，

ESTP 型的人很友善，富有魅力、轻松自如而受人欢迎。在任何有他们的场合中，他们总是直爽、多才多艺和有趣，总有没完没了的笑话和故事。他们善于通过缓和气氛以及使冲突的双方相互协调而化解紧张的局势。

②可能存在的盲点。ESTP 型的人只着眼于现在的偏好，在危机发生时采用那种“紧急”的反应，常常一次着手很多事，到最后发现不能履行诺言。他们需要把眼光放得远一点。ESTP 型的人力求诚实，往往会忽视他人的情感，变得迟钝。他们只有把自己的观察能力用在周围的人群中，才能更有影响力。他们还需要掌握时间观念和长远规划的技巧，以帮助他们承担自己的责任。

③适合的领域与职业。ESTP 型的人适合的领域与职业如下。

a. 适合的领域：贸易、商业、服务业、金融证券业、娱乐、体育、艺术等领域。

b. 适合的职业：企业家、业务运作顾问、个人理财专家、证券经纪人、银行职员、预算分析者、技术培训人员、综合网络专业人士、旅游代理、促销商、手工艺人、新闻记者、土木工程师、工业机械工程师等。

（9）INFJ 型：内向 + 直觉 + 情感 + 判断。

①基本特征。INFJ 型的人寻求思想、物质等的意义和联系；希望了解什么能够激励人，对人有很强的洞察力；有责任心，坚持自己的价值观；对于怎样更好地服务大众有清晰的愿景；在目标的实现过程中有计划而且果断、坚定。

INFJ 型的人生活在思想的世界里。他们是独立的、有独创性的思想家，具有强烈的感情、坚定的原则和正直的人性。即使面对怀疑，INFJ 型的人仍相信自己的看法与决定。他们对自己的评价高于其他的一切，包括流行观点和存在的权威，这种内在的观念激发着他们的积极性。通常 INFJ 型的人具有本能的洞察力，能够看到事物更深层的含义。即使无法分享，灵感对于他们依然重要而且令人信服。INFJ 型的人忠诚、坚定、富有理想。他们珍视正直，十分坚定以至达到倔强的地步。由于他们的说服能力，以及对于什么对公共利益最有利有清楚的看法，所以 INFJ 型的人会成为伟大的领导者。由于他们的贡献，他们通常会受到尊重或敬佩。因为珍视友谊和和睦，INFJ 型的人喜欢说服别人，使其相信自己的观点是正确的。通过运用嘉许和赞扬，而不是争吵和威胁，他们能够赢得他人的合作。他们愿意毫无保留地激励同伴并避免争吵。通常 INFJ 型的人是深思熟虑的决策者，他们觉得问题使人兴奋，在行动之前他们通常会仔细地考虑。他们喜欢每次全神贯注于一件事情，在一段时间专心致志。他们满怀热情与同情心，强烈地渴望为他人的幸福做贡献。他们注意其他人的情感和利益，能够很好地处理复杂的人和事。INFJ 型的人本身具有复杂的性格，既敏感又热切。他们内向，很难被人了解，但是愿意与自己信任的人分享内在的自我。他们往往有一个交往深厚、持久的小规模的朋友圈，他们在合适的氛围中能产生充分的个人热情和激情。

②可能存在的盲点。因为太专注于“想法”，INFJ型的人有时会显得不实际，而且会忽视一些细节。留意一下周围的情况，并且善于运用已被证实的信息，会帮助他们更好地运用自己的创造性思维。他们时刻受到自己原则的约束，没有远见、不知变通，抵制与他们相冲突的想法，因为对于他们来说，自己的地位是不容置疑的。INFJ型的人有顽固的倾向，对任何批评都会过度敏感，当矛盾升级时，他们会感到失望和绝望。总之，他们要客观地认识自己和自己的人际关系。

③适合的领域与职业。INFJ型的人适合的领域与职业如下。

a. 适合的领域：咨询、教育、科研等领域。

b. 适合的职业：人力资源经理、事业发展顾问、营销人员、企业组织发展顾问、职业分析人员、企业培训人员、媒体特约规划师、编辑、艺术指导、口译人员、社会科学工作者。

（10）ENFJ型：外向＋直觉＋情感＋判断。

①基本特征。ENFJ型的人温情、有同情心、反应敏捷、有责任感；非常关注别人的情绪、需要和动机；善于发现他人的潜能，并希望能帮助他们实现；能够成为个人或群体成长和进步的“催化剂”；忠诚，对赞美和批评都能积极地回应；友善、好社交；在团体中能很好地帮助他人，并有鼓舞他人的领导能力。

ENFJ型的人热爱人类，他们认为人的感情是最重要的，而且他们很自然地关心别人，以热情的态度对待生命和感受与个人相关的所有事物。由于他们很理想化，按照自己的价值观生活，因此ENFJ型的人对于他们所尊重和敬佩的人、事业和机构非常忠诚。他们精力充沛、满腔热情、富有责任感、勤勤恳恳、锲而不舍。ENFJ型的人具有自我批评的自然倾向。然而，他们对他人的情感具有责任心，所以ENFJ型的人很少在公共场合批评他人。他们敏锐地意识到什么是（或不是）合适的行为。他们彬彬有礼、富有魅力、讨人喜欢、深谙社会规则。ENFJ型的人具有平和的性格与忍耐力，他们擅长外交，擅长在自己的周围激发幽默感。他们是天然的领导者，受人欢迎而有魅力。他们常常得益于自己口头表达的天分，愿意成为出色的传播工作者。ENFJ型的人在自己对情况的感受的基础上做决定，而不是基于事实本身。他们对显而易见的事物之外的可能性，以及这些可能性以怎样的方式影响他人感兴趣。ENFJ型的人天生具有条理性，他们喜欢有安排的世界，并且希望别人也是如此。即使其他人正在做决定，他们还是喜欢直接解决问题。ENFJ型的人富有同情心和理解力，愿意培养和支持他人。他们能很好地理解别人，有责任感、关心他人。由于他们是理想主义者，因此他们通常能看到别人身上的优点。

②可能存在的盲点。ENFJ型的人过于认真和动感情，以至于有时会过度地陷入别人的问题或感情中。当事情没有如预料的那样成功时，他们会感到失落、失望或绝望。这会使他们退缩，感到自己不被欣赏。ENFJ型的人需要学会接受他们自己的以及他们所

关心的人的能力的限度，学会挑选“战场”并保持现实的期望。由于对和睦的强烈愿望，他们会忽视自己的需求、忽略实际的问题，有时会保持一种不够诚实和公平的关系，而对别人的情感过于关心又让他们无视那些可能带来批评和伤害他人感情的重要事实。因为他们热情很高，又急于迎接新的挑战，所以有时会做出错误的假设或草率的决定。他们需要放慢脚步，获得足够多的信息之后再行动。

ENFJ 型的人很喜欢接受赞扬，但对于批评却很脆弱，对无害和好意的批评都很难接受，通常对此的反应是慌乱、伤心或愤怒，甚至完全丧失理性。试着不那么敏感，可以让他们从积极的批评中获得许多重要的信息。他们相信理想的人际关系，对与自己的信念相抵触的事实视而不见。

③适合的领域与职业。ENFJ 型的人适合的领域与职业如下。

a. 适合的领域：培训、咨询、教育、新闻传播、公共关系、文化、艺术等领域。

b. 适合的职业：人力资源开发培训人员、销售经理、小企业经理、程序设计员、生态旅游业专家、广告客户经理、公关专业人士、协调人、交流总裁、作家、记者、非营利机构总裁等。

（11）INTJ 型：内向 + 直觉 + 思维 + 判断。

①基本特征。INTJ 型的人在实现自己的想法和达成自己的目标时有创新的想法和非凡的动力；能很快洞察到外界事物间的规律并形成长期的远景计划；一旦决定做一件事就会开始规划并坚持到完成；多疑、独立，对于自己和他人能力和表现的要求都非常高。

INTJ 型的人是完美主义者。他们强烈地要求个人自由和能力，不可动摇的信仰促使他们达到目标。INTJ 型的人思维严谨、有逻辑性、足智多谋，他们能够看到新计划实行后的结果。他们对自己和别人都很苛刻，往往几乎同样强硬地逼迫别人和自己。他们并不十分受冷漠与批评的干扰，作为所有性格类型中最独立的，INTJ 型的人更喜欢以自己的方式行事。面对相反意见，他们通常持怀疑态度，十分坚定和坚决。权威本身不能强制他们，只有他们认为这些规则对自己更重要的目标有用时，才会去遵守。INTJ 型的人是天生的谋略家，具有独特的思想、伟大的远见和梦想。他们天生精于理论，对于复杂而综合的概念思考灵活。他们是优秀的战略思想家，通常能清楚地看到任何局势的益处和缺陷。对于感兴趣的问题，他们是出色的、具有远见和见解的组织者。如果是他们自己形成的看法和计划，他们会投入不可思议的注意力、能量和积极性。领先到达或超过自己的高标准的决心和坚韧不拔的品质，能使他们获得许多成就。

②可能存在的盲点。由于有时给自己制定了不切实际的高标准，INTJ 型的人可能对自己和他人期望过多。实际上，他们不关心自己的标准是否会影响到其他人，而是只注重自己。他们常常不希望别人对抗自己的意愿也不愿听取别人的观点。他们需要学习对别人所谓的“不合逻辑”的想法加以了解，并且接受那些合理、有效的意见。INTJ 型

的人需要简化他们那些理论化的、复杂难懂的想法，以便与他人交流。向他人请教可以帮他们提早发现一些不切实际的想法，或者帮助他们在大量投入之前做出必要的修正。INTJ 型的人要想变得更加有效率，就得学会放弃一些不重要的主意，而成功地抓住那些重要的想法。当他们努力地去接受生活并学会与他人相处后，INTJ 型的人会获得更多平衡性和能力，并让自己的新观念为他人所接受。

③适合的领域与职业。INTJ 型的人适合的领域与职业如下。

a. 适合的领域：科研、科技应用、技术咨询、管理咨询、金融、投资、创造性等领域。

b. 适合的职业：管理顾问、经济学者、国际银行业务职员、金融规划师、运作研究分析人员、信息系统开发商、综合网络专业人员等。

（12）ENTJ 型：外向 + 直觉 + 思维 + 判断。

①基本特征。ENTJ 型的人坦诚、果断，有天生的领导能力；能很快看到公司、组织的程序和政策中的不合理性和低效性，能发展并实施有效和全面的系统来解决问题；善于做长期的计划和设定目标；通常见多识广、博览群书，喜欢拓展自己的知识面并将知识分享给他人；在陈述自己的想法时非常强而有力。

ENTJ 型的人是伟大的领导者和决策人。他们能轻易地看出事物具有的可能性，乐于指导别人，从而使他们的想象成为现实。他们是头脑灵活的思想家和伟大的长远规划者。因为 ENTJ 型的人很有条理和分析能力，所以他们通常对要求推理和才智的任何事情都很擅长。为了称职地完成工作，他们通常会很自然地看出所处情况中可能存在的缺陷，并且立刻知道如何改进。他们力求精通整个体系，而不是简单地把它们作为现存的情况而接受。ENTJ 型的人乐于完成一些需要解决的复杂问题，他们很大胆，力求掌握使他们感兴趣的任何事情。ENTJ 型的人把事实看得高于一切，只有通过逻辑的推理才会确信事实。ENTJ 型的人渴望不断增加自己的知识，他们会系统地计划和研究新情况。他们乐于钻研复杂的理论性问题，力求精通任何他们认为有趣的事物。他们对行为的未来结果感兴趣，而不是事物现存的状况。ENTJ 型的人是热心而真诚的天生领导者，他们往往能够控制自己所处的任何环境。因为他们具有预见能力，并且能向别人传播他们的观点，所以他们是出色的群众组织者。他们往往按照一套相当严格的规律生活，并且希望别人也是如此。因此他们往往会遇到挑战，需要艰难地推动自我和他人前进。

②可能存在的盲点。ENTJ 型的人有时会急于做决定。偶尔放慢脚步可以给他们机会来收集到所有相关的数据，并将实际情况与自身立场仔细地考虑清楚。但 ENTJ 型的人比较粗心、直率，无耐心并且不敏感，不妥协并且很难接近。所以他们需要倾听周围人的心声，并对他们的贡献表示赞赏。他们过于客观地对待生活，结果没有时间去体会感情。当他们的感情被忽视或没有表达出来的时候，他们是非常敏感的。若对他们的能

力表示怀疑的是他们尊敬的人的话，这种表现尤为强烈。他们会在一些小事上大发雷霆，而这种爆发会伤害与他们亲近的人。如果他们留给自己一些时间来体会和了解自己的真实感情的话，他们会非常开心，效果也很好。正确地释放自己的情感，而不是爆发，会使他们更好地控制自己，并获得自己期望和为之努力的地位。ENTJ 型的人实际上并没有他们自己想象的那么有经验、有能力。只有接受他人实际而有价值的协助，他们才能增强能力并获得成功。

③适合的领域与职业。ENTJ 型的人适合的领域与职业如下。

a. 适合的领域：工商业、政界、金融和投资、管理咨询、培训等领域以及专业性领域。

b. 适合的职业：人事 / 销售 / 营销经理、技术培训人员、后勤 / 计算机信息服务人员、组织重建顾问、国际销售经理、特许经营业主、程序设计员、环保工程师等。

（13）INFP 型：内向 + 直觉 + 情感 + 知觉。

①基本特征。INFP 型的人是理想主义者，忠于自己的价值观及自己所重视的人；外在的生活与内在的价值观契合；有好奇心，很快看到事情的可能与否，能够迅速对理念进行实践；试图了解别人、协助别人发展潜能；适应力强，有弹性；如果和他们的价值观没有抵触，往往能包容他人。

INFP 型的人把内在的和谐看得高于其他一切。他们敏感、理想化、忠诚，对于个人价值具有一种强烈的荣誉感。他们个人信仰坚定，有为自认为有价值的事业献身的精神。INFP 型的人对已知事物之外的可能性很感兴趣，将精力集中于他们的梦想和想象。他们思维开阔、有好奇心和洞察力，常常具有出色的长远眼光。在日常事务中，他们通常灵活多变、具有忍耐力和适应性，但是他们非常坚定、忠诚地对待内心，为自己设定了事实上几乎是不可能的标准。INFP 型的人具有许多使他们忙碌的理想。他们十分坚定地完成自己所选择的事情。他们往往承担得太多，但不管怎样总要完成每件事。虽然对外部世界他们显得冷淡沉默，但 INFP 型的人很关心内在。他们富有同情心、理解力，对于别人的情感很敏感。除了他们的价值观受到威胁外，他们总是避免冲突，没有兴趣强迫或支配别人。INFP 型的人常常喜欢通过书写而不是口头来表达自己的感情。当 INFP 型的人劝说别人相信他们的想法的重要性时，可能是最有说服力的。INFP 型的人很少显露强烈的感情，常常显得沉默而冷静。然而，一旦这种类型的人与他人熟悉了，就会变得热情友好，但往往会避免肤浅的交往。他们珍视那些花费时间去思考目标与价值的人。

②可能存在的盲点。因为 INFP 型的人不太在意逻辑，所以他们有时会犯错误。如果能够听取更实际的建议，对他们是很有好处的。他们总是用不切实际的高标准来要求自己，这会导致他们感到自己是不胜任的。试着更客观地看待自己的事情可以增加 INFP 型的人对批评和失望的承受力。

③适合的领域与职业。INFP 型的人适合的领域与职业如下。

a. 适合的领域：创作、艺术类教育、研究、咨询等领域。

b. 适合的职业：人力资源开发专业人员、社会科学工作者、团队建设顾问、编辑、艺术指导、记者、口译人员、娱乐业人士、建筑师、研究工作者、顾问、心理学家等。

（14）ENFP 型：外向 + 直觉 + 情感 + 知觉。

①基本特征。ENFP 型的人热情洋溢，富有想象力；认为生活充满很多可能性；能很快地将事情和信息联系起来，然后很自信地根据自己的判断解决问题；很需要别人的肯定，又乐于欣赏和支持别人；灵活、自然、不做作，有很强的即兴发挥的能力，言语流畅。

ENFP 型的人充满热情和新思想。他们乐观、自然，富有创造性和自信，具有独创性的思想和对可能性的强烈感受。对于 ENFP 型的人来说，生活是"人生的戏剧"。ENFP 型的人对可能性很感兴趣，所以他们能了解所有事物的深远意义。他们具有洞察力，是热情的观察者，注意常规事物以外的任何事物。ENFP 型的人好奇，喜欢理解而不是判断。ENFP 型的人具有想象力、适应性和可变性，他们视灵感高于一切，常常是足智多谋的发明人。ENFP 型的人不墨守成规，善于发现做事情的新方法，能为思想或行为开辟新道路，并保持思想的开放。在实现新颖想法的过程中，ENFP 型的人依赖冲动的能量。他们有很强的主动性，认为问题令人兴奋。他们从周围的其他人身上得到能量，把自己的才能与他人的力量成功地结合在一起。ENFP 型的人具有魅力、充满生机。他们待人热情、彬彬有礼、富有同情心，愿意帮助他人解决问题。他们具有出色的洞察力和观察力，常常关心他人的发展。ENFP 型的人避免冲突，喜欢和睦。他们把更多的精力倾注于维持个人关系而不是客观事物，喜欢保持一种广泛的关系。

②可能存在的盲点。因为觉得想出新主意是很容易的，ENFP 型的人经常无法在一段时间里专注于一件事，而且他们也不善于做决定。他们往往会失去兴趣而缺少一种完成任务的自制力。ENFP 型的人应该学会尽可能地努力去完成那些沉闷却是必需的任务，掌握良好的时间观念和自我控制能力。当 ENFP 型的人力求考虑客观情况时，他们是很有作为的，而且他们应该收集更切合实际的想法来使自己的新思路得以实现。

③适合的领域与职业。ENFP 型的人适合的领域与职业如下。

a. 适合的领域：无明显的限定领域。

b. 适合的职业：人力资源经理、变革管理顾问、营销经理、企业/团队培训人员、广告客户经理、战略规划人员、宣传人员、事业发展顾问、环保律师、研究助理、广告撰稿员、播音员、开发总裁等。

（15）INTP 型：内向 + 直觉 + 思维 + 知觉。

①基本特征。INTP 型的人对任何感兴趣的事物，都要探索一个合理的解释；喜欢理论和抽象的事情，喜欢理念思维多于社交活动；沉静、满足、有弹性、适应力强；在他

们感兴趣的范畴内，有非凡的能力去专注而深入地解决问题；有怀疑精神，有时喜欢批判，常常善于分析。

INTP型的人善于解决理性问题。他们很有才智和条理性，表现出创造的才华。INTP型的人外表平静、沉默、超然，内心却专心致志于分析问题。他们苛求精细、惯于怀疑。他们努力寻找和利用规律以理解许多想法。他们喜欢有条理和有目的的交谈，而且可能会仅仅为了高兴而争论一些无益而琐细的问题，只有有条理的推理才能使他们信服。通常INTP型的人是足智多谋、有独立见解的思考者。他们重视才智，对于个人能力有强烈的欲望，有能力，也很感兴趣向他人挑战。INTP型的人最主要的兴趣在于理解明显的事物之外的可能性。他们乐于为了改进事物的目前状况或解决难题而进行思考。他们的思考方式极端复杂，而且他们能很好地组织概念和想法。有时他们的想法非常复杂，很难向别人表达和被他人理解。INTP型的人十分独立，喜欢冒险和富有想象力的活动。他们灵活易变、思维开阔，更感兴趣的是发现有创见而且合理的解决方法，而不是仅仅看到已有的解决方式。

②可能存在的盲点。由于INTP型的人注重逻辑分析，可能不会考虑别人怎么想。如果某件事不合逻辑，INTP型的人很可能放弃它，哪怕它对他们很重要。INTP型的人极其善于发现想法中的缺陷，却很难表达出来。他们可能对常规的细节没有耐心。把能量释放出来可以使他们获得大量的实际知识，以便使自己的想法得以实施，并被他人接受。与他人谈谈自己的感受可以帮助他们更客观、更实际地认识自己。他们喜欢操纵局势。他们有责任感、尽职而且有自我约束力。

③适合的领域与职业。INTP型的人适合的领域与职业如下。

a. 适合的领域：计算机技术理论研究领域、学术领域、专业领域、创造性领域等。

b. 适合的职业：电脑软件设计师、系统分析人员、研究开发人员、战略规划师、金融规划师、信息服务开发商、变革管理顾问、企业金融律师等。

（16）ENTP型：外向 + 直觉 + 思维 + 知觉。

①基本特征。ENTP型的人反应快、睿智，有激励别人的能力，警觉性强、直言不讳；在解决新的、具有挑战性的问题时机智而有策略；善于找出理论上的可能性，然后用战略的眼光进行分析；善于理解别人；不喜欢例行公事，很少会用相同的方法做相同的事情，倾向于一个接一个地发展新的爱好。

ENTP型的人喜欢兴奋与挑战。他们热情开放、足智多谋、健谈而聪明，擅长许多事情，不断追求增加能力和个人权力。ENTP型的人天生富有想象力，他们喜欢新思想，注意一切可能性。他们有很强的创新精神，善于运用创造的冲动。ENTP型的人视灵感高于一切，力求使他们的新颖想法转变为现实。他们好奇、多才多艺、适应性强，在解决挑战性和理论性问题时善于随机应变。ENTP型的人灵活而率直，能够轻易地看出任何情况中的缺点，乐于出于兴趣争论问题。他们有极好的分析能力，是出色的策略谋划者。他们几乎一直能够为自己所希望的事情进行符合逻辑的推理。大多数 ENTP 型的人喜欢审视周围的环境，认为多数的规则和章程如果不被打破，便意味着“屈从”。他们喜欢自在地生活，在每天的生活中寻找快乐和变化。ENTP 型的人富有想象力地处理社会关系，常常有许多的朋友和熟人。他们表现得很乐观，具有幽默感。ENTP 型的人能吸引和鼓励同伴，通过他们富有感染力的热情，鼓舞别人加入自己的行动中。他们喜欢努力理解和回应他人，而不是判断他人。

②可能存在的盲点。由于 ENTP 型的人注重创造力和革新胜过一切，他们的热情促使他们寻找新鲜事物，以致会忽视必要的准备，而草率地陷入其中。他们有时会太过直率而不够圆滑，因此，他们应该经常体会一下自己的真实情感。ENTP 型的人天生的那种快速的预知能力使他们有时错误地以为他们已经知道了别人想要说的话，并插进来接下话茬。他们应该避免表现得自大而粗鲁。

③适合的领域与职业。ENTP 型的人适合的领域与职业如下。

a. 适合的领域：投资顾问、项目策划、投资银行、创业、市场营销、公共关系、政治等领域。

b. 适合的职业：人事系统开发人员、投资经纪人、工业设计经理、后勤顾问、金融规划师、投资银行职员、营销策划人员、广告创意指导、国际营销商等。

单元三　职业技能

职业技能，是指学生就业所需的技术和职业能力。学生是否具备良好的职业技能是其顺利就业的前提。根据《国务院关于大力推进职业教育改革与发展的决定》中关于“加强职业指导和就业服务，拓宽毕业生就业渠道”的精神，调动学生学习职业技能的积极性，帮助学生提高职业技能尤为重要。

一、技能与职业技能的概述

1. 技能

（1）技能的基本概念。技能的概念大致有以下几种说法。

①技能是活动方式或动作方式。《辞海》将技能定义为："个体通过反复练习形成的合乎法则的活动方式。"通过长期练习达到迅速、精确、运用自如的技能叫"熟练"，也叫"技巧"。《教育词典》把技能定义为："通过学习、重复和反省而习得的体能、心能和社会能力，个体对这种能力的提高也许是无止境的。"《教育大辞典》对技能的定义为："主体在已有的知识经验基础上，经过练习形成的对待某种任务的活动方式。"该观点突出了技能获得的方式是通过活动或动作习得，对技能的获得方式有较为明确的回答，但忽视了技能与知识的联系，未能揭示技能尤其是智慧技能与知识的本质联系。在技能训练方法上，可能导致机械模仿和重复练习。

②技能是行为和认知活动的结合。斯诺（R. Snow）认为技能是由与行为及认知有关的事项的结构系列组成。该观点突出了技能结构中各因素的相互联系，但未能揭示技能的真正内涵，对行为和认知到底是怎样结合的没有明确的回答，令人难以正确理解技能的真正含义。

③技能属于知识范畴。认知主义的广义知识观认为，动作技能、智慧技能和认知策略是不同形式的程序性知识，其将知识、技能和策略都统一在知识范畴中。该观点突出了技能对活动的指导作用，但混淆了知识与技能的概念，难以说明技能的本质，并否定了技能训练。

（2）技能的特点。尽管对技能的定义有诸多分歧，但是这些定义都是相通的，其中不难找到如下的共同点。

①技能都是通过一定的方式后天习得的。外显的动作技能和内隐的智慧技能都可以用一定的方式表现出来。同时，技能的发展和提高是一个面向目标不断熟练化的过程。因此，人的技能的培养是可能的，而且必须贯穿人的终身。职业的复杂性、创造性、挑战性的特征，更要求把职业技能的培训贯穿职业生涯的全过程。

②技能与知识密不可分。知识带有"有和无"的性质，技能则以熟练和不熟练来衡量。在练习和掌握某种技能时，必须运用某些储存在大脑中的先决知识。有效的知识必须能够指导活动，技能是在运用知识解决问题的过程中表现出来的。

（3）技能的分类。技能可分为技术类（technical）、管理类（supervisory）、人际互动类（interpersonal）等。技术类技能是指个人具有工作相关的概念、方法的知识与工具应用的能力；个人有效监督与管理他人的技能是管理类技能；人际互动类技能包括有效与他人沟通及互动的技能。技能通常是指运用所需要的知识进行决策，自主完成某些任务，其通常与工作者的资格有关，缺乏技能的工作者不容易完成相关任务。

获取技能的方式有正式教育、训练、非正式学习及工作经验等，在训练与教育的相关文献里，一般将技能区分为基本技能（basic skills）、一般性技能（generic skills）、职业技能（vocational skills）。

①基本技能：发展更深度技能必要的技能，如读写技能、计算技能。

②一般性技能：包括问题解决、团队合作以及提升个人学习与表现的技能。

③职业技能：能够帮助个人完成某项职业任务的技术性技能。

技能按其熟练程度可分为初级技能和技巧性技能。初级技能只表示“会做”某件事，而未达到熟练的程度。初级技能如果经过有目的、有组织的反复练习，动作就会趋向自动化，而达到技巧性技能阶段。

技能按其性质和表现特点，可区分为如书写、骑车等活动的动作技能和演算、写作等的智慧技能两种。技能形成过程中，各种技能动作之间会相互影响。已形成的技能促进新技能的形成，叫作技能正迁移；如果已形成的技能阻碍了新技能的形成，叫作技能干扰，或技能负迁移。

2. 职业技能

（1）职业技能的含义。职业技能是指在职业环境中用以合理、有效地运用专业知识，践行职业价值观、道德与态度的各种能力，包括智力技能、技术和功能技能、个人技能、人际和沟通技能、组织和企业管理技能等。

员工不断提高自己各方面的职业技能，对于自己的职业发展非常有好处。提高职业技能，一方面是社会发展、组织进步的需要；另一方面能为自己今后取得更好的职位做准备。

（2）职业技能的分类。一般把员工应具备的职业技能划分为三种：技术技能、人际关系技能和解决问题的技能。

①技术技能。许多企业提供的培训主要是针对提高员工的技术技能的，其既包括最基本的技能，如阅读、写作和数学计算技能，也包括与特定职务相关的职业技能。

随着科技的进步、商业的发展，绝大多数职位的要求与以前相比都变得更加复杂。自动化办公、电子商务、企业的 ERP（enterprise resource planning，企业资源规划）管理系统、数控机床，等等，这些都要求员工有数学、计算机方面的知识和技能。很难想象，办公室职员如果不会使用文字编辑软件、不会使用电子邮件将怎样工作。随着科技的进步，大量的高新技术被使用在生产领域，很多从事技术含量较低的工作的“蓝领”职位人员将会失业。这也是工会要求企业拿出更多的资金为员工做培训的原因。

②人际关系技能。每个员工都从属于一个组织。从某种程度上讲，员工的工作绩效取决于其与同事和领导的有效相处能力。员工需要提升其人际关系技能，包括如何做一个好的听众、如何与他人沟通自己的思想、如何避免冲突等。

一个曾经很难与同事一起工作的员工通过一次 3 小时的小组座谈会改善了与同事们相互接触的方式。在这次座谈会上，她和同事们开诚布公地谈了如何看待对方。她的同事们一致说她过于傲慢，她说的每一句话都像是命令。她了解到这种意见后，开始努力改变自己说话的方式，终于使她和同事的关系有了很大改善，提高了所在组织的工作绩效。

③解决问题的技能。许多员工发现，他们在工作中需要解决一系列的问题，特别是那些非常规的、富于变化的工作更是如此。如果员工解决问题的技能不尽如人意，那么可以通过强化逻辑、推理和确定问题的能力，制定解决、分析问题的可行方案来达到目的。

二、大学生应具备的职业能力

现代社会是一个重能力的社会，任何一个机构在选人、用人的时候，都不会忽视能力的价值，因为能力是完成一切工作、创造效益的基础。当今的社会究竟需要走出校门的大学生具备什么样的职业能力？以下是一些用人单位的回答。

“企业要求的人才不是应试人才，而是做事人才。”某公司人力资源管理负责人这样说。

某集团公司人力资源负责人说：“我们比较看重的是人才的协调能力和沟通能力，所以招聘时在面试、笔试之外，还要进行一些测试。只有这些测试全部能通过，才有可能被录用。”

某网络通信股份有限公司的人力资源管理人士表示，公司不苛求名校和专业对口，只要学生综合素质好、学习能力和适应能力强、遇到问题能及时看到问题的症结所在，并能及时调动自己的能力和所学的知识，迅速制定出可操作的方案，就会受到欢迎。

某国企人力资源部负责人介绍，专业技能是对员工最基本的素质要求，电子行业更是注重应聘者的职业技能。如果是同等能力的应聘者，也许会优先录取研究生。但是进入公司后，学历高低就不是主要的衡量标准了，而是会更看重实际操作能力。

某科技集团人事部门的负责人说：“我们公司认为，大学生最需要提高的能力是沟通能力。企业需要的是能够运用自己良好的沟通能力与企业内外有关人员接触，能够与同事合作无间、同心同德，完成组织的使命和目的的人。”

某软件股份有限公司人力资源管理人士说：“我们特别欣赏有团队精神的员工，因为在软件开发和使用过程中，如果有一名员工在一个环节上出现问题，将会影响整个项目的进程。”

虽然用人单位对人才的职业能力要求各有不同，但很多因素是相同的，主要有以下几种。

1. 合理的知识结构

合理的知识结构不仅包括精深的专业知识，还包括广博的基础知识。专业知识是知识结构的核心部分，是人才知识结构的特色。大学生对自己所学专业的知识和技术的学习，不仅要达到高数量，还应该达到高质量，有一定的深度，而不是“蜻蜓点水”“不求甚解”。基础知识是知识结构的根基，是知识更新的原动力。专业知识与基础知识的有机结合，是个人担任现代社会职业岗位的必要条件，是人才成长的基础。古代，科学处于萌芽时期，人才曾以“通才为主”；近代，科学不断分化，人才则以“专才为主”；今天，科学高度分化且高度综合，人才以“通才取胜”。“专博相济、专深博广”成为当前对人才素质的重要要求。

2. 动手操作能力

对于一切社会活动，尤其是教学、科研、生产第一线的工作，没有熟练的动手操作能力是很难胜任的。动手操作能力至少包含两个方面，一是“拿起来能干”，二是“干得好”。正如用人单位所说：“企业要求的人才不是应试人才，而是做事人才。”大学生有了一定的知识积累，并不等于有了各类岗位所需要的知识实际应用能力。一些大学毕业生只是懂得一些理论知识，只会纸上谈兵，缺乏必要的动手操作能力，因此被用人单位“拒之门外”。

3. 人际交往能力

人际交往是交流信息、获取知识的重要途径，也是个体认识自我、完善自我的重要手段。《礼记·学记》中说：“独学而无友，则孤陋而寡闻。”在人际交往的过程中，人们彼此从对方的言谈举止中认识了对方，同时又从对方对自己的反应和评价中认识了自己。交往面越宽、交往越深、对对方的认识越完整，对自己的认识也就越深刻。通过人际交往，我们可以相互传递、交流信息和成果，使自己丰富经验、增长见识、开阔视野、活跃思维、启迪思想。个人如此，企业组织也同样如此。一些企业负责人表示：“员工的人际交往与沟通合作能力越来越成为企业在市场竞争中获胜的主要动力。现在已经不是‘单枪匹马打天下’的时候了，必须懂得并善于与他人合作，发挥团队战斗力。”大学生培养自己的人际交往能力不仅是自我发展和完善的需要，也是未来工作环境的需要，关系到其工作效能的高低和事业的成败。

4. 社会适应能力

现在的社会千变万化，大学生要保证自己从学校到社会的过渡顺利，能很快地适应新的学习、生活、工作环境，与人交往轻松、大方，对各种情况能应付自如、左右逢源，就需要提高自己的社会适应能力。

5. 创新能力

联合国教育、科学及文化组织在其《学会生存》的报告中指出：“人们对付当今世界性问题和挑战的能力，归根到底取决于人们能够激发和调动的创造力的潜力。”只有那些思维敏锐、能在自然和社会发展中的新问题面前充分地发挥其创造才能、以新颖的创造方式去解决问题的人，才能得到企业和社会的重视，为企业和社会的发展做出更大的贡献。大学生在学习的过程中，应着重培养和强化自己的开拓创新能力。

6. 组织管理能力

组织管理水平的高低，已经成为判断一项工作、一个单位好坏的重要因素。大学生毕业后不可能都走上领导岗位，从事管理工作，但每个人在工作中都会不同程度地运用组织管理能力。近几年来，用人单位选聘大学生的首选对象是学生党员和学生干部，在事实上表明了他们很看重大学生的组织管理能力。组织管理能力包括以下方面。

（1）管理自己的能力。管理自己的能力包括有效地管理时间、设置目标和标准、主动和有目的地倾听、运用学术技能（如分析和综合）、开发和改进学习策略、灵活思考、在新的或不同的情境中进行学习、制订面向长期目的和目标的计划、有目的地反思自己的学习、有批评性地阐明立场、应对压力的能力。

（2）管理信息的能力。管理信息的能力包括使用恰当的信息资源、使用恰当的技术和媒体、有效掌握各种信息和资料、在活动中使用恰当的语言和形式解释多种信息、提供有说服力的信息或观点、对不同的目的或环境做出反应、有批判性地使用信息、以创新方法使用信息的能力。

（3）管理他人的能力。管理他人的能力包括共同执行任务、理解他人观点、在合作环境中有效工作、适应群体要求、向他人说明观点、发挥带头作用、领导他人、委派任务、协商、提供建设性批评、担当重要角色、在合作环境中学习和帮助他人的能力。

（4）管理任务的能力。管理任务的能力包括确认关键特征、把问题概念化、提出工作重点、进行战略性选择、计划行动的路线并执行、组织子任务、开发和利用适合的策略、评价结果的能力。

7. 可迁移能力

用人单位越来越重视大学生的可迁移能力。如果我们仅仅拥有精湛的专业能力，可能会在专业技术领域取得一时的成就，可是随着时间的推移，可迁移能力的缺乏必然会成为我们职业发展的瓶颈。

三、职业能力探索

1. 职业能力自评

表 2-7 是一套职业能力自评表，可供读者对自己的职业能力进行评价。

测试分为 9 组，每组测试一项职业能力。每组均有 6 题，按 5 个等级为各题打分。强（A）为 1 分，较强（B）为 2 分，一般（C）为 3 分、较弱（D）为 4 分、弱（E）为 5 分。累计各项得分之后，合计总分。

表 2-7　职业能力自评表

第一组能力					
项目	评定等级				
	A	B	C	D	E
表达自己的观点的能力					
快速阅读并抓住中心内容的能力					
清楚地向别人解释难懂概念的能力					
对文章中的字词、段落和篇章的理解、分析和综合的能力					
掌握词汇的能力					
中学时的语文能力					
分数小计					
合计					
第二组能力					
项目	评定等级				
	A	B	C	D	E
做出精确的测量（如测长、宽、高等）的能力					
解算术应用题的能力					
笔算能力					
心算能力					
使用工具（如计算器）的计算能力					
中学时的数学能力					
分数小计					
合计					
第三组能力					
项目	评定等级				
	A	B	C	D	E
素描能力					
画三维的立体图形的能力					
看几何图形时的立体感					
想象盒子展开后的平面形状的能力					
玩拼板（图）游戏的能力					
中学时的美术能力					
分数小计					
合计					

续表

第四组能力					
项目	评定等级				
	A	B	C	D	E
发现相似图形中的细微差异的能力					
识别物体的形状差异的能力					
注意到多数人忽视的物体的细节部分的能力					
检查物体的细节的能力					
观察图案是否正确的能力					
中学时找出数学作业的细小错误的能力					
分数小计					
合计					
第五组能力					
项目	评定等级				
	A	B	C	D	E
快而正确地抄写资料（如姓名、数字等）的能力					
阅读中发现错别字的能力					
发现计算错误的能力					
查找图书馆编码卡的能力					
发现图表中的细小错误的能力					
自我控制能力（如较长时间做抄写工作）					
分数小计					
合计					
第六组能力					
项目	评定等级				
	A	B	C	D	E
劳动技术课中进行操作机器类活动的能力					
玩电子游戏或瞄准打靶的能力					
在体操、广播操一类活动中身体的协调灵活性					
打球时的平衡能力					
打字或使用算盘的能力					
闭眼、单腿站立的平衡能力					
分数小计					
合计					

续表

第七组能力					
项目	评定等级				
	A	B	C	D	E
灵巧地使用手工工具（如锤子）的能力					
灵巧地使用很小的工具（如镊子、缝衣针）的能力					
弹乐器时手指的灵活性					
动手做一件小手工品的能力					
快速削水果（如苹果、梨）的能力					
进行修理、装配、拆卸、编织、缝补等活动的能力					
分数小计					
合计					
第八组能力					
项目	评定等级				
	A	B	C	D	E
在陌生的场合发表自己的意见的能力					
在新场所结交新朋友的能力					
口头表达能力					
与人友好交往、协同工作的能力					
帮助别人的能力					
做别人的思想工作的能力					
分数小计					
合计					
第九组能力					
项目	评定等级				
	A	B	C	D	E
组织单位或班级的集体活动的能力					
在集体活动或学习中，对他人的情况的关心					
在日常生活中动脑筋，想出别人想不到的“好点子”的能力					
冷静、果断地处理突然发生的事情的能力					
在你曾做过的组织工作中，你认为自己的能力					
解决同事或同学之间的矛盾的能力					
分数小计					
合计					

2. 职业能力等级评定方法

将各组合计得分除以 6 可得到该组所测职业能力的职业能力等级评定分。把每一组的职业能力等级评定分填入表 2-8。

根据职业能力等级评定分，可以判断职业能力等级。其包括五个等级："1" 为强，"2" 为较强，"3" 为一般，"4" 为较弱，"5" 为弱。得分可能有小数点，如 2.2，表示此种能力水平稍低于较强水平，高于一般水平。

表 2-8 职业能力等级评定结果

组别	相应职业能力	合计分数	职业能力等级评定分（合计分数 ÷6）	职业能力等级
第一组	语言能力			
第二组	数理能力			
第三组	空间判断能力			
第四组	察觉细节能力			
第五组	书写能力			
第六组	运动协调能力			
第七组	动手能力			
第八组	社会交往能力			
第九组	组织管理能力			

3. 各种职业能力的含义

（1）语言能力：对词及其含义的理解和使用能力，对句子、段落、篇章的理解能力，以及清楚、正确地表达自己的观念和向别人介绍信息的能力。

（2）数理能力：迅速而准确地运算、推理，以及解决应用问题的能力。

（3）空间判断能力：对立体图形以及平面图形与立体图形之间的关系的理解能力，包括理解几何图形、对立体图形的理解、识别物体在空间运动中的联系、解决几何问题的能力。

（4）察觉细节能力：对物体或图形的有关细节具有正确的知觉能力，能对图形的明暗、线的宽度和长度做出区别和比较，看出其细微的差异。

（5）书写能力：对印刷物、账目、表格等材料的细微部分具有正确的知觉能力，以及发现错字和正确地校对数字的能力。

（6）运动协调能力：眼、手、脚、身体迅速、准确地随活动、动作做出精确的运作和运动反应的能力，以及手能跟随所看到的东西迅速行动、进行正确控制的能力。

（7）动手能力：手、手指、手腕迅速而准确地活动和操作小的物体的能力，以及在拿取、放置、翻转物体时，手做出精巧运动和腕进行自由运动的能力。

（8）社会交往能力：与人相互交往、相互联系、相互帮助、相互影响，从而协同工作或建立良好的人际关系的能力。

（9）组织管理能力：组织和安排各种活动，以及协调活动中的人际关系的能力。

四、培养职业能力

在飞蛾的世界里，有一种双翅长达几十厘米的飞蛾，叫“帝王蛾”。这种飞蛾的幼虫期在一个洞口极其狭小的茧中度过。当它要变成成虫时，弱小的身躯必须拼尽全力从那个狭小的洞口破茧而出。这个狭小的洞口是帮助幼虫双翅成长的关键所在。原来，幼虫在穿越洞口的时候，身体受到挤压，血液被送到双翅，只有双翅充血，它的身子才能振翅飞翔。

在破茧过程中，穿越狭小的洞口是十分痛苦的，如果无法承受痛苦，则只能死在茧里，或者依靠其他成年蛾的帮助破茧，但由于双翅没有经受考验只能终身爬行。幼虫只有依靠自己的努力奋勇破茧，才能飞翔。“帝王蛾”之所以称为“帝王蛾”，是因为它们在幼虫时就有一颗勇敢的心。只有勇者才能展翅高飞！

人们都知道，能力是可以通过锻炼而获得、提高的。但是，能力是如何通过锻炼获得的呢？也许人们没有意识到，能力是通过克服种种困难、遭遇种种磨难、跨越种种挫折而获得的。“帝王蛾”的破茧能力是在破茧过程中锻炼而获得的，展翅高飞的能力也是在破茧过程中锻炼而获得的，只有这样才能“破茧重生”。正所谓“吃得苦中苦，方为人上人。”我们在对能力进行探索的过程中，要做到知己知彼。本小节主要介绍大学生如何发挥或者进一步锻炼自己的能力，以丰富自己的大学生活，并为适应未来的社会生活做好充分的准备。

1. 大学不同阶段的准备工作

大学包括试探期、定向期、冲刺期和分化期四个阶段，其侧重点各有不同。

（1）试探期。在这个阶段，学生要初步了解职业，特别是自己未来想从事的职业或与自己所学专业对口的职业，并提高人际沟通能力。具体活动包括和师哥、师姐们进行交流，尤其是向毕业生询问就业情况；参加学校活动，学习交流技巧；学习计算机知识，争取通过计算机和网络辅助自己的学习；阅读学生手册，了解相关规定。

（2）定向期。在这个阶段，学生应考虑清楚未来是否继续提升学历或就业，了解相关的信息，并主要提高自身的基本素养；可以通过参加学生会或社团等组织，锻炼自己的各种能力，同时检验自己的知识技能；可以开始尝试兼职、参与社会实践活动，且要有坚持性，最好能在课余时间中长时间从事与自己未来职业或本专业有关的工作，以提高自己的责任感、主动性和抗挫折能力；应增强英语口语能力、增强计算机应用能力，通过英语和计算机的相关证书考试及职业资格考试，并开始有选择性地辅修其他专业的课程充实自己。

（3）冲刺期。临近毕业，学生的目标应锁定在提高职业技能、搜集公司信息上，并确定自己是否要继续提升学历。在学习中，可大胆提出自己的见解，锻炼自己的独立解决问题的能力和创造能力。学生可参加和专业有关的暑期工作，和同学交流求职、工作的心得体会，学习写简历、求职信，了解搜集工作信息的渠道，并积极尝试求职；可加入校友网络，和已经毕业的校友、师哥师姐谈话，了解往年的求职情况。这样一方面提高了信息收集能力，另一方面也加强了人际交往能力。

（4）分化期。在这个阶段，不能再犹豫不决，大部分学生的目标应该锁定在工作申请及成功就业上。这时，学生可先对自己的准备工作做一个总结：首先，检验自己已确立的职业目标是否明确，准备工作是否充分；其次，开始申请毕业后的工作，积极参加招聘活动，在实践中检验自己的积累和能力；最后，积极利用学校提供的条件，了解就业指导中心提供的用人单位信息、强化求职技巧、进行模拟面试等训练，尽可能地在做好较为充分准备的情况下进行演练。

2. 从不同的渠道获得各种能力

（1）勤工俭学。在校生可利用课余时间以及双休日，走出校门、走入社会。勤工俭学既锻炼自己、积累工作经验，又增加收入、增强独立自主的能力。一般来说，每所高校都会提供不少勤工俭学的机会给广大的学生，尤其是为一些家境贫困的学生提供合适的岗位。勤工俭学的内容多种多样，如家教工作可以锻炼一个人的耐心以及表达能力；学生超市的收银员工作可以培养细心以及与人交往的能力；网络维护工作可以让学生很好地运用自己在计算机方面的一技之长，获得实践经验。有些学校设置了“助管”岗位，工作内容为帮助学校、系领导做一些办公室的管理工作，如文件管理。这些工作大多数与学生所学的专业没有关系或与所学的专业知识关系不大，但是学生能通过这些工作培养一些基本的职业能力，在积累工作经验的同时体会到自食其力、自力更生的愉悦。而那些和专业知识关系密切的工作，如计算机专业的学生进行网页制作、系统维护，能让自己在实践中进一步强化所学的知识，真正地“学以致用”。

勤工俭学可以在学校内进行，即学生在学校安排的各个岗位上寻求自我的锻炼和发展。在学校内部的勤工俭学主要有两个好处：一是方便，能很好地配合学生的上课学习时间；二是安全，学校内的各个岗位都具有较高的可靠性，能确保学生作为劳动者的各项权益。相比之下，学校外的勤工俭学就有利有弊了。社会上的各种兼职往往更具有专业性，也更具挑战性。例如，电话销售、财务助理、程序开发、市场调查，等等，这些职位都需要一定的专业知识背景，同时对个人的能力也提出更高的要求。学生可以根据自己的专业和特长选择适合自己的工作类型。社会兼职需要付出更多的精力和成本，如上下班的时间成本、紧张的工作带来的压力，等等。相应地，学生所得到的回报，无论是金钱上的报酬还是能力和阅历的积累都会更多。然而，重要的是，学生在勤工俭学的过程中，不要本末倒置，为了兼职完全忽视了专业知识的学习，否则就与“理论联系实际”的本意背道而驰了。同时，要注意不要上当受骗，要保护好自身的利益。

（2）社团活动。社团是校园里的同学为了某一个共同的兴趣、某一个共同的目的所组织起来的业余团体。社团包括：学术类社团，如马克思主义理论研究会、世界经济研究会等；体育类社团，如篮球协会、轮滑协会等；文艺类社团，如书法协会、戏剧社、记者团等。这些社团有的历史悠久，自成特色；有的虽成立不久，但发展迅速。不管怎样，每个社团都会围绕社团自身的主题，定期组织社团活动。学生们可以根据自身的喜好和特长选择适合的社团，以丰富自己的课余生活、培养自己的兴趣特长，或加深和拓宽对专业知识的理解。总之，大学生要根据自身的特点和兴趣，充分利用学校有利条件，不要浪费自己宝贵的青春，为自己内涵的积淀、能力的培养而努力。如果学生既对某个社团兴趣浓厚，又表现出色的话，可以成为社团的骨干，不仅能参与各种活动，还会策划组织各种活动，这就进一步锻炼了人际交往能力和组织管理能力。值得指出的是，现在用人单位在选择毕业生的时候对社团的骨干也是比较青睐的。

（3）社会实践。社会实践，顾名思义，是指学生利用寒暑假或双休日走出校园，在社会生活中树立理想、拓宽视野、增长才干，身体力行地服务社会。在各所高校中，为了帮助同学们走向社会、学以致用，实现同学们的实践意愿，学校会为同学们提供寒暑假和双休日的实践机会，并在组织、宣传、资金等方面给予一定的指导和帮助。当前大学生的社会实践引起了社会的关注，有些地区和单位专门组织和设定社会实践的岗位和课题，欢迎大学生积极参与并给予一定的资助，对一些好的、有发展前景的课题，主办者可以帮助孵化甚至进一步发展这些课题。每个大学生都应切实把握住这样的机会，从中锻炼自己各方面的能力。

社会实践与前面两类活动相比，与专业知识的关系更密切。它要求同学将平时所学和社会问题、社会现象相结合，有创意地提出问题，通过实践分析问题、研究问题，最终解决问题。由于学校通常会资助社会实践，所以，申报社会实践的同学必须精心准备和策划，构思出实践方案，通过学校组织的评审和公开答辩，才能获得被资助的资格。在社会实践的过程中，学生必须接受学校有关组织的监督，并将实践的最终成果上报展示。整个社会实践的过程需要花费一定的时间和精力，并需要一定的专业知识支持。因此，时间充裕的暑期通常是社会实践开展的高峰。

一个好的社会实践会使学生受益无穷，甚至影响学生的生涯发展。前期准备时，大学生必须有专业知识功底并参阅大量的资料，才能有一个好的理论框架；与赞助单位和实践单位联系、寻求帮助时，必须懂得人情世故，具备和人交往的能力；带领团队时，必须有很强的组织、协调、管理的能力；结项整理时，必须有表达能力、文字功底和研究能力。

（4）各类竞赛。大学校园是一个供青年才俊一展身手的大舞台。在这里，大学生可以找到许多志同道合的朋友，一展心中的理想、发挥过人的才能。校园里时常举办的各类竞赛便成为展现自我风采、培养个人能力的绝好契机。

例如，“挑战杯”中国大学生创业计划竞赛等受到了大学生的普遍关注和参与。这些竞赛激励大学生将所学专业知识与日新月异的社会实践相结合，要求参赛者组成优势互补的创业团队，提出具有市场前景的技术、产品或服务，并围绕这一技术、产品或服务完成一份包括执行总结、产业背景、公司情况、市场调查和分析、公司战略的总体进度安排、风险问题、团队和企业经济状况、财务预测假定等方面的完整、具体、深入的创业计划，以描述团队的创业机会，以及把握这一机会的过程。这些内容必然能激发和培养大学生的创业意识和创业能力。

此外，一些企业为了吸引更多的优秀人才，提前做好人才储备工作，会以企业名义在校园中举办各类竞赛，如“欧莱雅”商业策划大赛、“联合利华”商业夏令营，等等。这些比赛往往能使参赛者体验更真实的企业环境，帮助他们提前进入工作角色、发掘各方面的潜能。相对于社会实践来说，这样的竞赛更具有竞争性，也更以职业为导向。许多竞赛中的佼佼者往往有很大的机会进入该企业工作，成为企业的储备人才。

（5）实习。实习是每位学生在跨出校门、走向社会之前必须经历的阶段，是学生了解社会、了解工作的窗口。因此，几乎所有的高校都会在本科三年级时安排实习，并把它作为课程的一部分来要求学生。学生要明确实习的价值和意义，实习不等于拿一份实习报告，也不等于拿几个学分，不要为了这些表象“自欺欺人”。要“混”一个实习成绩并不难，但对于一个有事业追求、想要真正从实习中学习和积累经验的人而言，实习是一个非常好的接触社会、了解行业、了解职业的机会。因此，学生不应马虎对待实习，否则就是在浪费时间。

对于有不同职业生涯规划的学生，实习有着不同的意义。对于想工作的学生，实习常常能帮助其认清自己的能力、特点，了解行业和职位的具体情况，有助于其今后的工作选择。有时候，一份好的实习还可能直接带给其一份工作。对于致力研究的学生，实习往往能让其认清现实与书本上的不同，对其以后的研究也有启发，也许通过实习能让其发现自己感兴趣和想研究的领域，改变自己的人生道路。总之，实习能使学生的人际交往能力、专业能力、组织协调能力、表达能力等有一个综合的提高。

寻找实习的途径有很多，如学校内的网络论坛、就业指导中心发布的信息、各大求职网站上的信息、学长和亲友的推荐、同学互荐、自己与公司主动联系，等等。总之，在实习的过程中，学生应注意调整自己的心态，不要害怕困难和受挫，多虚心向他人请教，并注意保护自己的合法权益。通过实习，学生可以积累自己的经验、增加自己的阅历、提高自己的能力，为自己今后的职业生涯发展添加筹码。

（6）担任学生干部。大学生活中，锻炼的机会其实随处可见，关键就在于我们是否是“有心人”。学生可以通过毛遂自荐的方式担任学生干部，从学生会干部到社团干部，从班长到寝室长，任何一个职位都可以是学生发挥自身才干、为同学服务的机会。

不要认为担任学生干部是浪费时间，所谓“一分耕耘，一分收获”，我们付出了多少，相应地就能得到多少回报。首先，担任学生干部能锻炼学生的组织管理能力、决策能力。无论是召开班会、传达通知还是统计信息，都需要学生能协调各方面、组织人员参与，并做出决策。这些能力在今后的工作中有着重要的影响，往往成为企业选拔人才的标准之一。其次，担任学生干部要与方方面面，如众多的同学、老师打交道，能很好地培养学生待人接物的技巧，并为自己打下良好的人际关系基础，扩大社交圈子，获得众多的朋友。这其实是一笔宝贵的资源和财富。最后，担任学生干部能培养良好的品德。例如，为人民服务的奉献精神、为他人着想的合作态度、勤恳踏实的工作作风、迎难而上的顽强斗志等，这些都能够在学生工作中得到培养和锻炼。需要指出的是，担任学生干部不能仅看重干部头衔的“光环”，要更加注意对自我的锻炼。即使没有机会担任学生干部，只要有一颗为同学服务的爱心，只要善于观察、取他人之长补自己之短，仍然可以提高自己的能力。

技能实训

1. 实训名称

职业自我探索之旅。

2. 实训内容

本次实训旨在引导参与者深入了解自身的职业兴趣、职业性格、优势和潜力，通过一系列的探索活动，发现最适合自己的职业方向，并为职业规划奠定坚实基础。

3. 实训步骤

（1）自我认知：通过填写职业兴趣问卷、性格测试等，了解个人的兴趣、价值观、性格特点等，为后续的职业选择提供参考。

（2）市场调研：收集相关行业的信息，了解职业发展趋势、市场需求等，为自己的职业选择提供外部依据。

（3）实践体验：参与实习、兼职等活动，亲身体验不同职业的工作环境、工作内容和职业发展路径，进一步明确自己的职业方向。

（4）反思与总结：总结实训过程中的经验教训，对自己的职业选择进行深入反思，明确未来的职业规划和发展目标。

4. 实训评价

本次实训以参与者的职业自我认知提升和职业方向明确度为评价标准。通过对比实训前后的职业兴趣、职业目标等，评估实训效果，可帮助参与者更好地认识自己，走向成功的职业生涯。

项目三 开发职业素养

开篇导航

职业素养，这一概念博大精深，其中专业能力固然重要，但敬业精神与道德更是不可或缺。在职场上，它们共同构成了职业素养的基石；在生活中，则是个人素质与道德修养的体现。职业素养，不仅是人才选拔的首要标准，更是职场驰骋、事业辉煌的关键所在。

学习目标

知识目标： 深入了解职业素养的含义与重要性，全面把握职业素养的基本内容与要求，拓展对职业素养认知的广度和深度，为职业发展奠定坚实的知识基础。

技能目标： 通过系统的学习与实践，掌握开发职业素养的实用技能，如有效沟通、团队协作、时间管理等，使自己在职场中更加得心应手、游刃有余。

素养目标： 培养高度的职业道德与职业操守，树立积极向上的职业态度，不断提升个人的职业素养与内涵，努力成为行业内备受尊敬的职业精英。

单元一 职业素养概述

大学毕业证书只能证明学生的知识储备。对于用人单位而言，学历只是招聘的一个基本条件，良好的职业素养和能力才是他们选人、用人时最看重的，是大学生真正的就业竞争力。

一、素质与职业素养

1. 素质的含义

素质包括先天素质和后天素质。先天素质是通过遗传因素而获得的素质，主要包括感觉器官、神经系统和身体其他方面的生理特点；后天素质是通过环境影响和教育获得的。因此，我们可以说，素质是在人的先天生理基础上，受后天的教育训练和社会环境的影响，通过自身的认知发展和社会实践逐步养成的比较稳定的身心发展的基本品质。

对素质的这种理解，主要包括以下三方面的内容。

（1）素质首先是教化的结果。素质是在先天的基础上，通过教育和社会环境影响逐步形成和发展起来的。

（2）素质是自身努力的结果。一个人的素质，是通过自己的努力学习、实践获得一定知识并把它变成自觉行为的结果。

（3）素质是一种比较稳定的身心发展的基本品质。这种品质一旦形成，就比较稳定。例如，一个素质好的学生，总是能正确地对待别人、对待自己。

2. 职业素养的含义

职业素养是指劳动者在一定的生理和心理条件基础上，通过教育培训、职业实践、自我锻炼等途径形成和发展起来的，在职业活动中起决定性作用的、内在的、相对稳定的基本品质。由于职业是人生意义和价值的根本所在，职业生涯既是人生历程中的主体部分，又是最具价值的部分。因此，职业素养是素质的主体和核心，它囊括了素质的各个类型，只是侧重点不同。

简单来说，职业素养是劳动者对社会职业的了解与适应能力的一种综合体现，其主要表现在职业兴趣、职业能力、职业性格及职业情况等方面。

影响和制约职业素养的因素很多，主要包括：受教育程度、实践经验、社会环境、工作经历以及自身的一些基本情况（如身体状况等）。一般来说，大学生能否顺利就业并取得成就，在很大程度上取决于其职业素养，职业素养越高的人，获得成功的机会就越多。

职业素养是人才选用的“第一标准”，也是职场取胜、事业成功的“第一法宝”。

3. 职业素养的特征

一般来说，职业素养具有下列主要特征。

（1）职业性。不同的职业，职业素养要求是不同的。对建筑工人的职业素养要求，不同于对护士的职业素养要求；对商业服务人员的职业素养要求，不同于对教师的职业素养要求。

（2）稳定性。劳动者的职业素养是在长期工作中日积月累而形成的。它一旦形成，便具有相对的稳定性。例如，一位教师，经过三年五载的教学工作，就逐渐形成了有关怎样备课、怎样讲课、怎样热爱自己的学生、怎样为人师表等一系列的教师职业素养，并保持相对稳定。

当然，随着我们继续学习、工作和受到环境的影响，这种职业素养还可继续提高。

（3）内在性。劳动者在长期的职业活动中，经过自己学习、认识和亲身体验，逐渐形成“怎样做对、怎样做不对”的内在观念。这样有意识地内化和升华自己的职业素养，体现了职业素养的内在性。我们常听到一些话，如“把这件事交给小张师傅去做，有把握，请放心。”人们之所以放心，就是因为其内在的职业素养高。

（4）整体性。劳动者的职业素养是和其整体素质有关的。我们说某个人职业素养好，不仅指他的思想素质、政治素质、道德素质好，而且包括他的科学文化素质、专业素质好，甚至还包括身体素质、心理素质好。一个人虽然思想素质、道德素质好，但科学文化素质、专业素质差，就不能说这个人职业素养好；相反，一个人科学文化素质、专业素质都不错，但思想素质、道德素质比较差，我们也不能说这个人职业素养好。所以，职业素养一个很重要的特点就是整体性。

（5）发展性。劳动者的职业素养是通过教育、社会实践和社会影响逐步形成的，它具有相对性和稳定性。但是，随着社会发展对人们不断提出新的要求，劳动者为了更好地适应、满足促进社会的发展的需要，要不断地提高自己的职业素养，所以职业素养具有发展性。

4. 职业素养的分类

（1）身体素质。身体素质是指体质和健康（主要指生理健康）方面的素质。

（2）心理素质。心理素质是指认知、感知、记忆、想象、情感、意志、态度、个性特征（如兴趣、能力、气质、性格、习惯）等方面的素质。进行拓展训练可以提高心理素质，很多知名企业都通过拓展训练来提高员工的心理素质以及团队信任水平。

（3）政治素质。政治素质是指政治立场、政治观点、政治信念等方面的素质。

（4）思想素质。思想素质是指思想认识、思想觉悟、思想方法、价值观念等方面的素质。思想素质受客观环境等因素影响，如家庭、社会的影响等。

（5）道德素质。道德素质是指道德认识、道德情感、道德意志、道德行为、道德修养、组织纪律观念方面的素质。

（6）科学文化素质。科学文化素质是指科学知识、技术知识、文化知识、文化修养方面的素质。

（7）审美素质。审美素质是指美感、审美意识、审美观、审美情趣方面的素质。

（8）专业素质。专业素质是指专业知识、专业理论、专业技能、组织管理等方面的素质。

（9）社会交往和适应素质。社会交往和适应素质主要是指语言表达、社交活动、社会适应等方面的素质。社会交往和适应素质是后天培养的个人素质，是职业素养的核心之一，其从侧面反映了个人能力。

（10）学习和创新方面的素质。学习和创新方面的素质主要是指学习、获取信息等方面的素质和创新意识、创新精神、创新能力、创业意识等。学习和创新是个人价值的一种表现形式，能体现个人的发展潜力以及对企业的价值。

5. 职业素养的自我了解

职业素养是大学生成功就业的基本条件。了解自己职业素养的办法很多，归纳起来，主要有以下三种。

（1）接受职业指导。目前，许多就业服务机构，如职业介绍服务中心、社会保障事务所等，都开设了“职业指导”服务项目，大学生可以到相关机构接受职业指导。

（2）职业素养测试。部分就业服务机构开设了“职业素养测试”的服务，大学生可在这类机构获得相关服务。

（3）自测。大学生可以通过填写“职业素养自测问卷”的方式，判断、了解自己的职业素养状况。

二、大学生的职业素养

1. 大学生职业素养现状

大学是每一个没有进入大学、正在努力和拼命的高中生向往的地方，是每一个离开大学校园的工作人士回忆的地方……大学让无数人为之倾倒，培育出一批又一批的人才。但如今的社会需要大学生有很高的职业素养，才能在今后的工作中有优秀的业绩。下文将对大学生的职业素养现状做一个总结，帮助期望进入大学的高中生和在校的大学生成为 21 世纪的优秀、合格的大学生。

当今世界，知识经济迅速发展，且国力竞争日趋激烈。教育在综合国力的形成中处于基础地位，国力的强弱越来越取决于劳动者的职业素养，取决于各类人才的数量和质量。劳动者的职业素养和创造能力成为影响国家综合国力的重要因素，成为推动和制约经济增长和社会发展的关键因素。我国的改革开放正在向纵深推进，随着社会主义市场经济体制的建立和完善，高等教育事业获得长足发展。但随着高等学校的办学规模不断扩大，大学毕业生的数量逐年增加，大学生就业遇到了前所未有的挑战。面对市场、面对竞争，各高等学校采取不同形式，对现行教育方式、方法进行改革，对毕业生就业进行指导和教育。但从就业市场，特别是用人单位反馈的信息看，用人单位最看重的是毕业生的综合素养。因为素养是底蕴、是内涵，只有高素养，才能转化为高能力。大学生要参与社会竞争、适应社会要求，在竞争激烈的人才市场中脱颖而出，就必须从以往的片面注重专业知识学习，转到注重提高自身综合素养。

目前大学生职业素养方面存在的问题主要有以下表现。

（1）动力不足，缺乏恒心。当代大学生价值取向多元化，部分大学生政治观念模糊，没有远大的理想和抱负，趋向于“实用主义”，重功利、讲实惠，缺乏长远打算和社会责任感，因而没有强大的动力。

（2）缺乏奉献精神。在父母身边生活习惯了的大学生，容易形成“小皇帝”脾气，养成了只讲索取、不懂奉献的习惯。这种习惯必定导致成年后的敬业精神匮乏、社会诚信形象不佳的结果，背离了职业人才的最基本、最核心的素养要求，使其难以适应社会发展。

（3）缺乏正确开展社会交往的能力。有的大学生“霸气十足”，举止不雅、破坏公共秩序、语言粗俗，容易被宿舍排斥；有的大学生性格孤僻、自制能力差、不善于交往，缺乏宽容与合作精神。

（4）缺乏自理、自立和解决实际问题的能力。有的大学生专业基本功不扎实、专业素质不高、实干能力欠缺、被动应付现象突出、主动参与能力较差，且缺乏解决实际问题的能力。

（5）身体、心理上的问题。许多大学生身体状况不佳、身体瘦弱、有近视，体育成绩一般或勉强过关；有些大学生心理比较脆弱，一旦受到挫折就容易产生心理障碍。

2. 职业发展对大学生职业素养的要求

（1）思想道德素质。从近年人才市场反馈和就业形势的信息看，很多用人单位选人时“重才更重德”，把思想道德素质放在首位。思想道德素质较高，具有事业心、责任感和吃苦奉献精神的大学生成了首选目标。思想道德素质体现在较高的政治素质、事业心和责任感、艰苦奋斗精神和务实作风、坚实而有力的诚信理念等方面。

①较高的政治素质。政治素质不仅表现在政治立场、政治观念方面的远见和洞察力，还表现为对社会发展趋势的敏锐性、对国家宏观政策的预测和把握能力及具有一定的政

治理论修养。

②事业心和责任感。许多用人单位在对人才的要求上强调要有事业心、责任感，要爱岗敬业、乐于奉献；希望并要求大学生把选择的工作当作长期追求、投入的事业，要与单位同甘苦、共患难，荣辱与共，而不仅仅是把工作当作赚钱谋生的途径和临时落脚点。只有有事业心和责任感的大学生才会积极进取、胸怀大志，才能开发蕴藏在自己身上的创造性，为社会做出贡献，实现自己的人生价值。

③艰苦奋斗精神和务实作风。艰苦奋斗精神和务实作风是创业者应有的精神风貌。在为改革开放和现代化建设做出贡献的过程中，我们会遇到无数的艰难险阻，也难免有这样或那样的曲折和坎坷，这就需要大学生始终保持昂扬的斗志和坚韧不拔的作风，坚定不移地朝着既定的奋斗目标前进。用人单位需要的是“干才”，要能踏踏实实工作，有吃苦精神，而不是好高骛远、眼高手低。

④坚实而有力的诚信理念。诚信是一个人思想素质、道德素质的外在表现，是每个人立足社会不可或缺的“无形资本”。一个人的诚信状况如何，直接反映他的思想道德水平与综合素养。诚信是中华民族的传统美德，是人与人之间相处的道德规范，更是当代大学生必须具备的品质。

课堂案例

诚信教育

从诚信教育入手开展大学生职业素养教育，既是对大学生成长成才的帮助，也是对大学生的思想政治教育的客观要求。

要将诚信教育融入教书育人，时时处处突出诚信教育，首先，教师要以身作则，时时事事讲诚信，给学生做诚实守信的榜样。换言之，要求学生做到的，教师首先要做到；要求学生不做的，自己坚决不做。所谓“言必信，行必果”，教师要用自身良好的道德形象感染和取信于广大学生，真正做到“学高为师，德高为范”。其次，教师要将诚信教育融入课堂教学。如果说诚信教育只是靠辅导员通过年级大会的方式进行教育，时间和效率是有限的。课堂才是教书育人的主阵地，所以教师要充分发挥课堂强大的教书育人的功能，在教书育人的过程中，有意识地渗透诚信教育，这样才能将诚信教育落到实处。最后，教师要充分利用学生们的课外活动，充分利用身边典型的事例对学生加强诚信教育。辅导员老师更要关注同学中讲诚信的榜样，及时予以肯定和表扬，从而更好地引导和培养学生们的诚信意识。

具体来说，一方面，学校与教师要建立健全各种诚信制度和各种诚信教育制度，让全体学生都知道应该怎样做、不应该怎样做；另一方面，学校与教师要深入细致地做好诚信的考评体系和诚信档案，特别是在考试的诚信、缴纳学费的诚信、助学贷款以及就业的诚信等方面，加大对诚信理念的宣传力度，同时也要加大对不诚信的处罚力度，既不能让不讲诚信的人得逞，又不能让“老实人”吃亏。

（1）加强学生诚信服务的理念，培养其诚信服务的意识。每个人都要从自己做起，从小事做起，学会如何以诚待人；凡事都要从大局出发，不要只顾自己的利益而做出有损集体利益的事情。只有事事处处守信用、重承诺、践约定，并充分发挥学生的榜样示范作用，才能使学生以诚相待，才会形成集体的诚信风气，这本身就是最好的诚信教育。随着教育体制的不断改革，学生的学习以及生活等方面也在不断地变化。随着学生活动范围的扩大，我们要及时赋予诚信教育新的内容，针对最新的要求和任务做出及时的调整和制定相应的对策。

（2）努力营造诚信教育的环境，在环境中体现诚信教育。教师可通过精心规划，设置诚信教育专栏，在教室、寝室及公共场所适当设置诚信格言、警句牌，在学校的网站上设置诚信教育的网页以充实诚信教育的内容等，形成良好的诚信文化氛围，让学生耳濡目染、潜移默化地受到教育。此外，要营造良好的诚信教育舆论环境，如充分运用广播、板报、杂志以及网络中的正面舆论引导学生，用诚实守信的榜样鼓舞学生，用弄虚作假、欺诈欺骗的反面典型警示学生。

（3）以学生自身为载体，充分发挥自我诚信教育的作用。随着我国素质教育的逐步推进，学生的素质不断提高，其自我意识、自立意识、自主意识有很大程度的增强，自我教育、自我管理、自我评价的能力也有很大提高。学生们成立了各种学生社团，为自我诚信教育打下了良好的基础。所以，教师要引导学生干部及学生组织成员自觉认识诚信及诚信教育的必要性、重要性；引导学生党员、学生干部和学生组织成员以身作则，做诚实守信的模范；引导学生通过积极参加各种实践活动，把诚信认识转化为诚信情感，转变为诚信行为；引导学生建立自觉的诚信意识及监督意识，从而使每名学生都能够真正做到诚实守信。

（2）科学文化素质。在科学技术突飞猛进、生产的发展越来越多地依靠人的智力和知识的今天，劳动者科学文化素质的高低，对生产的发展、社会的进步有着决定性的影响。这对大学生提出了以下要求。

①要有广博精深的知识储备。现代社会对劳动者的文化素质、知识结构的要求越来越多，对知识技能的要求越来越高，大学生不仅要具备扎实的基础知识，还必须具有广博精深的专业知识和大容量的新知识储备，要求其知识水平高、内容新、实用性强。

②要建立合理的知识结构。大学生要做到围绕自己选择的就业目标，对自己所掌握的知识进行合理组合、恰当调配，形成知识系统。

③要有更新知识的能力。更新知识的能力即持续学习、终身学习的能力。

④要有创新创业能力。人类社会的不断进步的过程，就是一个不断创新的过程。在以高新技术产业为支柱的知识经济时代，创新意识、创新精神、创新能力是衡量新型人才的重要标志。当前，在社会就业总需求不足的情况下，大学生一味地指望找到一个理想的职位不太现实，社会迫切需要有一大批大学生利用自己的学识自主创业，也为他人创造出更多的职位。有不少大学已开始意识到培养大学生的创新创业能力的重要性，鼓励大学生自主创业、艰苦创业、科技创业。

（3）身体素质、心理素质。健康的体魄、良好的身体素质已成为人才竞争的物质资本。人们普遍认为，德、才、学、识、体是人才的内在因素，而体是最基本的，是成长、成才的物质基础。同时，在社会急剧变革的今天，多种思想文化的激荡、新旧价值观念的冲突、激烈的竞争、物质生活的差异、社会生活和经济生活不协调等，无不冲击大学生的心灵，引起了部分学生认知失调、心理失衡和行为失范。这些问题都影响了大学生的学习、生活，也不利于其就业求职。因此，大学生必须加强心性修养，提高心理素质，要能正确评价自我，胸襟开阔、豁达大度、积极乐观；要正确对待挫折，克服期望过高的心理，培养坚韧不拔的毅力；要克服自卑感、增强自信心、培养心理调适能力，以良好的心理素质迎接挑战。

职场提示

良好沟通有方法

要把信息从沟通链条上毫无障碍地传送给接收信息方，需要注意以下行为法则。

1. 自信的态度

一般来说，取得成功的人，通常有自己的想法和作风，他们对自己了解得相当清楚，并且肯定自己，他们的共同点就是自信。充满自信的人常常是最会沟通的人，也最能把自己想要传达的信息清晰地、毫无障碍地传送给接收信息方。

2. 体谅他人的行为

体谅包含体会对方和表达自我两个方面。体谅让我们设身处地地为对方着想，并且体会对方的感受和需要。由于我们的尊重和了解，对方也相应地体谅到我们的立场与想法，因此会做出积极而合适的回应。

3. 适当地提示对方

产生矛盾与误会的原因，如果是对方的健忘，我们的提示可以使对方信守承诺；若是对方有意食言，提示就代表我们并未忘记其承诺，并且希望对方信守诺言。

4. 有效地直接表达

一位知名的谈判专家在分享他成功的谈判经验时表示，以“我觉得”和“我希望”这样的话作为起始语，沟通结果常会令人极为满意。但是使用直言不讳的沟通方式要切记“三不谈”，即时间不恰当不谈、气氛不恰当不谈、对象不恰当不谈。

5. 善于询问与倾听

运用询问与倾听，可以控制自己的情绪，让自己不致为了维护权利而侵犯他人。尤其是对方退缩、沉默时，可用询问了解对方真正的想法，并且运用积极倾听的方式，来引导对方充分发表意见，进而实现有效沟通。沟通的高手，绝对不是只会自己侃侃而谈的人，而应该是善于询问与倾听的人。

单元二　职业素养的基本内容

“职业”和“素养”组成“职业素养”，简单来说，职业素养是指满足职业生涯需要的一种特定素养。职业与人的一生是密切联系的，是人安身立命的根本。个人职业素养的高低，关系到其一生的成就。

一、基本职业素养要求

一位优秀的职业人员，不仅是一位业务能手、技能高手，还需要具备优良的职业素养。立足职场，应该具备的基本职业素养要求如下。

1. 善于学习，努力学习

职业人员要有胜任岗位工作需要的知识和能力，尤其是专业知识和专业技能要强，实际动手操作的能力和解决实际问题的能力也要强。

2. 事业心、责任感强

职业人员要有较强的纪律观念、事业心、责任感和良好的工作态度、敬业精神、奉献精神，这些都是企业非常看重的。

3. 反应能力强

思路敏捷是顺利完成工作任务、成功处理复杂事务的必备素质。思路敏捷、反应灵敏的人在工作和处理问题时往往能洞察先机，在时机的掌握上快人一步，促使事业成功。

4. 人际交往和应对能力强

人是在社会中生活的，职业活动是一种群体活动，因此职业人员应善于沟通，提高应对能力。这既是交往实际的需要，又可以反映出一个人的学识和修养，能使人赢得他人的信任和尊重。

5. 有良好的身体素质和心理素质

身体健康的人工作起来体力充沛、精神焕发，具有战胜困难的勇气和毅力，乐观进取，能担负起较重要的工作和任务。在日常工作和活动中，越是能坚持到最后一刻的人，往往就越有可能成功。

6. 具有团队精神

职业人员要自觉地参加团队活动，并在其中尽心、尽力、尽责，能理解、宽容、帮助他人，善于与团队内其他成员一起有效、和谐地工作。

7. 有强烈的进取心和求知欲

“人之为学，不日进则日退。”社会经济在不断发展，科学技术在不断进步，职业岗位的内涵和要求也在不断发展，如果不努力学习新知识、新技术，职业人员就会失去自己的发展空间。

8. 有良好的品格和操守

一个有学识、有能力的人，倘若在品格、操守上不能把握分寸，则极有可能对企业和社会造成损害甚至危害。“知识能力不强是‘次品’，品行品格不好是‘废品’”，说的就是这个道理。

9. 有良好的生活习惯和生活方式

在一定程度上，生活习惯和生活方式决定了一个人职业和事业的进步与发展。一个勤劳、朴素、生活有规律的人，工作中往往能实事求是、踏实勤奋、认真负责、勇于进取。这是职业人员应具有的最基本素养。

10. 谦虚、热情

谦虚是一种美德，而热情是待人接物的前提，也是做好工作的前提。

二、职业素养的内容

根据以上要求，大学生要客观地认识自己、不断地提升自己，努力提高自己的职业素养。职业素养的基本内容包括以下方面。

1. 职业意识

职业意识是职业活动的基础和前提，是职业素养之源，对个人职业的发展起着调节和统合作用，直接决定了个人发展的潜力和职业生涯获得成功的可能性。研究者认为，个人的职业生涯成功与否主要取决于其职业意识水平的高低。对于高等职业院校的学生来说，由于其培养目标的职业性和技能性倾向特别突出，而其又未经历真正的职业生活，因此树立良好的职业意识就显得尤为重要。职业意识不仅会决定个人的职业发展，还会决定职业生涯的成功与否，与每个人的前途和命运息息相关。

2. 职业理想

职业理想是职业素养之魂。理想是大海中的灯塔，指引着人生之舟的航向；理想是强劲的东风，鼓起人生的风帆。没有理想就没有坚定的方向，而没有方向就没有高质量的生活。面对精彩纷呈的世界，个人只有树立了正确的职业理想，才能根据社会的发展和个人的特点进行职业生涯规划，促使自己奋发向上、积极开拓，在工作中从容应对困难，取得应有的成就。科学的职业理想是一个人成就事业、为社会做出贡献的内在精神力量。

3. 职业道德

职业道德是职业素养之本。高等职业教育具有职业性的特点，其专业设置与社会工作岗位相对应，教育的职业指向十分明确。高等职业院校学生毕业后能否胜任工作岗位并发挥应有的作用，既要看其专业知识与技能的掌握程度，更要看其对待工作的态度和责任心。因此，高等职业院校的学生作为现代化建设事业中重要的后备力量，不仅应具备良好的思想政治素质、扎实的文化知识，而且应具备从事社会职业活动所必需的职业道德。

4. 职业能力

职业能力是职业素养之核。许多人经常这样问自己，“我就业为什么这样难？为什么有些人就业很容易？”事实上，机遇面前人人平等，关键看个人是否做好了充分的准备。个人拥有的职业能力是其立足职场、体现自身价值的重要标志。

5. 职业心理

职业心理是职业素养之基。现代社会是一个竞争十分激烈的社会，时代不仅对高等职业院校学生的科学文化素质、思想素质和身体素质提出了要求，也对其心理素质提出了要求。职场的竞争，越来越显示出人的心理素质的重要性。心理素质的低下与不良，不仅影响高等职业院校学生的学业生涯，也不利于其职业生涯，可能为其职业生涯带来隐患。

6. 职业交往

职业交往是职业素养之要。一个人成功的因素中 75% 是人际关系，25% 是天才和能力，而且职位越高，对沟通能力要求越高。因此，为了提升个人的职场竞争力，为了获得成功，个人必须不断地运用有效的沟通方式和技巧，随时随地与他人接触沟通。良好的人际关系已成为事业成功的第一要素。

7. 职业礼仪

职业礼仪是职业素养之形，是职业生涯中必须遵循的礼仪规范，更是一个领导者要管理好公司或企业必须具备的素养之一。职业礼仪涉及穿着、住行、交往、沟通等多个方面，不仅是自我尊重和尊重他人的表现，更是衡量个人素养和企业形象的重要标准。可以说，职业礼仪是一个人职业素养的最为直观、最为形象的外在表现。

8. 创新素养

创新素养是职业素养之重。创新素养是职业素养的重要组成部分。创新是现代社会发展的生命力所在，是智慧的源泉，也是个人形成自身竞争力的重要支撑。面对日益激烈的市场竞争，只有具备创新素养，才能在竞争中立于不败之地。创新素养是所有创新行为的原动力，是职业发展的催化剂。

9. 创业素养

创业素养是职业素养之金。创业是一个创造财富、增长财富的动态过程，是一个发现和捕获机会，并由此创造和提供新颖的产品或服务，实现自身潜在价值的过程。对于大学生来说，创业是职业生涯迈向新高峰的标志，也是职业生涯一次质的飞跃，大学生从“想创业”到“敢创业”最后到“会创业”，必须有相应的创业素养作为基本前提。

单元三　职业素养的拓展

在如今，职业素养要求越来越高，沟通与人际技能、创新与愿景思维、领导潜能、团队精神、分析解决问题能力被看作职业成功的关键因素。培养学生的上进心，拓展其职业素养，并使其增强自信心，不断认识和开发自身的潜能以及学会更好地与他人沟通等，变得十分重要。

一、不同类型职业的职业素养框架

1. 科研型职业人员应具备的职业素养

科研工作是一种创造性劳动，科研型职业人员应具备以创造力为核心的知识结构；具备扎实的基础知识、外语交流能力，既要有专长又要有较渊博的知识，达到“专”与“博”的有效结合；具备创造性、熟练的基本技能和理论的理解与应用能力，以及把这三者融会贯通，协调、结合起来的能力；具备独立思考、勤于实践的品质及不怕挫折的良好心理素质。

2. 管理型职业人员应具备的职业素养

从事管理型职业的人员应具备的素养主要包括以下几点：积极贯彻国家的方针政策并能灵活运用，具有高度的公众意识；具备扎实的管理专业理论知识，同时具有较广博的自然知识和社会知识；具备一定的领导、组织、协调和社会才能以及中外语言文字表达能力；具有健康的身体和充沛的精力以应对千头万绪、千变万化的工作。

3. 事务型职业人员应具备的职业素养

事务型职业，是指处理与组织机构内部日常的制度、规范、信息传播等有关的事务的职业，如打字员、档案管理员、办事员、秘书、图书管理员、法院书记等。事务型职业人员的职业素养要求，在知识方面侧重于基础文化知识，且对于职业技术专门的知识有较具体的要求，如要懂得统计、档案管理知识，熟悉专门法规和规章条例等，一些涉及外国业务的单位对外语表达能力也有较高的要求。事务型职业的不少岗位需要员工严守纪律、保守秘密，有的还对礼仪方面有特殊的要求。在能力方面，事务型职业人员要具有较强的社交能力、语言表达能力和干练的办事能力等。

4. 工程型职业人员应具备的职业素养

工程型职业，主要是指工业、建筑业等行业的工程技术相关职业。工程型职业人员应具备的职业素养包括不辞劳苦、艰苦奋斗的创业精神和严肃认真、一丝不苟的求实工作态度；谦虚谨慎，深入工作第一线，和同事密切合作；在牢固掌握专业知识的基础上，对相近专业的知识比较了解，并有较好的外语水平和较强的计算机应用能力、语言表达能力和理论实际应用的能力。

5. 文化型职业人员应具备的职业素养

文化型职业包括作家、服装设计师、音乐家、舞蹈家、摄影家、书画家、雕刻家、广告设计师等。文化型职业人员应具备的职业素养是：能博采众长和广泛涉猎，具有敏锐的观察力、丰富的想象力、坚强的毅力、得天独厚的艺术天赋、不断创新的精神。

6. 社会型职业人员应具备的职业素养

社会型职业包括教育、救死扶伤、提供公共服务、协调人际关系、为人民提供生活便利的职业，如教师、医生、律师、法官、广播电视工作者等社会公共服务职业。社会型职业人员的职业素养要求是：在科学文化素质方面，应具有基础的科学文化知识，尤其是应该具备广泛的知识面和职业要求的专业知识；在能力素质方面，要具有社会活动能力、组织协调能力、自身形象设计能力和文字表达能力等。此外，随着经济的全球化、人才竞争的国际化，中外语言的表达能力和计算机操作、使用能力已成为各种职业人员所要具备的基本职业素养。

二、不同职业的职业素养要求

1. 商业经营人员的职业素养要求

（1）创新：商业经营人员要头脑灵活，在短时间内能产生各种新颖想法。

（2）意向表达：商业经营人员应对周围的世界以及商业竞争的感受比较灵敏，在贸易场合善于表达自己的意向。

（3）组织管理：商业经营人员应对进销储运业务活动组织协调、得当。

（4）信息处理：商业经营人员应善于处理从市场获得的信息，辨别其价值，并及时反馈。

（5）果断决策：商业经营人员应及时对经营做出正确的决策。

（6）文字写作：商业经营人员在处理经济合同等经济文书时，应考虑周到，用词准确。

（7）勇于开拓：商业经营人员要不满足于现状，勇于开拓新领域。

2. 政府机关公务员的职业素养要求

（1）具有扎实的基础知识、专业知识、管理知识和宽广的知识面。

（2）具有较高的政治素养。公务员要坚持四项基本原则；坚持改革开放的基本路线；执行党的路线、方针、政策；全心全意为人民服务；遵纪守法，保守国家秘密；公正廉洁；有高度的责任感和强烈的事业心等。

（3）具有较强的调研能力和较高的政策水平。

（4）具有较强的组织管理能力、协调能力和决策能力。

（5）具有较强的文字能力和应变能力。

（6）具备良好的思维能力，以及分析、综合、比较、抽象概括能力；思维的广度、深度、独创性、灵活性等应有较高的水平。

（7）具有一定的社会交往能力，且能坚持原则性和灵活性的统一。

3. 工程技术人员的职业素养要求

工程技术人员的分类及其职业素养要求如下。

（1）现场类工程技术人员，即那些在现场从事建造、操作和维护复杂机器、工程系统的人才。他们除了需要具备扎实的数学、现代科学和工程学的知识，还应具备良好的实践能力。

（2）技术规划与管理类工程技术人员，即那些在管理部门工作，业务以技术革新为主的人才。他们的知识面比较宽，对科技和企业的发展方向有敏锐的洞察力。

（3）革新发明家类工程技术人员，即那些创造性地运用现代科学知识来进行发明或创造的人才。他们主要在开发研究室、设计院等部门和单位工作，应主要考虑工程的适宜性、经济性和合理性并具备相应能力。

（4）科学家类工程技术人员，即那些具有抽象思维和才能的工程技术人才。他们有深厚的理论知识基础，善于发现现有的工程系统或技术装备的缺陷，善于把一些抽象的概念用新的方式联系起来，以达到工程实用的目的，并能预见技术发展的方向。

各类工程技术人员除了一些特殊要求外，还要具备以下共同的职业素养。

（1）扎实的专业知识和较宽的知识面。

（2）试验操作、模型制造、解决操作难题等实践能力。

（3）严肃认真、实事求是的工作态度。

（4）较强的组织能力，能保证技术的攻关和组织实施。

（5）对科技发展、应用有敏锐的洞察力和预测能力。

（6）求知欲旺盛，不断学习新知识、新技术。

（7）不满足于现状和较强的创造、革新、实践精神。

4. 推销、采购人员的职业素养要求

（1）良好的口头表达能力和洞察能力。

（2）诚实、守信用。

（3）性格外向，人际交往能力强。

（4）独立性和自我管理能力较强。

（5）时间观念强。

（6）善解人意，劝说能力强。

（7）善于捕捉信息，灵活应变。

（8）善于控制情绪，喜怒不形于色。

5. 金融财会人员的职业素养要求

（1）具有扎实的专业知识和宽广的知识面，要学习有关经营、制造、推销、采购等方面的知识。

（2）责任心强、时间观念强、慎重、细致。

（3）廉洁奉公、有正义感，能抵制各种诱惑，并坚持原则。

（4）具有较强的数字反应能力和汇总、规划能力。

（5）具有较强的理解、分析、综合、判断和推理的能力。

（6）具有较强的社交能力。

6. 律师的职业素养要求

（1）具备扎实的法律学以及广博的心理学、社会学、经济学、逻辑学等方面的知识。

（2）具有坚持真理、坚持原则、不畏权势的人格品质。

（3）具有较强的理解国家有关法律条文的能力和准确断案的能力。

（4）具有较强的书面和口头语言表达能力。

（5）具有敏锐的观察力和较强的抽象思维能力。

（6）有较强的稳定性和自我控制能力。

7. 教师的职业素养要求

教师的主要任务是为国家培养一代新人，其不仅要给学生传授知识，而且要在教学过程及日常生活中，培养学生成才所需的各种基本素质和能力。教师的基本职业素养主要包括以下几个方面。

（1）以身作则，为人师表。青少年的模仿性强、可塑性大，所以教育者的言行对学生影响很大。教师只有加强自身修养，以自己的模范行为做出表率，才能获得良好的教育效果。

（2）有较强的记忆力和理解力，能较好地掌握前人的知识，并善于用创造性、艺术性的方式再现已掌握的知识。

（3）热爱教育事业，有献身精神。教师既是神圣的职业，又是艰巨的事业，需要倾注全部心血。

（4）有创新精神。教育要随着科学技术和社会的发展变化而不断改革创新，不能因循守旧、墨守成规。

（5）有较强的表达能力。表达能力是教师育人的重要前提，作为教师，讲话必须清晰、响亮，善于表达自己要讲的东西。否则，知识再多，“倒”不出来也算不上一个称职的教师。

教师的教育对象是学生，学生提出的要求也从侧面反映了教师应该具备的基本职业素养。

有人调查总结出以下几条学生需要教师具备的职业素养。

（1）知识渊博，而且课讲得好。教师要能生动、巧妙地将自己的知识传授给学生，使他们能从中得到一种精神上、艺术上的享受。其讲授的知识，除了具备足够的广度和深度，还要富有启发性，有利于学生的智力发展。

（2）教学中应注重教会学生如何学习，使学生掌握获得知识的方法。教师要送给学生一支“猎枪”，而不仅仅是几只“猎物”。

（3）能为学生独立学习创造条件，促使学生学会自学。

（4）教学中及时吸收新的科研成果，并能带领学生积极探索新的科学领域，这对于高等学校的教师来说尤为重要。

8. 记者、编辑的职业素养要求

新闻工作是一项很重要、令人羡慕的工作，也是一个很辛苦、很艰难的工作。记者、编辑职业要求个人具有较高的职业素养，而且记者和编辑工作有着不同的职业素养要求。

（1）记者的主要职业素养要求。

①具有较高的政治热情，热爱新闻事业，有全心全意为人民服务的精神。

②具有较高的马克思列宁主义理论水平，能及时、全面、深刻地理解党的方针政策。

③具有较强的事业心和正直的品格，有深入实际、实事求是的作风，敢于坚持原则，勇于与不良倾向做斗争。

④记忆力强，灵敏度高，有强健的体魄、充沛的精力和吃苦耐劳的精神。

⑤善于和各种人打交道，具有很强的社会交往能力。

⑥精通新闻写作，具有较强的文字和口头表达能力。

⑦善于捕捉新闻信息，有较强的新闻嗅觉和新闻敏感度。

⑧具有较强的创新能力。

⑨不但有扎实的新闻专业基础知识，而且有广博的知识，既是“专才”，又是“通才”。

（2）科技记者的职业素养。作为科技记者，除具备以上职业素养外，还要具备以下职业素养。

①要掌握比较广博的科技知识，特别是科技发展的前沿知识。

②具有谦虚严谨的作风。科学来不得半点虚假，对科研成果的报道必须严谨，应多向专家请教，力求报道准确。

③眼界要开阔，不能囿于行业或地域的界限。

（3）编辑的主要职业素养要求。

①具有较高的马克思列宁主义理论水平，同时有扎实的编辑专业知识，还应成为知识面比较宽的“杂家”。

②正直、热情，尊重作者，但不徇私情，能按质量取舍稿件。

③综合分析能力和表达能力强，有进行社会活动的能力和经验。

④有畅通的信息渠道，能迅速掌握最新信息。

⑤有相当强的决策能力，能迅速、准确地提出选题并进行组稿、审稿。

⑥具有较强的文字加工能力和发现问题、解决问题的能力。

⑦具有较强的学术价值观念和经济效益观念。

9. 公安、检察、司法工作人员的职业素养要求

公安、检察、司法部门作为我国国家机器的重要组成部分，在打击敌对势力、惩治违法犯罪、保护国家和人民利益、保障人民民主权利、调整和解决人民内部矛盾和纠纷、维持社会安定等方面，起着十分重要的作用。随着我国社会主义法治建设的不断完善和加强，对公安、检察、司法部门的人员职业素养要求也越来越高，要从事相应部门工作的大学毕业生应着重从以下几个方面培养自己的职业素养。

（1）拥护党的基本路线，自觉坚持四项基本原则，热爱本职工作，具有较强的事业心和责任心。

（2）忠于职守、公正廉洁、坚持原则、依法办事、不徇私情、不畏权势。

（3）勤于学习、肯于钻研，既有扎实的专业基础，又有较宽的知识面，而且具有较高的理论、政策水平。

（4）注重调查研究，善于观察、勤于思考，有较强的逻辑思维和准确的推理判断能力。

（5）身体强健、精力充沛，并且具有不怕苦、不怕累、不畏强暴、不怕牺牲的精神。

（6）工作有魄力，办事机敏、果断，遇事沉着冷静、胆大心细。

（7）既有敢于承办大案、要案的勇气和能力，又有踏踏实实、任劳任怨的奉献精神。

（8）既敢于坚持真理，不怕来自各方面的压力，又能尊重事实，勇于发现并及时纠正工作中的失误。

10. 医生的职业素养要求

医生是社会上颇受人尊重的职业，担负着“救死扶伤”“治病救人”的重要使命，被人们称为“白衣天使”。要做一名能胜任工作、受人尊敬和爱戴的合格医生，必须具备以下基本职业素养。

（1）热爱本职工作，有较强的事业心和责任心。

（2）具有扎实的专业知识，对相近专业的知识有较深入的了解，并且善于不断吸收本学科的最新知识。

（3）独立工作能力强，对技术精益求精，善于掌握现代化的医疗手段。

（4）虚心好学、肯钻研、注重实践，善于在工作中总结、积累经验，具备较强的科学研究能力。

（5）具有较高的外语水平，善于学习、借鉴国外的先进经验，掌握国外的先进技术。

（6）具有全心全意为人民服务的精神，热心为患者服务、态度和蔼可亲、作风平易近人、富有同情心、自尊自爱、不谋取私利。

（7）身体健康，具有较强的抵抗疾病的能力。

（8）具有较好的心理素质，有较强的神经系统控制能力和理性抑制能力，善于摆脱不良情绪的影响。

11. 涉外工作人员的职业素养要求

涉外工作（包括对外的政治、经济、科技和文化的交流与往来等）是一项十分重要的工作，随着我国政治、经济、科技、文化的发展，我国在国际上的地位逐步提高，涉外工作更加重要，涉外工作人员的数量将会增多，质量也将得到较大提高。同时，涉外工作也是当今社会的一个竞争力很强的热门职业。因此，准备到涉外部门工作的大学毕业生，必须注重自身职业素养的培养和提高。涉外工作人员的基本职业素养主要包括以下几个方面。

（1）热爱祖国，掌握政策。在涉外工作中，每个涉外工作人员都应时刻想到，自己的一言一行都关系到祖国的形象和声誉，要以自己的实际行动展示出中国人民的精神风貌。涉外工作人员要掌握对外交往的总政策，熟悉我国对不同国家、不同地区的政策，还要掌握政治、经济、科技、文化等各个领域的方针政策，这样才能自觉维护祖国的利益和尊严。

（2）严守纪律，保守机密。涉外工作人员要有很强的组织纪律观念，对涉外问题要请示汇报，不可自行其是；不能利用职权做有损国格、人格，有损国家利益的事情；要认真学习《中华人民共和国保守国家秘密法》，严格保守国家机密。

（3）精通业务，知识广博。涉外工作人员的职业素养不仅关系到涉外工作的效果，而且往往会影响祖国的声誉与国家的利益。涉外工作人员要精通业务，一方面，要有较高的外语水平；另一方面，要熟练掌握所从事的政治、经济、科技、文化等具体涉外工作的业务技能。涉外工作人员要有广博的知识面，涉猎古今中外、政经文史，既要对祖国的政治、经济、历史、文化有广泛的了解，又要熟悉所在国家、地区的政治、经济、历史、文化以及风土人情、风俗习惯等。

（4）平等待人，不卑不亢。涉外工作中既要接触发达国家的外宾，又要接触发展中国家的外宾，涉外工作人员与他们之间既有肤色的不同，又有贫富的差别，还有政治态度的不同等。涉外工作人员要做到既不妄自菲薄，也不妄自尊大，平等待人、不卑不亢。

（5）热情服务，不谋私利。涉外工作的服务对象主要是外国人，涉外工作人员能不能做到热情待人、周到服务，其影响绝不仅仅限于个人或所在部门。同时，在涉外工作中，涉外工作人员能否做到以国家和人民利益为重，不利用职权中饱私囊，这也是对其基本职业素养的重要考验。

（6）讲究礼貌，注意仪表。在对外交往中，讲究文明礼貌、注意对外礼仪和社交礼节、熟悉并尊重各国人民的不同风俗习惯，这也是涉外工作人员应具备的基本职业素养。同时，涉外工作人员还要注意自身外貌的整洁、美观与服饰的朴素、大方，给人以彬彬有礼、落落大方的良好印象。

12. 公关工作人员的职业素养要求

在我国，专门培养公关人才的专业学校尚很少见，即使某些学校正在筹建这样的专业或已经招生，也解决不了现在公关人才短缺的燃眉之急，因此社会所需的公关工作人员只能从各行各业的人才和非专业的大学毕业生中选拔。因此，大学毕业生要想胜任公关工作，就更应该了解和培养公关工作人员应具备的基本职业素养。

（1）以人品赢得公众。“广告是让人买我，公关是让人爱我。”公关是“信”和“爱”

的艺术，要想给人留下真诚、热情、可信赖的好感，靠骗术是不行的，公关工作人员必须靠自己的人品去赢得社会公众的了解、支持与爱戴。

（2）要把企业形象放在第一位。公关工作人员是代表企业与公众打交道的，自己的一言一行对企业的形象、声誉都将产生直接影响，企业的形象就是企业的生命，所以公关工作人员必须时刻注意把企业形象放在第一位。

（3）要有思想、有头脑。公关工作人员绝不仅仅是摇摇笔杆子、磨磨嘴皮子，只懂实务、没有思想的人，而是善于学习、善于分析判断、善于把握机遇，能为领导提供高质量信息的参谋和助手。

（4）要有广泛社交的能力和干练办事的能力。公关工作最重要的特点是与各种各样的人打交道。公关工作人员应善于交际，会应酬各种场面，恰到好处地接待各种人，且办事不拖沓、不模棱两可。这是公关工作人员应具备的基本职业素养。

（5）要能写会说。公关工作人员常与写作打交道，如撰写产品介绍、起草报告书、编写新闻稿、为领导起草会议报告或演讲稿等，都需要具备相当强的写作能力；组织产品展销、接待消费者、参加项目论证或商业洽谈，都需要口齿伶俐、能言善辩的良好职业素养。

（6）要有机敏应变的能力。公关工作是在千变万化的环境中进行的，要想很好地胜任这一工作，必须勤于思考、善于分析，及时捕捉、鉴别和利用各种信息，从普遍的资料和数据中看出趋势，从平静的表象中看出潜伏的危机，并以果断的措施应对可能发生的各种危机和变化。

（7）要有不断创新的能力。随着社会的发展和进步，企业的经营方式、管理方式以及企业的产品和服务都要不断变化。合格的公关工作人员应该具有创新精神和创新能力，在社会交往中，能根据形势的变化不断寻求新的信息沟通方式和新的交往途径，不断地给社会公众展示崭新的形象。

课堂案例

懂得协作是重要的职业素养

小宋是一位来自北京某名牌大学广告设计专业的“才子”，自毕业之日起便加入了某跨国集团中国大区公司的广告部，以他的才华和创意，为广告部带来了勃勃生机。刚开始，他凭借几个出色的广告设计，充分展现了自己深厚的专业功底和创新思维能力，赢得了同事们的赞赏。

近日，广告部接到了一个来自集团总部的综合性广告文案设计任务，为了顺利完成这项工作，部门抽调了精英组成临时攻坚小组，而小宋正是其中一员。在明确分工后，小组成员们需要在统一的广告主题下紧密协作。然而，在首次统稿时，小宋对别人的作品持怀疑态度，对自己的创意中存在的问题则百般辩解，甚至拒绝了组长的修改建议。到了第二次统稿，他依旧坚持己见，拒绝对不适合的创意做出调整。

渐渐地，小宋负责的部分工作被其他人接手，而他在团队中的地位也岌岌可危。开会时，同事们纷纷表示不愿与他沟通。试用期临近尾声，他收到了公司的解约信。尽管有时候才华横溢的人个性强烈，但这绝不能成为他们不协作的理由和借口。毕竟，个人能力再出众，也无法比拟团队的价值。因此，当面临团队协作与个人能力之间的抉择时，组织总是毫不犹豫地选择团队。这也正是小宋的案例的启示：即便才华横溢，若无法融入团队、与其他成员携手共进，最终只能遗憾地被淘汰。

技能实训

1. 实训名称

开发职业素养实训。

2. 实训内容

本实训以软件开发领域为例，旨在提高参与者的职业素养，并通过实践练习与理论学习相结合的方式，使参与者掌握专业沟通技巧，提高团队协作能力、项目管理能力以及职业道德等方面的核心素养。

3. 实训步骤

（1）理论学习：深入学习软件开发行业的职业准则与道德规范，理解职业素养在软件开发过程中的重要性。

（2）案例分析：分析实际软件开发项目中的成功案例与失败案例，探讨职业素养在不同情境下的具体表现和影响。

（3）角色扮演：通过扮演软件开发团队中的不同角色，实践沟通技巧，锻炼团队协作能力。

（4）项目管理实践：制定并执行一个简单的软件开发项目，体验项目管理的全过程，锻炼项目管理能力。

（5）总结与反思：总结实训过程中的经验与教训，反思自己在职业素养方面的不足与提升空间。

4. 实训评价

通过本次实训，参与者能够全面提升自己在软件开发领域的职业素养，为未来的职业发展奠定坚实的基础。实训结束后，参与者将接受一次综合评价，包括理论知识的掌握程度、实践操作的表现以及个人反思的深度等方面。评价结果将为参与者提供针对性的改进建议，助力其在职业道路上不断进步。

项目四 探索职业环境

开篇导航

在探索未来的职业路径时，我们需要以系统的眼光深入剖析环境因素，从而初步勾勒出自己的职业蓝图。身处一个日新月异的世界，外部环境的变化如同潮水般汹涌澎湃、难以捉摸，这就要求我们在认识外部世界时，应具备一种全局观、一种统整的视角。通过细致观察和深入评估，我们可以对环境中的各种影响因素进行权衡和调整，以更加精准地制定职业生涯规划。这些环境中的影响因素不仅涵盖了广阔的宏观背景，还包括了我们在日常工作和生活中所接触的中观层面。

学习目标

知识目标：通过探索职业环境，获得丰富的职业知识，包括行业的发展动态、职业岗位的需求变化、职业技能的更新迭代等；了解各种职业的特点、要求和发展前景，为自己的职业生涯规划提供有力支持。

技能目标：在探索职业环境的过程中，学会分析职业环境，评估职业机会，以及制定适合自己的职业生涯规划；提升职业适应能力，学会应对职业变化，把握职业发展的脉搏，为未来的职业发展奠定坚实基础。

素养目标：通过探索职业环境，培养职业素养，提升职业道德观念，增强职业责任感；在职业世界中展现自己的价值和能力，为自己的职业道路铺就一条充满阳光的大道。

单元一 职业发展趋势

随着科技的进一步发展、社会生产力的不断提高，人类对自然界改造的深度和广度将进一步拓展。新的工作岗位不断涌现，给人们带来了更多的就业机会。据专家预测，今后每10年将发生一次全面的“职业革新”，而重大变化每两年就会发生一次。把握21世纪职业发展的趋势，成功地开拓自己未来的职业生涯，是21世纪人们必须关注的一个现实的话题。

一、全球化趋势

全球化指的是物质产品和精神产品的流动冲破区域和国界的束缚，影响到地球上每个角落的生活。约翰·奈斯比特（J.Naisbitt）在《2000年大趋势》一书中写道：“我们所处的时代，变化速度之快，前所未有，其中最惊人的变化也许是全世界正迅速成为一个统一的经济体。”

一段文字很好地诠释了全球化的概念。

“一个英国王妃和她的埃及男友在法国的隧道里发生撞车事故，被撞的车子是荷兰工程师设计的德国轿车，司机是比利时人，事故原因是他喝了苏格兰出产的威士忌。整个车祸经过被意大利的自由摄影师跟踪拍下，该摄影师当时骑的是一辆日本摩托车。伤亡者由一个美国医生进行急救，使用的是巴西生产的药物。后来一个中国人使用比尔·盖茨的产品把这条消息告诉了我，我正好在一台IBM电脑上读了这条消息，那台电脑是孟加拉国的工人在新加坡的工厂里组装出来的，然后由一个印度司机开车送出工厂，卖给了西西里岛人，又被墨西哥的不法商贩倒卖。最后我从一个以色列人那里买到了这台电脑。”

未来的世界是全球化的世界，择业与创业将呈现出全球化的趋势，具体有以下表现。

1. 部分高层次职业由发达国家转向发展中国家

《职业》曾报道，由于信息技术，包括数码化、互联网和全球高速数据网络等的普及应用，以及发展中国家拥有大量廉价人力资源，出现了新一轮高级职业全球化大转移，主要表现为西方大企业不断把芯片设计、软件开发、工程技术、研发以及金融分析等智力密集型任务外包给低工资国家，利用廉价人力资源，降低成本、提高竞争力。①

① 林泽炎．迎接全球高层次职业大转移［J］．职业，2003（6）：13–14.

例如，美国的英特尔、德州仪器等公司都在积极聘用中国的工程师设计芯片电路；荷兰的飞利浦公司已把大部分电视、手机、音响等产品的研发工作转移到上海；英国的汇丰证券公司也在中国设有庞大的内勤部门。尽管涉及高层次职业的新一轮全球化职业转移还刚刚开始，但其发展趋势是强劲的。转移的主要职业类型是会计分析、软件程序设计、建筑设计、电信营销、图形设计、信息技术和工程设计等，公司雇佣的将是会讲英语、有大学学历的专业技术人才。

2. 全球化影响着国内职业的调整变化

21 世纪给中国带来了新机遇和新挑战。为了适应经济全球化与中国加入世界贸易组织（World Trade Organization，WTO）后所面临的人才需求状况，几乎所有的职业都会随着生产技术的进步而发生一些调整和变化。新职业，正是在这个大背景下“应时而生”的。例如，知识经济主管是知识经济受到重视而产生的新职业，其职业要求是有经济管理经验，能跟踪国内外行业、科技发展状况，为企业经济发展把握方向。又如，博士后联络员能充分发挥联络作用，将一些博士后及其他科技人才所在单位的先进科技成果引进企业，并发挥其网络优势，为引进高层次人才发挥中介作用。

职业全球化发展趋势必然带动职业流动的全球化趋势，这将对未来从业者的职业素养提出新的挑战。

二、信息化趋势

信息化是指由计算机和互联网等生产工具的革命所引起的从工业经济转向信息经济的一种社会经济发展过程。它包括信息技术的产业化、传统产业的信息化、基础设施的信息化、生产方式的信息化、生活方式的信息化几个方面。信息化是一个相对概念，它所反映的是社会整体及各个领域的信息获取、处理、传递、存储、利用的能力和水平。

进入 21 世纪，信息化对全球经济社会发展的影响越来越深刻，信息化与经济全球化相互交织，推动着全球产业分工深化和经济结构调整，重塑了全球经济竞争格局。在党的十七大报告中有这样一段话：“我们必须始终保持清醒头脑，立足社会主义初级阶段这个最大的实际，科学分析我国全面参与经济全球化的新机遇新挑战，全面认识工业化、信息化、城镇化、市场化、国际化深入发展的新形势新任务，深刻把握我国发展面临的新课题新矛盾，更加自觉地走科学发展道路，奋力开拓中国特色社会主义更为广阔的发展前景。”从报告中我们看到，信息化被提到了很高的位置，在“工业化、信息化、城镇化、市场化、国际化”中排在第二位。信息化是制造业科技发展的重点方向和重要任务，持续推进国民经济信息化是应对经济全球化、提高国际竞争力的迫切需要，信息化在政治、经济、文化、教育和国防建设中有着极其重要的作用。

信息化给我国的经济发展、行业发展带来了诸多机遇。它对工业化、城镇化、市场化和国际化的作用是显而易见的，想走向其他“四化”都离不开信息化的支撑。在全球知识经济高速发展的今天，信息化是决定个人职场成败的关键因素，也是实现跨地区、跨行业、跨所有制，特别是跨国经营的重要前提。信息正在悄悄地重构经济形态与社会形态，工业化、城镇化、市场化和国际化进程的加快，为信息化职场的发展带来巨大的挑战和丰富的机会。

三、高科技产业化趋势

一般认为，高科技是人才密集、知识密集、技术密集、资金密集、风险密集、信息密集、产业密集、竞争性和渗透性强、对人类社会的发展进步具有重大影响的前沿科学技术。按联合国相关组织的分类，高科技主要包括以下内容：信息科学技术、生命科学技术、新能源与可再生能源科学技术、新材料科学技术、空间科学技术、海洋科学技术、有益于环境的高新技术、计算机智能技术和管理科学技术（又称软科学技术）。高科技的“高”，是相对于常规技术和传统技术的，因此它并不是一个一成不变的概念，而是具有历史的、发展的、动态的性质。今天的高科技，将成为明天的常规科技和传统科技。有人估计，人们现在利用的技术和知识，50～60 年后就只剩下 1% 了，而 99% 将被淘汰。从世界各国高科技的发展来看，高科技不是一个单项技术，而是科学、技术、工程最前沿的技术群。这个技术群的各种成分互相影响、互相补充、互相促进。

在新经济时代，生命科学技术作为一种新生力量，能促进农业、医药卫生、食品工业和化学工业发生革命，从而推动新经济的进步；新材料科学技术作为新经济的里程碑，将重构新经济的材料基础；新能源与可再生能源科学技术将使人们不再为资源的短缺而忧愁，作为新经济的火车头，它将帮助人类社会实现可持续发展；海洋科学技术将开拓人类新经济社会生活新空间；软科学技术使人们的管理效率更高、决策更正确、分析更透彻，使一切经验性的东西变成可操作的东西。高科技是无国界的，人类共同的命运问题需要全球高科技产业联合应对。由此看出，高科技产业化趋势在 21 世纪的职业发展趋势中占据重要地位。

四、文化创意产业化趋势

2006 年 12 月、2007 年 11 月举办的两届中国北京国际文化创意产业博览会引起了人们对文化创意产业的极大关注，文化创意企业如雨后春笋般出现，文化创意产业化成为一种发展趋势。

文化创意产业本质上是以创意和知识为核心的产业，核心价值是其产品具有的精神内涵。文化创意产业模式是一种将文化资源与其他生产要素紧密结合，文化、科技与经济互相渗透、互相交融、互为条件、互相促进的经济模式。它虽然也需要高度发达的高新技术，但又不完全依赖高新技术。它强调人的主体地位和主导作用，强调以文化发展经济的理念，依靠的是文化资源优势，既可以在发达国家发展，也可以在发展中国家发展，甚至在经济欠发达地区也可以通过发展文化创意产业，使人文资源和文化成为新的经济增长点。

近年来文化创意产业的兴起，使其成为创业领域的关注热点。在未来，文化创意产业的规模将成为新一轮经济发展水平与国家软实力竞争的重要指标。

1. 创意与文化创意产业

（1）创意的含义。创意本身其实是一个非常难以理解的概念，因为不同的事物会使不同的人产生不同的反应，从而产生不同程度的认知。

创意不仅是我们平常所说的“点子”“主意”或“想法”，也不仅是人们根据对事物的规律和事物之间的联系的认识推测、预测其发展的过程，它还是一种具有创造性的思维预见。最高境界的创意是自我创造、自我实现。

（2）文化创意产业概述。

①文化创意产业的历史。1997 年英国大选之后，首相布莱尔提出“新英国”构想，希望改变英国老工业帝国的陈旧、落后形象。作为“新英国”计划的一部分，工业设计、艺术设计等领域备受人们的关注。布莱尔着手成立了“创意产业工作组”，并亲自担任主席，提升了个人“原创力”在经济发展中的积极作用。

“文化创意产业”的概念于 1998 年在《英国创意产业路径文件》中首次被正式提出。英国创意产业工作组将其定义为源自个人创意、技巧及才华，进行知识产权的开发和运用，具有创造财富和就业潜力的行业。这一定义后来被许多国家和地区所使用。根据这个定义，英国将广告、建筑、艺术品和文物交易、工艺品、设计、时装设计、电影、互动休闲软件、音乐、表演艺术、出版、软件、电视广播等行业确认为文化创意产业。

②文化创意产业中各行业的范畴、产品或服务内容。

a. 广告：消费者研究、客户市场营销计划管理、消费者品位与反应识别、广告创作、促销、公关策划、媒体规划、购买信息评估、广告资料生产。

b. 建筑：建筑设计、建筑计划审批、建筑信息制作。

c. 艺术品和文物交易：绘画、雕塑、纸制作品、其他艺术品（如编织品）、家具、其他大量生产产品（如大量生产的陶制品、玻璃制品、玩偶、玩具屋、包装材料等）、纺织原料、古玩、金属制品、签名、地图等，还包括拍卖会、画廊、专家现场会、专门店、仓储店、百货商店、互联网上的零售艺术品。

d. 工艺品：纺织、陶瓷、珠宝、金属、玻璃等的工艺品创作、生产及展示。

e. 设计：设计咨询（如品牌识别、企业形象、信息设计、新产品开发等）、工业零部件设计、室内设计与环境设计。

f. 时装设计：服装设计，展览用服装的制作、咨询与分销途径。

g. 电影：电影剧本创作、电影制作、电影分销、电影展演。

h. 互动休闲软件：游戏开发、出版、分销、零售。

i. 音乐：录音产品的制造、分销、零售及促销，录音产品与作曲的著作权管理，现场表演的管理，录音产品的翻录，作词与作曲。

j. 表演艺术：原创内容的制作，芭蕾、当代舞蹈、戏剧、音乐剧及歌剧的现场表演，旅游。

k. 出版：书籍出版，一般类、儿童类、教育类、学习类期刊出版，报纸出版，杂志出版，数字内容出版。

l. 软件：软件（如系统软件、解决方案）开发、系统整合、系统设计与分析、软件结构设计、项目管理、软件基础设计。

m. 电视广播：节目制作与配套工作、广播。

文化创意产业的崛起反映了经济范畴内根深蒂固的观念的转变，在这个转变过程中，创意被视为经济发展的重要资源。文化创意产业发展浪潮在全球范围方兴未艾，在中国也已经风行起来，北京、上海、深圳、广州、香港等地正在迅速形成规模不等、风格各异的文化创意产业基地。

2. 文化创意产业的特征

文化创意产业的兴起是产业发展变化的新趋势。文化创意产业既具备知识服务业的特征，又有以下特征。

（1）文化创意产业是高附加值产业，具有很强的渗透性。文化创意产业的核心生产要素是信息、知识，特别是文化和技术等无形资产。文化创意产业是具有自主知识产权的高附加值产业。创意是技术、经济和文化等相互交融的产物，创意产品则是新思想、新技术、新内容的物化形式，是数字技术和文化、艺术的交融和升华，也是技术产业化和文化产业化交互发展的结果，可以渗透到多个产业和部门。正因为如此，文化创意产业很难从传统产业中完全分离开来。

（2）文化创意从业人员主要是知识型劳动者，是具有创意灵感的设计高手和特殊“专才”。文化创意从业人员的工作有其特殊性和不可替代性，他们不断创造新观念、发明新技术和提出新的创造性内容，他们的职业能力既来自个人经验积累，也来自个人灵感的迸发。文化创意产业的生产方式是以脑力与体力、手工与现代化手段相结合而实现的智能生产与实时生产。在发达国家，随着工业化的发展和后工业化社会的进步，教育、研发、文化、金融等众多领域的创意人群在人口中所占的比重正在增加。

（3）文化创意产品是文化与技术相互交融、集成创新的产物，呈现出智能化、特色化、个性化、艺术化的特点。文化创意产品有其相同的特性，即其是以文化、创意为核心，通过运用知识和技术，产生新的、有价值的产品，是创意灵感在特定行业的物化表现。电影产业、电视广播产业、音乐产业、出版业、视觉艺术产业等文化创意产业的产品，是与新科技相结合的产品，能够大量生产并引起全球性的商品流动与竞争；而传统工艺或创意设计产品，可能是手工的、少量生产的产品。文化创意产品都呈现出智能化、特色化、个性化、艺术化的特点，它们的价值不局限于产品本身的价值，还包括它们所衍生的附加价值。例如，那些具有版权的产品，包括书、电影和音乐等，它们的出口能够比服装和汽车等制造业产品的出口获得更多的利润。

（4）文化创意产业应用的技术向数字化、知识化、可视化、柔性化方向发展。从世界范围来看，现代科技的发展，尤其是信息技术、传播技术、自动化技术和激光技术等高科技的广泛运用，给文化创意产业带来了革命性的影响，文化创意产业应用的技术正向数字化、知识化、可视化、柔性化方向发展。

（5）文化创意产业组织呈现集群化、网络化特点，企业组织呈现小型化、扁平化、个体化、灵活化的特点。当今社会，文化创意产业已不再仅仅依靠个体设计师、艺术家的灵感迸发，而是需要知识和社会文化传播方式、产业发展形态及社会运作方式的创新。文化创意产业的发展并不是个人和单个企业的行为，而是需要通过集体的互动和企业的地理集聚，形成集群化的环境才能实现的。文化创意产业集群的特征是生活和工作结合、知识文化产品生产和消费结合，其具有多样化的宽松环境、独特的本地特征，而且与世界各地有密切的联系。文化创意产业的企业呈现出小型化、扁平化、个体化、灵活化的特点，“少量的大企业，大量的小企业”成为普遍现象。一个小的文化创意企业虽然可能只有几人到十几人、二十人，但其设计创意人员占据主导地位，处于产业价值链的高端，对周边制造业能起到重要的带动作用。

（6）文化创意企业管理向信息化、网络化、知识化管理的方向发展。创意通常是个人的灵感体现，往往是零乱的、不系统的，因此，文化创意企业需要利用信息化、网络化的手段，通过知识管理来整合和集成创意。只有通过现代管理手段，整合从研发到营销环节的各种资源，才有可能针对消费者的需求，更快、更好地创造出市场需要的产品，以使企业获得最大效益。

3. 创意阶层

在知识经济时代，从事运用创意创造经济价值的知识工作的群体、阶层，即“创意阶层”。简单来说，创意阶层就是凭借创意和计划获得报酬的人群。创意阶层遍布诸多专业领域，他们开始影响大多数人的生活态度及工作模式，逐渐成为现代社会的“新主流”，成为强大的新兴势力，推动着经济、文化、工作、休闲各个方面的新发展。创意阶层被描述为“像上帝那样创造，像国王那样命令，像奴隶那样工作”的人。他们存在于每个需要以创造力为“助推器”的领域，共同创造了一个“创意的国度”。

4. 文化创意人才的特质

（1）专业功底深厚。文化创意人才在其专业领域有深厚的专业背景、技能，行业经验丰富，对所在行业的发展、未来趋势非常了解，并有自己独特的看法。

（2）敏锐的嗅觉。创新是文化创意人才的生命力所在，而创新的重要源泉就是不断接受新信息。文化创意人才对新生事物和变化极为敏感，总是能在第一时间接受最新的信息。

（3）不断突破传统。文化创意人才从不墨守成规，不愿意安于现状，总是异想天开、天马行空。

（4）包容、兼收并蓄。文化创意人才善于汲取不同专业的创意元素，与自己所学专业融合，形成独特的风格。

5. 文化创意产业的机遇

（1）发展文化创意产业既符合我国走可持续发展道路的现实要求，也是实现由中国制造迈向中国创造的转变的必经之路。

（2）世界各国掀起的“创意浪潮”为我国发展文化创意产业提供了大环境。我国加入 WTO 后，逐步放宽了外国产品和企业进入中国市场的限制。目前日本、韩国等国的动画、漫画、游戏等产品在我国占据了很大的市场份额，国际上一些著名的文化、传媒、影视业巨头更是携资本、品牌、渠道等优势大规模进入中国市场，这对我国文化创意产业的发展是一次良好的机遇。

（3）从个人角度来说，创业者更关注自我价值的实现，把创业看成终身追求的事业，拥有创业观的“职场人”越来越多。这既符合现今经济形势，也体现了现代新职业观所产生的积极影响，有利于文化创意产业的发展。

五、自由职业化趋势

自由职业化是指未来终身依附一个社会组织的固定职业将不断削弱，独立的、不依赖于任何组织的自由职业将不断产生。这是因为在这样一个日新月异的高科技信息时代，固定职业的模式不能保证最为有效地完成各种任务，最有效率的生产方式已经发生了改变。事实上，许多成功的社会组织在实现其目标的过程中，对固定职业的依赖性已经大大减少。因此，今天传统的固定职业中有相当一部分正在被临时性工作、项目分包、专家咨询、交叉领域的合作团队或者自我管理的自由职业者所代替。

根据《韦氏大词典》，自由职业者是指：独立工作，不隶属于任何组织的人；不向任何雇主做长期承诺而从事某种职业的人。具体来说，他们自己制订工作计划、灵活安排时间，与客户之间不是雇佣关系而是合作和服务关系，且经常在家里工作。因此其被称为“SOHO 一族”，“SOHO”是 small office home office 的简写，是指在家办公的自由职业者。自由职业者包括：从事写作、编辑和出版类工作的技术撰稿人、自由职业编辑、编剧、自传撰稿人、自由职业的新闻工作者；从事生活管理类工作的色彩顾问、形象顾问、家庭护理员、理疗师、医疗助理、宠物饲养服务人员、个人购物服务人员、私人侦探、自尊教练、旅行顾问、包办伙食服务人员、舞蹈指导、化妆师、摄影师、花草养护人员、维修服务人员、个人培训员、联谊策划人员、瑜伽教练、家政服务人员、礼品采购人员、食品采购人员；从事咨询服务类工作的零售业咨询服务人员，其咨询服务内容包括租约谈判、店貌策划、信用建立、广告与营销策划、形象设计、商业礼仪指导等；从事市场开发和销售类工作的人员，如设备销售人员、狗粮销售人员、餐具销售人员；等等。

自由职业还包括人们在从事第一职业的同时，兼职做第二、第三份工作。除了有的行业和组织不允许兼职，多数组织对工作人员的兼职采取宽容的态度。

全球化、信息化、高科技产业化、文化创意产业化、自由职业化互为依托，将共同为新时代的职业带来繁荣的发展。

单元二　职业环境的基本认知

一、宏观职业环境

每个人都是社会的人，无论是职业生涯规划还是人生的整体规划，都受到所处的社会环境的影响。社会环境就是宏观职业环境，是每个人都必须面对的环境。客观分析我们所处的宏观职业环境，是我们做好职业生涯规划的基础。在现实中，我们可以看到，那些适应社会发展的人，即使学历不高、天赋不强，甚至个人不是特别努力，也能取得成功。因为他们“走对了路”，或者说他们正确地认识和适应了宏观职业环境。

宏观职业环境大致可以分为经济环境、法律政策环境、科技环境、文化环境四个方面。

1. 经济环境分析

经济环境在这里主要是指宏观经济环境。宏观经济环境主要是指一个国家的总体经济状况，它包括：经济的发展阶段与发展水平、经济制度与市场体系、收入水平、财政预算规模和财政收支平衡状况、贸易与国际收支状况等。宏观经济状况可以通过宏观经济指标来体现，如国民生产总值（gross national product，GNP）及其变化情况、国内生产总值（gross domestic product，GDP）及其变化情况、总投资与总消费、利率、物价指数、失业率、人口数量及其增长趋势、国民收入、货币供给量与需求量、国际收支、汇率等。宏观经济环境在不断变化，包括经济模式变化、经济增长率变化、经济景气度变化、经济建设方针变化、国际经营环境变化、经济一体化等，且宏观经济表现出一定的周期性。

经济环境变化影响着每个人的生活，影响着行业的发展，甚至影响着国家的政策，当然也影响着每个大学生，影响着大学生职业生涯的规划。当经济振兴时，百端待举，新行业不断出现、新组织不断诞生、机构增加、需求增加，为人的就业和晋升创造了条件。

在经济环境变化的影响中，经济模式变化的影响是根本性的。在工业经济向知识经济转化的过程中，拥有高新知识的人在经济发展中的主体作用更加突显。因此，人才的创新性、个性化、复合性、合作性成为迫切需要。同时，随着我国加入 WTO 和经济一体化的加快，国际贸易发展迅速，对人才素质提出了更高的要求。这就要求我们不仅要精通专业技术知识，还要精通外语、计算机，熟悉国际贸易相关法律及外国风俗习惯等。

经济环境的变化是根本性的，是不随人的意志为转移的。大学生只有适应这种变化，认清这种变化的趋势，认真分析自身情况，认识经济环境对人才的新要求，全面学习社会需要的知识，培养社会所要求的能力，把它纳入职业生涯规划并认真执行，才不会落后于时代，不会被社会所抛弃。

2. 法律政策环境分析

大学生在进行职业生涯规划时，要注意国家和地区的法律规定与政策。法律规定与政策包括法律法规、方针、管理体制、人才培养开发政策、人才流动有关规定等。法律法规与政策是比较刚性的因素，尤其是法律，其制定和修改都有明确的规定，变动性小、影响大，是我们进行职业生涯规划时必须认真学习和思考的。

在法律法规方面，我们要多关注民事、行政方面的法律法规，如《中华人民共和国民法典》《中华人民共和国劳动合同法》《中华人民共和国就业促进法》《中华人民共和国著作权法》《中华人民共和国专利法》《中华人民共和国公务员法》等。对自己将要从事的行业的法律法规，我们更要钻研、熟悉和理解。

在行业发展上，我们要了解国家提倡、优先发展的产业、行业是什么。很多行业的未来发展趋势和政府导向是密切相关的。每年的政府工作报告、每个部委的文件等都是我们把握行业发展趋势的途径。尤其要注意政府所支持、倡导的民生、大众产业，在新的发展形势下，这些产业一般会有政策方面的支持和扶持。

此外，我们需要多注意一些关系切身利益的规定，如子女上学、家属就业、社会保障、科研项目经费使用、人才流动等的规定。

3. 科技环境分析

科学技术的变革对人力资源的影响是根本性的。新科学理论的提出、新技术的出现，使得在某些领域招聘合格的人才变得十分困难，而被替代的技术和岗位，则很少再需要人员。

科技的发展对职业模式的影响至关重要。科技的发展必然引起产业结构的变化，产业结构的变化必然引起职业模式的变化。在今天，最大的变化就是农业、工业向服务业的转移，也就是第一、第二产业向第三产业的转移。第三产业，特别是金融服务、医疗保健、运输、零售、餐饮、法律、社会服务、教育、计算机等行业的岗位需求不断增多。但是同时，许多旧职业和从事旧职业的人在不断减少。据未来学家预测，人类将面临每15年更换20%的职业的局面，而且更换的速度会越来越快。我国正处于职业变革的时期，职业领域的重大变化大约每两年就会发生一次。

科技变化不仅对职业岗位产生重大影响，对人才素质也产生了迫切的需求。拥有新知识、高技能的人才受到欢迎，而那些知识陈旧或无实际操作技能的人将日益处于不利的境地，且无论学历高低都会面临这个问题。因此，关注知识的“折旧周期”就很有必要。近年来，科技发展日新月异，知识的折旧周期不断缩短。据专家分析，农业时代只要在7～14岁接受教育，就足以满足后40年工作生涯的需要；工业时代，教育时间为5～22岁，才能满足未来之需。到今天的知识经济时代，只有终身学习和终身接受教育，才不会被社会淘汰。

因此，关注科技环境的变化、关注我国科技发展的主要领域，特别是与自己所学专业相关的科学、技术的变化，是大学生做好职业生涯规划所必需的。

4. 文化环境分析

文化是一个国家或地区长期积淀形成的影响人们价值观、行为和习惯的环境力量。我国是一个大国，历史悠久，文化积累丰厚；人力资源丰富，各种竞争激烈；幅员辽阔，文化多样。这对每个人的职业理想、职业观念、工作方式都会产生深刻的影响。

在一个追求工作安全感与稳定性的环境中，人们就会选择变化较小、稳定性较高、需要耐心的职业；而在崇尚职业的新奇性与变化的环境中，人们就会更多地追求利益、发展，愿意从事具有一定风险性的职业。

在文化环境的影响下，一个人如果笃信“学而优则仕”，其大学学习的最终目的可能就是要成为“管理人的人”，那么他的行为方式就是管理者的行为方式，职业选择方向可能就是管理者、公务员等；如果一个人坚信“自由价更高”，那么其职业选择方向可能是自由度较高的职业，如记者、自由撰稿人、经纪人等。

随着社会经济的发展和人们生活水平的提高，职业价值观念和需求层次也会发生变化。人们以前可能着重考虑生计，以满足生理、安全的需要，而现在可能上升为自尊和自我实现的需要，着重考虑自己的发展等。

文化环境说起来很抽象，但它就像空气，虽然看不见，却实实在在地影响着我们的职业生涯规划和发展。在进行职业生涯规划时，要认真分析这种环境对自己的影响，寻找自己实际的、可能的职业发展方向，做好相应的职业生涯规划和设计。

二、中观职业环境

中观职业环境是影响我们职业生涯较为显著的环境。中观职业环境大致可以分为就业市场、地理环境、家庭环境、学校与专业、朋友和其他相关人员等方面。

中观职业环境，是落实我们职业生涯规划的保证。现实中，即使在经济衰退、社会发展缓慢的时代，我们依然可以看到许多成功者，因为他们“入对了门”，或者说他们正确地认识和适应了中观职业环境。

1. 就业市场分析

市场经济的特点是以市场为导向进行资源配置。大学生就业市场为适应大学生就业制度改革和劳动、人事制度改革而生。大学生有自主择业权，用人单位作为法人实体有用人自主权，二者通过市场连接起来。现阶段，国家积极培育和发展与社会主义市场经济体制相适应、以政府为主导、以高等学校为基础的大学生就业市场体系。

（1）大学生就业市场的一般属性。就业市场具有人的特殊属性，与一般的市场属性有明显的区别。在就业市场交换的是人才所拥有的智力、能力以及体力结合而形成的劳动力。一般市场通过价格的引导，使各种资源配置到最优的组合上。人才求职受主体的利益驱动，与用人单位是双主体的交换关系。

就业市场是人才劳动力交换关系和交换场所的总和，完善的就业市场应具有统一性、开放性与制衡性的特点。完善的就业市场应具有四大服务功能，即服务于人才供需双方的信息储存和检索功能；服务于就业的培训与再塑功能；服务于用人单位的评价与推荐功能；服务于解决人事纠纷的仲裁与维护公正功能。

就目前我国就业市场发展程度而言，这些功能尚未完全具备，还在发展和完善之中。就业市场的发展与完善需要社会环境的支撑系统，其由以下四方面要素构成。

①建立社会保险制度，包括失业保险、养老保险和医疗保险。

②完善住宅商品化，使住宅问题不再成为人才流动的羁绊。

③改革户籍制度，排除户籍对人才择业的限制。

④加快法治建设，从法律上赋予公民自主择业权。

大学生就业市场具有与人才市场相同的属性，是人才资源的主要组成部分。但是，由于毕业生就业的特殊性，其就业市场同一般的人才市场在组织方式等方面存在差异。

（2）大学生就业市场的类型。大学生就业市场，按市场形态可分为有形市场和无形市场。有形市场有固定的场所、具体的时间和地点、特定的参与对象等；无形市场主要是指大学生求职时不受特定的时间和空间的限制，依据个人意愿自行选择，其外在表现是没有具体的时间、地点，没有固定的场所。

目前，有形的大学生就业市场主要有以下几种形式。

①高等学校举办的大学生就业市场（又称“招聘会”“洽谈会”）：针对本校大学生的特点，邀请与其密切相关的用人单位参加，主要为本校大学生就业服务的市场。

②学校联办的大学生就业市场：两所或两所以上高校联合举办的大学生就业市场，克服了单个学校的就业市场规模小、单位少、效能差的问题，往往实行“弱弱联合”“强弱联合”或“强强联合”。

③分科类大学生就业市场：地方大学生就业主管部门从用人单位和高校两方面考虑，从市场细化的角度出发，把理、工、农、医、师范等学科的大学生分别集中起来，与相应的用人单位双向选择的就业市场。

④层次性大学生就业市场：在不同区域或省市举办的研究生就业市场、本科生就业市场、专科生就业市场。

⑤区域性大学生就业市场：为区域内大学生和用人单位服务的大学生就业市场。区域性大学生就业市场辐射性强，对周围省市的用人单位和大学生都有较大的吸引力。

⑥行业性大学生就业市场：由大学生就业主管部门主办的，主要为某行业用人单位和大学生服务的就业市场。

⑦企业性大学生就业市场：由大型企业和企业集团举办的以招聘大学生到本企业就业为主的就业市场。

⑧国际性大学生就业市场：国外企业在中国招聘大学生及中国企业招聘外国留学生或直接在国外招聘就职于国外分公司的大学生的就业市场。

有形市场的作用是显而易见的，但无形市场尤其是网络市场的作用也越来越大。网上招聘、网上求职的快捷、灵活已被越来越多的用人单位和大学生所认可，而且随着网络技术的进一步发展，其可从一般的信息交流扩展到网上面试等更深层面。国家在积极扶持以高校为基础的有形大学生就业市场建设的同时，正在加快无形市场的建设。国家投入了大量的人力、物力和财力，研究建立了高校毕业生就业信息管理决策支持系统。建立无形市场的当务之急是建立大学毕业生就业信息网络，加强网上信息交流、实现信息共享。

（3）大学生就业市场的特点。

①群体性：每年有大批的大学生走出校门、走向社会，大学生就业市场具有鲜明的群体性。

②时效性：大学生离校一般集中在 7 月份，在此之前，大学生一般应落实到具体单位。大学生就业时间紧、任务重且相对集中。

③需求多变性：大学生就业市场受社会政治和经济的影响较大，其需求与经济和社会的发展成正比，其供求关系靠自身不能调节。

④形式多样化：大学生就业市场形式灵活、多样，既有有形的，也有无形的；既有公开的，也有不公开的；既有大规模的，也有小规模的；既有综合的，也有分类的；既有区域的，也有部门的；等等。

⑤高层化：大学生是国家按计划培养的专门人才，学有所长、层次较高、素质较好、能力较强。

⑥年轻化：大学生不只是年龄较轻，知识也“年轻”，其年龄和知识均有蓬勃的朝气和锐气，是社会需要的新生力量。

⑦初级市场和初次就业：大学生就业市场是劳动力市场的重要组成部分，它正处在探索和发育阶段，尚不成熟，且大学生初出校门，没有实践经验，多为第一次就业。

根据大学生就业市场的特点，大学生可以从自己的实际出发，选择不同的市场就业。市场是变化的，大学生就业策略也应该是变化的。当市场需求大时，大学生可提高期望，好中选优；当市场需求小或无需求时，大学生应降低期望值，低中选高。

大学生在就业市场中择业，必须明确自己的权利和义务，其最基本的权利就是选择权，最基本的义务就是服从国家的需要，遵守市场的规则。

市场是无情的，竞争是激烈的。大学生必须清醒地意识到这一点。一旦进入市场，大学生就会遭遇一场知识的竞争、能力的竞争、素质的竞争，危机意识不可或缺。有了危机意识，大学生就会更加珍惜大学生活，集中精力学习和提高自己，增强自己的竞争力。

2. 地理环境分析

大学生在进行职业生涯规划和择业时，往往受成长环境、个人喜好的影响，或者经济发展的情况、职业发展前景等的影响，选择地理环境好的城市或者一些特定的城市。

不同区域的经济情况、人文环境、政府管制、生活特色、气候甚至饮食习惯等都可能不一样。即使在同一地区，不同城市的发展定位和发展战略也是不一样的，这对人的生活、工作、学习都会产生影响。

对大学生职业生涯规划和择业而言，地理环境的直接影响表现为两个方面：一是所选择的行业；二是生活。

北京的文化产业和上海的金融产业的影响表现较为突出。由于历史原因，北京的文化产业历史积淀深厚，而上海的金融产业在20世纪初已具有一定规模。由于生活理想不同、生活适应能力不同及各自的具体情况存在差异，大学生在选择职业时会做出不同的选择。但无论如何，一个城市的行业基础不同、重视程度不同、发展战略不同，会直接影响大学生可能选择的企业的发展，而企业发展的好坏又直接影响大学生的事业和将来。这就是城市影响行业发展的道理。

另外，城市的文化和品位、城市居民的素质、市政环境的建设等都直接影响着人们生活的舒适度和满意度，这里要尤其注意的是公司所在的周边环境对人的影响也是巨大的。大学生应结合自己所要从事的职业和自己对生活的要求综合地选择是否去大城市工作，而不是盲目做决定。

大学生在做职业生涯规划时，一方面要考虑地理环境，另一方面要从国家战略发展的角度认识职业对社会发展，特别是对我国经济发展的重要意义，树立崇高的职业理想，到祖国最需要的地方去，把职业理想与祖国发展密切结合起来。例如，大学生可以积极参与国家“大学生志愿服务西部计划”，以实际行动参与国家经济建设，加入西部大开发的滚滚洪流中，实现自己的理想和抱负。

3. 家庭环境分析

大学生，尤其是中国大学生，在做职业生涯规划和择业时，家庭的影响作用是巨大的，因此绝不能忽视家庭环境因素。在我国，大部分大学生是独生子女，真正在经济和情感上独立的大学生并不多。在做职业生涯规划和择业时，一定要考虑家庭实际情况，获得家庭特别是父母的理解和支持，否则，职业和工作状态都会受到一定影响。

家庭教育方式对大学生的职业生涯规划和择业有着较大的影响。根据美国学者鲍姆林德（D.Baumrind）的研究，父母的教养方式可分为权威型（authoritative style）、专制型（authoritarian style）和放任型（permissive style）。后来美国心理学家麦考比（E.Maccoby）和马丁（J.Martin）又将放任型进一步分为溺爱型（indulgent style）和忽视型（neglectful style）。这样，父母的家庭教育方式大致可以分为四种类型：权威型、专制型、溺爱型和忽视型。因为“权威”和“专制”两词词义相近，研究者多用“民主型”代替“权威型”。因此，家庭教育方式可以分为民主型、专制型、溺爱型和忽视型。在做职业生涯规划和择业时，民主型家庭对孩子有高度关怀和中等程度的行为控制，更多给予孩子以支持，父母当好参谋角色，让孩子自己做出最终选择；专制型家庭倾向于有低程度的关怀和高度的控制，孩子会感到自己在家中毫无地位、不被理解，于是很少与父母交流思想，更谈不到讲心里话，成长于这样家庭的大学生进行职业生涯规划要么一意孤行，要么根本不做；溺爱型家庭常以一种接受、和蔼甚至有些顺从的方式对待孩子，父母较少对孩子提出要求，孩子具有高度的按照自己的意愿行动的自由，其职业生涯规划往往脱离实际，或者完全不规划；忽视型家庭对孩子采取放任态度，父母以自己为中心，对孩子没有明确要求，很少与孩子在一起活动，甚至可能对孩子置之不理，对子女在学校或与朋友一起时的经历也不感兴趣，很少与子女谈心，因此，大学生在进行职业生涯规划时很少与家庭沟通，或者好高骛远，或者好冒险以引起注意等，可能增加职业选择的风险性。不同家庭教育方式对大学生的影响，不仅表现在大学生职业生涯规划上，在求职过程中的职业选择、面试的应激性反应、对未来薪水的期待值及就业后的流动等也有很大的差别。

家庭社会经济条件对大学生的职业生涯规划和择业的影响也不容忽视。在我国，家庭的社会经济地位决定了大学生在走出校园之际所拥有的社会资本主要来自家庭，家庭的社会经济地位的高低决定了大学毕业生所能够利用的社会资本的多少。社会资本的作用包括：扩展信息渠道，创造更多就业机会；提供可靠的经济援助，降低失业风险；减少工作搜寻成本，帮助大学生实现人力资本价值等。首先，社会资本的影响使得大学生“对前途的选择”不是个人的决策，而是整个家庭在所处的社会经济地位上做出的集体决策。家庭社会经济地位越高，大学生越有可能选择继续学习提升学历并推迟就业而不是直接就业，家庭的经济后盾减少了他在继续求学的路上的“后顾之忧”。其次，社会资本能链接各方资源，收集和筛选各种信息，影响大学生的价值判断和就业取向。家庭社会经济地位较高的学生，拥有较多的社会资本，其求职更有信心，更愿意去企业单位而不是党政机关，期望得到更高的薪资，有可能会选择高风险、高收益的职业，如去西部发展等，但一般不愿去农村工作。最后，利用社会资本、动用“关系网络”能为大学生创造就业机会，降低了大学生独立求职的难度，同时也减少了部分工作搜寻的成本。转型时期的中国劳动力市场的特殊性给了社会资本更大的发挥空间，因此我们在研究、讨论就业问题时绝不能忽视社会资本的作用。

以上家庭因素对大学生职业生涯规划和就业的影响，是我国特定时期的产物。在我国劳动力市场不太完善的今天，就业还受到市场以外很多因素的影响。在我国传统文化中，人们比较重视人际关系和权力等级，以家庭为核心载体的社会资本代代延续，并在广度和深度上不断拓展，从而对大学生就业产生影响。

4. 学校与专业分析

学校与专业是我们做职业生涯规划和择业时必须考虑的因素。很多人在报考大学时是根据大学的名气进行选择的，认为只要进入著名大学，就业就没有问题。同时，人们往往根据社会需求，报考所谓“热门专业”。在就业时，每一个人都是独特的，简单地认为名牌大学、热门专业就必然好就业，实际上是一个认识误区。在比较科学和公正的用人单位选才时，“学校无高低，专业无冷热”。因为没有哪个用人单位会认为一个人代表了其学校或专业。如果一个人能力强，别人只会肯定这个人，而不会说其所在学校的学生能力都很强；如果一个人能力不强，别人只会否定这个人，而不会否定其所在专业所有人的能力。所以，无论是什么学校、什么专业，不要以为自己学校有名或专业热门就自以为是，也不要因为自己学校不好或者专业冷门而心灰意懒。

很多人进入“好大学”，就感觉高人一等，自信心油然而生；一些人一进“一般大学”，就感觉差人一等而自暴自弃。“好大学”除了拥有良好的国家教育资源，其使大学生拥有的那份自信也是一些人走向成功的条件。大学生毕业以后，一般来说去向主要有两种：提升学历和就业。从考试情况看，在平等的考试面前，名牌大学的学生不一定比一般大学的学生考得好。在一些职业领域内，毕业于一般大学的职员由于工作认真、兢兢业业、乐于奉献而更受到欢迎，职场发展也更好。

专业冷热与职业发展就更不成正比了。当一个人选择了学术之路时，可能专业越冷越“吃香”；当一个人选择提升学历时，冷门专业容易“一跃千里”；在一个人选择创业时，冷门专业让其走得更坚决，而不是在就业与创业中徘徊不前。

但是，在面对专业分科的现实时，究竟是选择成为“专才”还是“通才”？无论是谁都可以列出一大堆理由，但这些理由对我们真正做出选择却帮助甚少。其实，只要我们仔细思考就会发现：专才和通才其实很难在现实中区分。在浩瀚的知识海洋中，通才又能“通”多少？专才又能“专”多深？因此，我们在做职业生涯规划时，应有这样的指导思想：不可一业不专，不可只专一业。所谓“不可一业不专”是指我们在选定一个专业时，一定要有做“精”的精神和毅力，把专业变成专长。一些人什么都学，结果“样样通，样样松”，成为“万金油”似的人。人们常说：“千招会，不如一招熟。”所谓“不可只专一业”，是指我们在规划职业生涯时，必须关注社会的发展变化。在一些人为找工作而绞尽脑汁的时候，也许看一下人才招聘要求就“豁然开朗”。任何人的“专长”都是有有效期的，只有不断关注社会发展，不断“充电”，才能拥有新专长，才能长期保持专长。

5. 朋友及其他相关人员分析

朋友及其他相关人员主要是指大学同班同学、校友及其他可以作为参照对象的人。由于大部分大学生并未真正体验过工作，一般喜欢与其他人进行比较，特别是拿一些成功案例作参照。客观的比较有时能激发一些大学生的内在动力，推动其走向成功。但是由于对现实了解不深，加之不服输的心态，一些人容易不切实际地“攀比”，制定的职业生涯规划不符合实际，“高不成低不就”，往往错过一些很好的就业与发展机会。

职场提示

如何选择就业企业?

1. 企业实力

企业实力可通过多方面体现：企业在社会中的地位和声望如何；企业目前的产品、服务和活动范畴是什么；企业的发展领域在哪些方面，发展前景如何，战略目标是什么；企业的技术力量和设施是否先进，在本行业中是否具备很强的竞争力；企业是处于发展扩张，还是倒退紧缩，是否处于很快就会被吞并的地位；企业的竞争对手是谁；企业目前的财政状况如何；企业是真正在“做大”“做强”，还是空有其壳，有没有长久的生命力；企业的组织结构是怎样的，是扁平的还是等级制的；等等。

2. 企业主要领导人

企业主要领导人的抱负及能力是企业发展的决定性因素，个人在职场的发展很大程度上取决于领导者。很多成功的大企业都有出色的企业家作为掌舵人、领航人。因此，大学生要了解企业主要领导人是真心要干一番事业，还是想捞取名利；他的管理是否先进、开明；他是否有足够的能力带领员工开拓新天地；他是否有战略眼光；他是否尊重员工；等等。

3. 企业文化和企业制度

除了很好的福利、吸引人的薪酬、舒适的工作环境和出色的管理，优秀的企业还会创造积极的企业文化，让员工感到快乐和受尊重，也使员工工作更有创造性。员工与企业相互配合是否良好的关键在于企业文化。因此，在求职时选择什么样的企业文化氛围让自己觉得最舒服是至关重要的。

企业制度涉及的范围比较广，包括管理制度、用人制度、培训制度等。大学生应尽可能了解这些信息，了解企业在组织结构上的特征与发展变化趋势，分析这种安排对自己的未来可能带来什么样的影响，特别要注意企业用人制度，如能否提供教育培训机会，提供的条件是什么；自己将来有没有可能在该企业担任更高级的职务或担负更大的责任；个人待遇提升的空间有多大，待遇提升是基于能力还是工作年限；企业的标准工作时间制度如何，是固定的还是可以变通的；企业提供的薪酬和福利待遇与行业内其他公司比较如何；等等。

总之，通过以上分析，大学生应理出一条清晰的线索，确定自己在这个企业有没有足够的发展空间，衡量自己的目标在该企业实现的可能性。

单元三　探索职业环境的方法

进行职业环境探索通常采用查阅资料、讨论、参观、实习和访谈的方法。其中，对宏观职业环境的探索主要采用查阅资料和讨论的方法；而对行业环境、组织环境、岗位环境的探索，除了可以采用查阅资料和讨论的方法，还可以采用参观、实习以及对相关从业人士进行访谈等方法。

一、探索职业环境的维度

探索职业环境，包括专业探索、行业探索和职业探索三个维度。

1. 专业探索

专业探索作为探索职业环境的一个重要维度，内涵丰富，其具体介绍如下。

（1）专业探索的含义。专业探索是指在对本专业的调研中了解从专业毕业后所能从事的职业，从而有效地规划大学生活。专业探索分为对本专业的探索和对自己喜欢的专业的探索，其目的都是有效、充分地利用大学时间，有针对性地为了就业而学好专业。

（2）专业探索的具体内容。

①专业调研。专业调研是整个专业探索的核心任务，具体内容包括：这个专业是什么；这个专业学什么；这个专业有哪些名校、名师；与此专业相关的专业有哪些；这个专业对社会和生活有什么价值；从这个专业毕业后能做什么工作；学这个专业的名人都有谁、成就怎样；这个专业领域权威的企业有哪些；学这个专业的上几届学姐、学长目前的状况怎样；怎样才能学好这个专业，学习的圈子和资源有什么。

②专业选择。如果发现自己不喜欢目前所学的专业，就要探寻自己可能喜欢的专业。例如，可以充分利用相关信息，浏览专业目录和说明；在了解相关信息后确定几个专业大类（如文、理、工、法、管理大类）；在了解的专业大类中确定专业小类（如管理大类中的公共管理小类、工商管理小类等）；在了解的专业小类中确定 10 个专业（如工商管理小类中的人力资源管理专业，公共管理小类中的行政管理专业等）；针对每个专业进行专业调研，最后选择三个目标专业。

③专业学习。专业的学习有以下方法：自编一个专业通论教材；明确 30 个概念；抄写一本厚厚的专业通论教材；制作一个专业学习和发展手册；拜访 50 个专业相关人士；撰写一篇原创的专业论文；翻译一本外文的专业通论教材；从事一个月的专业相关工作

实习。如果能运用其中的三个方法坚持半年，那我们一定是这个专业的“小专家”了，这为日后的职业探索、职业定位奠定了坚实的基础。

④确定适合专业。专业探索的最后结果表现为确定一个自己喜欢和适合的专业。那么如何掌握和衡量喜欢和适合的专业？这里有几项参考：熟悉专业通论教材；能写与专业相关的文章；知道专业领域的最新活动和进展；能和专业领域人士对话；明确从专业毕业的出路是什么；喜欢读该专业方面的书；总去听该专业的课并且很愿意发表言论；愿意和别人分享对此领域的看法和见解。如果符合其中的三条以上，那么就可以说自己确定了喜欢和适合的专业。

2. 行业探索

行业探索有助于认识职业环境，它包含丰富的内容，具体介绍如下。

（1）行业探索的含义。行业探索是指通过理论分析和实际调研的方式对一个行业进行全方位解读。行业是社会分工的大类，个人能通过了解行业很好地认识职业环境。

（2）行业探索的具体内容。行业中有一些通用的因素，我们可以通过了解这些因素全面地认识一个行业。

①行业的定义。100 个人对 1 个行业会有 100 种定义，我们要集众家之长，了解政府、协会、个人对行业的定义。每种定义都是对行业不同层面的阐释，而且定义是很精辟、全面的介绍，所以深入、仔细地搜集关于行业的定义、观点是十分有益于加深对行业的了解的。

②行业对社会和生活的作用及其发展前景、趋势。每个行业在社会中都是有其特定功能的，在了解行业对社会和生活的影响之后，就可以在一定程度上了解它的发展前景和趋势，从而可以在选择行业和确定发展方向时有长期的准备。

③行业的细分领域。行业是大类，在行业内部还有不同的细分领域。了解不同的行业细分领域有助于全方位地了解行业。分类的标准决定了具体的细分领域分类方式。我们可以参考政府、协会的分类标准，以此为线索可以很快掌握行业发展的脉络。细分领域的分类也是个人了解行业发展空间的重要依据，如金融业就分为银行、保险、证券、基金等细分领域。

④调研国内外标杆企业。当了解不同行业细分领域后，就可以找到此细分领域的标杆企业了。标杆企业是其所处领域、行业的代表。当调研国内外的标杆企业时，我们所能把握的方向也是国际化的。同时，我们要对比国内外标杆企业的差距，以利于自己了解行业的核心竞争力。需要注意的是，我们要对每个行业的标杆企业都进行不同程度的调研，从而让自己的行业探索更加全面。

⑤行业的人力资源需求状况及趋势。当我们了解行业的人力资源需求状况之后，就可以对个人的职业定位（具体的职业）进行探索，还可以对行业的未来需求做整理和分

析，以便于自己站在未来的角度做选择。

⑥从事行业工作需要具有的通用素质和职业资格证书。每个行业都有一定的入行要求，表现为通用素质和职业资格证书。职业资格证书是证明从业人员素质的一种手段，如法律从业人员需要通过国家统一法律职业资格考试，获得法律职业资格证书。一般来说，从业人员需要具备的通用素质是由行业长期发展所决定的，从业人员具备相应的通用素质就比较容易在行业中发展，否则就容易出现问题。大学生可以通过掌握通用素质和考取职业资格证书作为入行的“敲门砖”。

⑦行业的代表人物。了解行业的代表人物是进一步了解行业的有效手段。每个行业都有行业的代表人物。调研行业代表人物的奋斗轨迹、目前状态等，可以加深对行业的了解，也能为自己进入行业提供一个参照。

⑧行业内著名企业的总经理或人力资源总监的介绍及其言论。整理和分析著名企业的总经理、人力资源总监等的个人介绍、言论是职业访谈中的一种高级调研方式。因为总经理左右着企业的发展，人力资源总监左右着企业人才的招募，所以从这两个层面可以更全面地了解行业的发展状态和人才状况，也可以进一步拓展行业知识。同时我们可以了解他们对行业的评价。

⑨一般职员的日常工作。和行业的高端人物交流是比较困难的，尤其是行业的代表人物，但和企业的一般职员交流就会很顺畅。对其进行的职业访谈是实际调研的主要部分。我们可以和从事过或正在从事这个行业工作的一般职员交流，去询问他们以上的信息，在交流中验证和拓展自己对行业的了解。尤其是要进行对自己所希望加入的部门或担任的岗位的职员的访谈，这样可以有效地了解行业的具体要求。

⑩校园岗位及大学生的一般能力要求。当进行完行业探索的上述九项内容后，还应对能够应聘的校园岗位进行了解，因为这是大学生“可望又可即”的。一些企业有校园招聘，校园招聘中所列的岗位是面向大学生的。我们可以总结相关企业三年来的校园招聘岗位，当了解十家企业的招聘岗位后，就可以合并、整理这些岗位，从而在一定程度上了解行业的校园岗位。每个岗位在招聘时都会列出任职资格要求，当我们整理相同岗位的任职资格后，就可以在一定程度上明确行业的一般能力要求了。如果我们确定一个岗位并按其任职资格去努力，那么在毕业后是很容易“如愿以偿”的。

3. 职业探索

职业探索介绍如下。

（1）职业探索的含义。职业探索，是对自己喜欢或要从事的职业进行理论分析和实际调研的过程，目的是对目标职业有充分了解，并明确自己和职业要求的差距，制定求职策略，从而有效地规划大学生活。

（2）职业探索的具体内容。

①职业描述。职业描述，即定义职业的内涵，具体包括职业名称和各方对其的定义。职业描述是对职业最精练的概括和总结，是透彻理解职业和调研职业的基础。在罗列和学习别人对职业的看法后，自己也要给这个职业下一个定义，为自己的职业报告做好准备。在探索职业描述时可以参照《职业展望手册》《中华人民共和国职业分类大典》等，这些资料都有对职业的详细描述。

②职业的核心工作内容。每个职业都有核心的工作职责，职责对应的就是工作内容。了解职业的核心工作内容，有利于了解完成工作内容必须具有的工作能力，这样就很容易找到自身和职业要求之间的差距。成熟的职业都有权威人事部门为其总结、确定的核心工作内容，一些企业的招聘广告中也有对工作内容的描述。作为大学生求职者，我们可以请教一些行业协会的人士或从事此职业的资深人士，一般企业的人事部门工作人员和部门经理也有对职业核心工作内容的具体认识。

③职业的发展前景及其对社会和生活产生的影响。职业的发展前景与国家、社会等对这个职业的需求程度有关。其具体包括三个方面：第一，职业在国家现阶段发展中所起的作用；第二，职业对社会和大众的影响；第三，职业对生活的影响。也就是说，我们不仅要知道这个职业对国家、对社会、对行业的价值，也要知道这个职业对大众、对生活的影响，以及人们对其的依存度和职业的声望是怎样的。

④薪资待遇及潜在的收入空间。职业是社会分工的产物，根据参与社会分工的量来确定相应的报酬，不同的行业、企业、岗位还有一些潜在的收入空间。薪资待遇是择业的关键因素之一，所以在探索职业时要重点调研职业的薪资待遇状况。

⑤岗位设置及不同行业、企业间的差别。岗位设置，一般来说是指一个职业的一系列岗位划分，而不同行业、不同性质和规模的企业对岗位的划分和理解也有很大不同，可能同一个名称的岗位工作内容完全不同。了解职业的岗位设置能加深对职业外延的理解，从而将岗位要求有针对性地与自己进行比较。一般来说，可以通过权威网站、职业分类大典、业内资深人士了解职业的具体岗位设置情况。

⑥入门岗位及其职业发展道路。入门岗位是指针对应届毕业生的工作岗位，职业中的一些中低端岗位是面向大学生开放的。作为大学生，我们要了解一个岗位对应的职业发展道路是什么、这个岗位有哪些发展途径、最高端的岗位是什么。入门岗位是提供给大学生的“敲门砖”，所以，我们应了解自己能通过哪些岗位进入这个职业。从企业每年的校园招聘信息中，我们就能看出哪些岗位是针对应届毕业生的。我们可以从一些校园招聘网站上找到这些信息。

⑦职业标杆人物。研究职业标杆人物，就是研究在职业领域内谁做得最好，他是怎么做到的、取得了什么成绩、遇到了什么困难、具备什么素质，等等。无论国内还是国外，每个职业都有一流的人物。研究职业标杆人物可以让自己了解他的奋斗轨迹，加深

对职业的了解，以找到在这个职业领域奋斗的途径。

⑧职业典型的日常生活。职业典型的日常生活，更多是在访谈中了解的。大学生要知道这种职业的日常生活是怎样的、从上班到回家的时间是怎么安排的。职业典型的日常生活是判断自己是否适合这个职业的重要标准，如果我们不想过某个职业典型的日常生活，就不用再为之而努力去学习、去准备，或去从事这项工作了，所以了解职业典型的日常生活很关键，尤其是要判断自己是否能接受这个职业对个人生活的影响。职业典型的日常生活，在核心工作内容中会有涉及，但具体到个人的资料就不多了，所以更多的还是要去访谈从事这个职业的人，以获得真实的资料。

⑨职业通用素质要求及入门的具体能力要求。职业通用素质要求，是指从事某个职业的一般的、基本的要求，主要是通用能力，也就是把工作做好所要具备的能力。通过对职业通用素质要求的了解，并对比自己是否能够胜任，我们可以找出还有哪些要加强和补充的能力，并将对其的培养规划到大学生活里。其实每个岗位的岗位描述中的任职资格都有相关介绍，我们只需要把其整理出来，加上职业访谈的内容，列出十项最常用的能力，然后与自己一一对照，以促进对自我的发现和认识。

⑩工作方式、思维方式及对个人的内在要求。工作方式和思维方式是做好、做精工作的保障，同时，有些工作对人的内在要求是很高的，如对态度的要求等，这些是从内在判断自己是否适合和喜欢一个职业的核心标准。从内在出发判断自己是否喜欢一个职业是科学的，因为职业是客观的，选择了职业才会产生是否愿意做、是否适合做等问题，所以在对职业全方面探索之后，最后一关就是对职业的内在要求的分析。岗位描述中的任职资格会包括对个人的内在要求，还包括业内普遍的个人素质要求。我们要注意考虑不同行业、不同类型企业的差异。

二、探索职业环境的具体方法和途径

从不同的角度了解职业环境的核心内容后，大学生还需要掌握一定的途径和方法深入探索职业环境，更好地融入职场社会。

对于高等教育体制下的大学生来说，最好的了解职场社会的方法和途径就是实践，通过自我的亲身经历来感受职场，体会人在职场所要具备的能力和面临的挑战，从而将自己学习与探索的内容再投入实践，实现良性循环。

大学生可以通过各种形式的实践来深入探索职业环境，从而训练职业素养、锻炼职业能力、提升就业综合素质。

1. 积极参加课外活动

某人力资源部经理认为：“职场有其游戏规则，导致职业生涯成功的往往是非学历因素。如何处理突发事件、如何进行团队合作、如何沟通汇报工作、如何解决工作难题、如何推销自己，这些都是大学生最需要了解和亟待掌握的。”职场需要的、能够导致职业生涯成功的非学历因素，可以通过大学校园中的活动实践来获得。大学生通过参加校园内丰富多彩的课外活动、形式多样的社团活动、各级各类的学生社会工作实践活动，能获得职场社会需求的多种能力，更好地适应职业环境。

2. 积极参加社会实践和实习

对于大学生而言，缺乏实际的工作经验是较为普遍的问题。但是现在的职场中，很多用人单位要求应届毕业生具有一定的工作经验，这看起来似乎是苛求，其实不然，因为工作经验也可以在大学积累。大学生有比较充裕的时间，如双休日、节假日、寒暑假等，可以在学习之余，利用节假日参加一些社会实践活动，从而了解职业环境、增加阅历、积累经验、增长才干。

现在有很多企业，尤其是大型企业，针对还在校园的大学生设立了很多实习职位，这些职位分布在企业的各个部门，可以锻炼学生多方面的能力，丰富学生的职场知识与职场信息，让企业成为学生职业素质培养的第二课堂。大学生想要掌握职业的一些关键技能，没有长期的实践是不行的。在国外，特别是在英国和美国等重视就业能力开发的国家，企业成为学生的长期实践基地的情况相当普遍。在我国，实习和一些社会实践活动在这方面起着一定的作用。

大学生要善于发掘企业实习岗位的信息资源，亲身走进企业，将自己的所学运用到实际工作环境中，并且尝试找到工作实践对自己大学学习生活的差异反馈，不断调整自己学习与探索的方式，使自己能够发现最大程度了解职场、实现自我职业期望的途径与方法。

3. 职业生涯人物访谈

职业生涯人物访谈方法较独特，能使大学生从榜样中学习、了解职业环境，具体介绍如下。

（1）职业生涯人物访谈的含义。职业生涯人物访谈，是通过与一定数量的职场人士（通常是自己感兴趣的职业的从业者）会谈而获取关于一个行业、职业和企业“内部信息”的一种职业探索活动。

通过访谈，大学生可以了解该职业岗位的实际工作情况，获取相关职业领域的信息，进而判断自己是否真的对该工作感兴趣，这实际上是一次间接、快速的职业体验。此外，我们还可以和职业生涯人物建立长期联系。

（2）职业生涯人物访谈的步骤。开展一次有效的职业生涯人物访谈，我们一般可以按照以下流程来进行。

①认识和了解自己。我们应加强对自己的了解和认识，可以借助一定的工具（如霍兰德职业兴趣测试、职业能力测量量表、职业价值观自测量表或测评软件）分析自己的

兴趣、性格、技能和工作价值观。应注意的是，我们不能“迷信”测评工具或软件。

②寻找职业生涯人物。我们可以结合自己的兴趣、技能、工作价值观、教育背景和已掌握的职业知识列出未来可能从事的几个职业，然后在每个职业领域寻找三位以上的在职人士作为职业生涯人物。职业生涯人物可以是自己的亲人、老师和朋友，也可以是他们推荐的其他人，我们还可以借助行业协会、大型同学录或某个具体组织的网页来寻找职业生涯人物。

③拟定访谈提纲。我们应结合目标职业信息设计访谈问题，对职业生涯人物的访谈可以围绕以下要点进行：行业、单位名称、职业（岗位）、工作的性质和类型、主要工作内容、工作地点、工作时间、任职资格、工作所需技能、市场前景、行业相关信息、工作环境、工作强度、福利薪酬、工作感受、员工满意度，等等。

④预约和实地访谈。预约方式有电话、QQ、微信、电子邮件和普通信件等，其中电话预约效果最佳。预约时应首先介绍自己，其次说明找到对方的途径、自己的访谈目的、感兴趣的工作类型以及进行访谈所需要的时间（通常为30分钟左右），最后确认访谈的日期、时间和地点。

⑤访谈结果分析。在一个职业领域与三个以上的职业生涯人物进行访谈后，我们可以用职业信息加工的观点来分析，与之前自己对该职业的认识进行比较，找出主观认识与现实之间的偏差，确定自己是否适合相应行业、职业和工作环境，是否具备所需能力、知识与品质，并形成书面总结报告，进而制订大学期间的自我培养计划。如果访谈结果与自己之前的认识产生严重脱节，就有必要进入另一个职业领域，开展新一轮职业生涯人物访谈。

（3）职业生涯人物访谈的注意事项。

①访谈的方法。职业生涯人物访谈可以采用电话访谈、面对面访谈，也可以用邮件或书信访谈，效果最佳的是在被访对象所在单位（或营业场所等）进行面对面访谈，这样我们可以对自己感兴趣的职业的工作环境有实地的了解，但尽量不要用QQ或微信访谈。

②访谈的准备。访谈前，需要做充分的准备，如准备好提纲、录音笔（必须经过被访对象同意）、记录的纸笔等。

③访谈的目的。职业生涯人物访谈的目的，一个是了解职业的具体情况，另一个是与被访对象建立良好的人际关系，增加自己得到实习和工作岗位的机会。

④访谈的问题。访谈的问题要经过仔细思考，不能漫无目的地问。

⑤主动访谈。遇到“贵人”是偶然的，但如果不去访谈，“贵人”是不可能主动地来找我们的。

⑥大量访谈。职业生涯人物访谈中，最少要与十个人进行访谈。

⑦整理访谈资料。整理录音或记录文字是一件烦琐的事，但这是必须做的，除非采用文字形式访谈。

⑧与他人一起进行访谈。可以与他人一起进行访谈，这样当你们一起敲陌生人的门或者访谈时都可以有个照应，更重要的是这样可以鼓励自己完成此次职业生涯人物访谈。

单元四　直面新职业

新职业是指经济社会发展中已经存在一定规模的从业人员，具有相对独立的、成熟的职业技能，但在《中华人民共和国职业分类大典》中未收录的职业。其具有以下几个特性：一是目的性，即有人专职从事此职业并赖以谋生；二是社会性，即该职业为他人提供产品或服务；三是规范性，即该职业是合乎法律规范的；四是群体性，新职业一般要求有不少于 5 000 人的从业人员；此外还有稳定性和独特技术性。

一、旧职业的消亡与新职业的出现

据有关部门统计，在 20 世纪，我国消失的旧职业达 3 000 个。这不仅包括中华人民共和国成立前那些天桥卖艺的艺人、坐在墙角替人代写书信的秀才，也包括人们曾经经常看到的淘粪工、补锅匠、江湖艺人、赤脚医生，而且包括粮油票证管理员、物资供应员等。职业的剧烈变迁反映着时代的进步、社会的发展、人民生活水平的提高和生活方式的改变。据专家预测，今后每 10 年将发生一次全面性的职业变革，其中重大变化每 2 年就会有一次。另有未来学家预测，人类职业将面临每 15 年更换 20% 的严峻局面。选择一份不会失业的工作，对于进入 21 世纪的我们来说，至关重要。

由于新职业都是适应社会经济的发展和市场需求而产生的，因此普遍是目前职场上的热门职业、走俏职业、能够获得高薪的职业。

出生于江苏手工世家的李娜凭借对手工的痴迷及自身的聪慧创立了“聪明谷手工教室”和“花伴礼押花艺术馆”。她所从事的是深受大众欢迎的押花职业。押花是指采选大自然植物材料（包括根、茎、叶、花、果等），经过压制、脱水和干燥处理的特有工艺使其保持原有的姿彩，再通过设计者的缜密构思、融植物与艺术学科于一体的创意设计和精心制作赋予其新的生命的手工艺品。押花手工艺品别具实用价值、经济价值、艺术价值和收藏价值。

服装设计专业毕业的何薇薇租下了广州市闹市区的一间七八平方米的铺面，在并不起眼的门前挂上了一个令人耳目一新的招牌——色彩工作室。她所从事的是一种我们绝大多数人以前闻所未闻的新兴职业——色彩搭配师，专门为客人设计服饰的颜色搭配。

张锐是一家网站的专职短信写手，月收入五六千元。据他介绍，他们这个职业，还可细分为文字写手、图片写手、铃声写手等具体的职业类型。

武汉一家知名服务企业最近出现了一个称为“服装督导”的职位。这一职位主要负责企业专卖店的企业形象设计，包括专卖店的装潢、色彩识别、商品摆放、人员着装等方面的设计。

有的人以展示自己的一双“纤纤玉手”为职业，这便是收入不菲的“手模特”；有的人靠替喝醉酒的人把车开回家赚钱，这便是颇有市场的“代驾员”；有的人根据顾客的职业特点、职业身份，为其合理搭配服装，进行整体形象设计，这便是前景灿烂的“职业配装师”。

二十多年前，即使再有想象力的孩子恐怕也写不出理想是当一名押花师，或者拍卖师、咨询师、软件测评师等。在当时，许多人的心目中只有营业员、驾驶员、采购员、铸工、锻工、教师等职业的概念。而现在，随着科技的飞速发展、生活的不断变化，许多旧的职业被无情地淘汰了，许多闻所未闻的新职业则在我们身边如雨后春笋般涌现出来。

很多人都梦想拥有一份能给自己带来财富、名誉、地位的好工作，但这样的好工作到哪里去找呢？有人认为带有垄断性质的职业是好职业，还有人认为含有权力因素的工作是好工作，但事实上，这些都是不可靠的，尤其是在当前日益成熟与完善的社会主义市场经济体制下，垄断和权力都受到了越来越多的限制。在此情况下，我们如何寻找一份理想的工作？一般来说，个人择业时选择新兴的产业，不仅可以获得丰厚的收入，而且能够给我们带来许多发展机遇。例如，1998 年邮电分营时，许多“老邮政人”看不起刚刚兴起的电信业，纷纷选择传统的邮政工作，结果仅仅两三年的时间，电信业一跃成为中国最走红的行业，电信职工的收入跃居全国各职业之首。相比之下，传统的邮政业，大多数企业处于步履维艰的境地。

当互联网行业刚刚出现时，许多人对此极为漠然，依然满腔热情地追逐文秘、会计之类的传统职业。结果几年之内，互联网行业便成为中国第一高薪行业。

精算师对于中国人来说也是一个极为陌生的职业，到目前为止，国内有国际精算师资格的人并不多，其中拿到北美精算师资格的则更少，而我国近几年急需至少 5 000 名精算人才。因此，目前在我国，精算师像熊猫一样稀缺，企业提供几十万元的年薪也难以找到合适人选。

新职业的涌现是经济发展的结果，也为我们提供了丰富的就业机会。以前人们对CEO（chief executive officer，首席执行官）这样的词语还很陌生，但现在它已经是炙手可热的高级职位了。在中国，新的职业正以惊人的速度产生。CIO（chief information officer，首席信息主管）、执业药师、注册会计师、保险精算师、健身教练、心理咨询师、猎头、模特经纪人、形象设计师、证券分析师、商务策划师、职业指导师、出国顾问、网站CEO等，仅仅几年时间，涌现出来的新职业就数以千计，被国家正式承认并编制职业标准的就有一百多种，包括安全生产监督员、物业顾问、职业指导师、电子商务师、企业人力资源管理人员、心理咨询师、企业信息管理师、营销师、项目管理师、企业行政管理员、执业药师、保险精算师、专利代理师，等等。

市场经济给我们带来的好处之一，就是职业选择的自由度大大提升了。也许我们错过了精算师、股票分析师、软件工程师等职业的选择，但现在不应错过涌现的新职业。一次正确的职业选择，有可能改变一生的命运。

二、新职业的概述

2019年4月，人力资源社会保障部、国家市场监管总局、国家统计局正式向社会发布了人工智能工程技术人员、物联网工程技术人员、大数据工程技术人员、云计算工程技术人员、数字化管理师、建筑信息模型技术员、电子竞技运营师、电子竞技员、无人机驾驶员、物联网安装调试员、工业机器人系统操作员等13个新职业信息；2020年7月，发布9个新职业，包括区块链工程技术人员、城市管理网格员、互联网营销师、信息安全测试员、区块链应用操作员、在线学习服务师、社群健康助理员、老年人能力评估师、增材制造设备操作员；2021年3月，正式发布了集成电路工程技术人员、企业合规师、公司金融顾问、易货师、二手车经纪人、汽车救援员、调饮师、食品安全管理师、服务机器人应用技术员、电子数据取证分析师、职业培训师、密码技术应用员、建筑幕墙设计师、碳排放管理员、管廊运维员、酒体设计师、智能硬件装调员、工业视觉系统运维员共18个新职业信息。这些新职业，属于从业人员达到一定数量规模，并具有较清晰职业内涵、定义和工作要求的，除此之外，还存在着大量尚未收录的新职业。

1. 新职业的内涵

老年人能力评估师、康复辅助技术咨询师、社群健康助理员、健康照护师……这些人们在以往闻所未闻、知之甚少的新就业形态，逐渐演变为有标准、可规范的新职业，充分体现了时代的进步和发展。“一滴水里观沧海”，从一个个新职业的发展演变中，我们能够感知新时代的创新活力与无限潜能。

（1）新职业里有时代的进步。新职业大量涌现，本身就蕴藏着经济社会发展的巨大活力，代表了新的方向和趋势。只有在这样一个技术不断迭代、产业蓬勃发展、社会分工日益细化的时代，才会出现如此丰富的就业形态。计算机、互联网、人工智能等新技术日新月异，催生了人工智能训练师、工业机器人系统操作员、数字化管理师、区块链工程技术人员等一系列新职业。与此同时，新技术与新需求也赋予一些传统职业新的发展模式与内涵。新职业从无到有、从小到大、快速生长的背后，跃动着中国经济发展的强劲脉搏。

（2）新职业里有时代的温度。职业推陈出新，反映出人们不断增长的美好生活需要。随着生活水平的提升，人们对精神生活、美好生活的需求逐渐升级。为了满足更加个性化、多元化、精细化的消费需求，各种新职业如雨后春笋般“拔节生长”。从“吃得饱”到“吃得好”，公共营养师、食品安全管理师应运而生；“老吾老，以及人之老”，精细化助老、养老服务纷纷涌现，让老年人共享改革发展成果，安享幸福晚年。只有在这样一个高质量发展的时代、重视人的全面发展的时代，新职业才有可能关照到每个人的切身需求。

（3）新职业里有时代的期盼。新职业的诞生与成长，创造了大量的就业岗位，也有效提升了就业质量。只有在这样一个包容开放的时代，人们的职业追求才会跳出以往单一的“成功”标准，变得“五彩缤纷”。调饮师、易货师、电子竞技员、桌游教练、酒体设计师……多维度、多元化的新职业，提供了更广阔的就业舞台，也搭建起人生出彩的“大平台”。个人的职业成长与时代的发展交织，个体的价值实现与社会的发展融汇，每个人都是新时代的奋斗者、创造者、追梦人、圆梦人。

伟大的时代属于每一个人，也不会辜负每一个人。成为新职业的劳动者，就是在体验活力奔涌的新时代。

2. 新职业的特点

新职业的涌现，呈现出以下明显趋势和特点。

从分布领域来看，新职业主要集中在以数字经济为代表的新经济领域：一是新技术领域，如大数据、物联网、云计算、人工智能等实现产业化应用的高新技术领域；二是新产业领域，如工业机器人、数字化和信息化管理等传统产业的智能化升级领域；三是新业态、新模式领域，主要是顺应消费升级需求的个性化、特色化的家政、旅游、养老、健身等服务业领域。新职业已经成为我国促进就业的重要领域，中华人民共和国国家互联网信息办公室会同有关方面跟踪监测各地区、各部门信息化发展情况，开展信息化发展评价工作，编制完成的《数字中国发展报告（2023 年）》显示，数字经济持续快速增长，成为推动经济高质量发展的重要力量。我国数字经济总量稳居世界第二，是引领全球数字经济创新的重要策源地。2020 年，我国数字经济核心产业增加值占 GDP 比重达到 7.8%。数字产业化规模持续增长，软件业务收入从 2016 年的 4.9 万亿元增长至 2020 年的 8.16 万亿元，计算机、通信和其他电子设备制造业主营业务收入从 2016 年的 10 万亿元增长至 2019 年的 11 万亿元。大数据产业规模从 2016 年的 0.34 万亿元增长至 2020 年的超过 1 万亿元。产业数字化进程提速升级，制造业重点领域企业关键工序数控化率、数字化研发设计工具普及率分别从 2016 年的 45.7% 和 61.8% 增长至 2020 年的 52.1% 和 73%。我国电子商务交易额从 2015 年的 21.8 万亿元增长至 2020 年的 37.2 万亿元。信息消费蓬勃发展，2015 年至 2020 年，我国信息消费规模从 3.4 万亿元增长至 5.8 万亿元。2020 年，我国数字经济领域就业人数超 2 亿人，占当年总就业人数超过两成，其新增就业人数占当年新增就业人数超过四成。据专家预测，2020 年至 2025 年，中国数字经济年均增速将保持在 15% 左右；到 2025 年，中国数字经济规模有望突破 80 万亿元；到 2030 年，我国数字经济规模将有望突破 100 万亿元。数字经济的产业渗透率将全面提升，数字技术在优化、重塑产业链、供应链过程中，将与传统产业发生更奇妙的"化学反应"。数字经济将成为新型就业岗位的"蓄水池"，"平台型就业""生态圈就业"不断发展，专精特新企业不断孵化，预计到 2025 年，数字经济带动就业人数将达到 3.79 亿人。中国数字化之路将迎来"潮平两岸阔，风正一帆悬"的美好图景，坚持创新的数字经济体们将在"数字新时代"一路狂奔。

从核心职业素养来看，新职业对数字素养的要求最为突出。新职业要么直接来源于数字经济相关产业，要么来源于依托数字经济实现转型升级的传统制造业、服务业。因此，未来的劳动者，人人都需要具备数字素养，中华人民共和国国家发展和改革委员会、中华人民共和国教育部等 19 个部门联合印发的《关于发展数字经济稳定并扩大就业的指导意见》中明确提出，要进一步提高国民数字素养，力争到 2025 年达到发达国家平均水平。

从薪资和就业情况来看，新职业大多属于人才缺口大的高薪职业。大部分新职业的年薪在 25 万元以上，并且这些新职业的人才缺口普遍在 100 万人以上。清华大学经济管理学院互联网发展与治理研究中心和领英公司联合发布的《中国经济的数字化转型：人才与就业》显示，中国人工智能人才缺口超 500 万人，供求比例达 1 ∶ 10；大数据领域人才缺口为 150 万人，到 2025 年将达到 200 万人。

从未来趋势来看，"机器换人"和就业向服务业领域转移是大势所趋。世界经济论坛发布的《2023 年未来就业报告》预测，到 2027 年，将有 42% 的工作实现自动化；将新增 6 900 万个岗位，主要是技术性岗位，包括人工智能和机器学习相关岗位等，以及明显需要"人类技能"的岗位，如服务业岗位。我国就业向第三产业转移很明显，中华人民共和国人力资源和社会保障部发布的《2020 年度人力资源和社会保障事业发展统计公报》显示，2020 年末全国就业人员为 75 064 万人，其中城镇就业人员 46 271 万人。全国就业人员中，第一产业就业人员占 23.6%；第二产业就业人员占 28.7%；第三产业就业人员占 47.7%。第三产业的就业人员占比从 2015 年的 42.4% 上升到 2020 年的 47.7%，成为吸纳就业人员的主渠道。

3. 新职业对就业的影响

新职业从业者的职业路径往往受爱好和收入驱动。美团研究院联合智联招聘发布的《2020 年生活服务业新业态和新职业从业者报告》显示，新职业从业者中 53.9% 的人因收入选择新职业，50.4% 的人因热爱选择新职业。发挥空间大、专业能力增长快、收入水平高、可以结识志同道合的伙伴，是不少从业者对新职业的共同认知。

新职业的“新”，不仅在于其有新的职业内涵，也体现为新的就业形式、雇佣关系和就业心态等。新职业对就业的影响有以下方面。

（1）新职业的就业越来越突破地域限制。数字经济的发展使具备网络基础设施的地方都可以开展电子商务、大数据以及网络直播、知识付费等业务，新职业对地域、城市、交通等因素的依赖性明显降低，从而削弱了大城市在就业中的优势地位和吸引力。中小城市房价低、原材料成本低、人员工资低等营商成本低的优势越来越突显，企业和就业机会逐渐向中西部地区迁移和向中小城市下沉。例如，领英公司发布的《中国新兴职业报告》显示，2013 年至 2020 年，成都、西安、武汉等二线城市对新职业人才的吸引力逐步提升，新媒体运营、前端开发工程师、算法工程师、UI（user interface，软件界面）设计师和数据分析师等人才的增长率远超北京、上海、广州、深圳。南京大学空间规划研究中心、阿里研究院的研究结果显示，2021 年，全国共有 7 023 个“淘宝村”，较上年增加 1 598 个，增量再创新高，连续四年增量保持在 1 000 个以上。在“淘宝村”经历了十余年的发展且数量已达到较高基数的背景下，其仍然实现了近 30% 的较高增长。从区域分布上看，东部沿海地区的“淘宝村”数量上有较大优势，达到 6 538 个，占全国“淘宝村”总数的 93.1%。

（2）非全职的弹性就业、灵活就业不断增长。很多新职业具有任务碎片化、工作弹性化的特点，给劳动者提供了更多在空闲、零散时间兼职工作的机会，越来越多的“90 后”成为兼职多份工作和拥有多重身份的“斜杠青年”。数据显示，近年来新就业形态劳动者数量大幅增长，中国灵活就业人员已达 2 亿人。根据国家信息中心发布的《中国共享经济发展报告（2021）》，2020 年共享经济参与者人数约为 8.3 亿人，其中服务提供者约为 8 400 万人，绝大多数为兼职。

（3）基于合作而非雇佣的自由就业越来越成为社会常态。例如，外卖送餐员、代驾员、网约车司机、网络平台主播、短视频作者等与平台之间，无论在工作形式、报酬支付、管理规则上都有别于传统企业，更多的是一种合作关系而非雇佣关系，无法按照现行规定纳入劳动关系进行管理和规范。

（4）就业质量和就业环境越来越受就业者关注。随着我国经济进入高质量发展阶段，人民群众的生活水平和就业心态有了很大转变，“90 后”更多地把工作看作实现自我价值的方式而不仅仅是谋生手段，更加重视生活与工作的平衡。相比薪资待遇，新一代求职者更看重工作本身是否吸引自己、工作氛围是否轻松自由。“996”工作模式受到抨击、“求职时不问工资却关心有无健身房和下午茶”的现象，正是这种就业观念的反映。

4. 新职业的待遇、就业前景

下文主要以全媒体运营师、互联网营销师为例，介绍新职业的待遇和就业前景。

（1）全媒体运营师。根据中华人民共和国人力资源和社会保障部给出的定义，全媒体运营师需要综合利用各种媒介技术和渠道，采用数据分析、创意策划等方式，对信息进行加工、匹配、分发、传播、反馈等工作。随着互联网信息的生产和传播形式越来越丰富，传统的专注单一工作内容的“小编”很难做到精准传播、高效运营，所以产生了水平更高、能力更综合的全媒体运营师的需求。其职责类似传统的内容运营、新媒体运营的“升级版”。

全媒体运营师职业的从业者中，“90后”为绝对主力，女性居多，并且年轻从业者正在不断增加。其岗位月薪普遍在5 000元至20 000元，对用户运营、活动运营、社群运营等技能的需求最为普遍。

互联网经济的快速发展成为运营人才需求发展的驱动力。2020年，我国消费互联网企业从业人员超过千万人，对运营人才的需求从互联网行业渗透至传统行业，甚至机械制造等行业也开始招聘运营岗位，在短视频平台及微信平台进行产品展示及售卖。

目前，全媒体运营师的职业技能主要靠从业者自学及企业内部培训。高校尚缺乏针对性专业，相关教学内容还比较传统，未能与时俱进。地方政府正在陆续启动相关青年技能培训计划，进行全媒体运营师等职位的人才培养。值得关注的是，由于运营的“套路”更新过快，校内教育体系往往存在滞后性，急需专业的运营人才服务机构“助力”，为求职者提供完善的培训体系，同时为用人单位输送优质运营人才。

（2）互联网营销师。互联网营销师也是火爆的新职业之一。

2020年6月，中华人民共和国人力资源和社会保障部向社会公布了第三批新职业名单，互联网营销师正式成为国家认证的新职业之一。其职业定义为：在数字化信息平台上，运用网络的交互性与传播公信力，对企业产品进行营销推广的人员。

互联网营销师并不完全等同于大众所熟知的“带货主播”，这一职业已发展分化出选品员、直播销售员、视频创推员与平台管理员四大职业工种。虽然各工种间的职业方向与职位功能存在很大差异，但他们相辅相成，共同构成了互联网直播营销链条。人们熟知的“头部主播”在直播间的职位就是直播销售员，他们在幕后也会参与选品、推广、管理等工作。

这一职业的从业者中，年轻女性群体占主导地位，多分布在新一线城市。直播销售员岗位平均薪资最高，如2020年的平均招聘月薪为11 220元。此外，互联网营销师的从业背景高度多元化，以直播销售员为例，他们的前行业除了主播，还有电商运营、客服专员、销售专员、演员、模特等。

目前，电子商务领域对互联网营销师的人才需求最为旺盛，而这类人才的“诞生”离不开地方政府、社会培训机构、职业院校这三大主体。但是，该职业的发展也存在准入门槛低、地区供需不平衡、人才培养尚未系统化等问题。随着国家层面对此类在线新职业的职业标准的确立与规范，明确的培训标准与人才晋升机制逐步建立，行业人才将得到更好的培养与发展。

三、未来热门的行业和紧缺的职业

1. 未来热门的行业

（1）互联网行业。互联网行业正在以迅猛的速度改变着传统行业，而它们巨大的“吸金”能量和对人才的巨大需求和渴望，也使近年互联网企业的涨薪曲线陡直向上。一般来说，在一线城市，以 BAT[①] 为代表的一线互联网企业给应届毕业生的起薪并不高，但只要工作努力、能力出众，入职后的两三年内很容易拿到 10 万元以上的年薪。

（2）人工智能行业。人工智能是计算机科学的分支，是研究、开发用于模拟、延伸和扩展人的智能的理论、方法、技术及应用系统的一门技术科学。人工智能行业将成为科技创新的一个主战场。随着互联网的发展、各种人工智能产品的出现，如语音识别以及智能推荐等，人工智能将部分代替人类劳动，协助人类完成任务，且人工智能在金融、医疗、教育和互联网等多个行业领域有很大的发展潜力。

（3）农业。一方面，中国作为农业大国，“三农”问题关系到社会稳定与国富民强；另一方面，新时代下，农业也是蕴含大量机会的大产业。逐渐富裕起来的农民，物质文化生活需求的层次在提高，各地政府相继出台了一系列创业资金扶持政策，使农业成为吸引力最强、利润最高的行业之一。农村饲养的禽畜、种植的野菜等非常受城镇居民的欢迎，市场很大，而农业又急需新的知识、技术、科技和人才。

（4）旅游行业。中国的中产阶层人口预计将从 2019 年的 3 亿增长至 2025 年的 6.6 亿，占中国总人口的 46%。中国中产阶层的崛起正持续改变消费模式，且中产阶层更愿意在品质服务和体验方面进行更多的消费。由此来看，中产阶层人群将推动旅游消费升级。中国的旅游市场主要包括商务旅游、大众休闲旅游及品质休闲旅游。数据显示，2020 年，中国大众休闲旅游收入在旅游市场中占比为 36.7%，品质休闲旅游收入占比为 30%，商务旅游收入占比为 33.3%。虽然大众休闲旅游收入占比最高，但是品质休闲旅游收入占比呈现上升的趋势。中国旅游市场收入从 2015 年的 3.42 万亿元增长到 2019 年

① BAT 即百度公司（Baidu）、阿里巴巴集团（Alibaba）、腾讯公司（Tencent）。

的5.73万亿元。受新型冠状病毒感染疫情影响，2020年旅游行业受到挫折，但是随着经济回暖，2023年中国国内旅游收入（出游总花费）达到4.91万亿元。展望未来，中国旅游将向品质旅游方向发展。

（5）会展行业。世界经济论坛给瑞士的达沃斯小镇带来全球性的影响力，并给当地的旅游行业、商业、文化娱乐行业、酒店行业带来巨大的推动。中国很多地方也具有大力发展会展文化经济的客观条件，但常缺乏宏观的“大思路”。信息化时代的传播媒介，会加快新文化的扩展速度，从而迅速产生全国性的，甚至世界性的影响力。

（6）老年用品和服务行业。2019年12月，中华人民共和国工业和信息化部等五部门印发的《关于促进老年用品产业发展的指导意见》提出，到2025年，老年用品产业总体规模将超过5万亿元。据测算，到2050年，我国老年用品市场的规模将达到100万亿元，占国内生产总值的33%。目前，我国的老年用品和服务行业才刚刚起步，涉及养老机构、医疗保健产品、旅游、房地产等领域，在各方面的专项产品及服务都还有待开发。

（7）生物医药行业。生物医药是国家的战略性新兴产业，制药技术将成为生物医药行业创新的主动力，也是企业的核心竞争力。

（8）健康管理行业。我国经济稳步增长，但在物质生活空前发达的当下，不合理的饮食习惯及不良的生活方式却对人们的健康产生了巨大的负面影响。统计资料显示，2020年健康管理行业总规模达8万亿元。按照《“健康中国2030”规划纲要》确定的目标，健康管理行业总规模在2030年将达到16万亿元，其中蕴含着大健康和医疗行业的发展契机。

（9）信息安全分析行业。智慧城市的建设对信息安全体系提出了全新的要求，云计算、移动互联网、大数据、移动支付等领域的应用信息安全也逐渐成为信息安全分析行业的主要发展方向。

（10）新零售行业。新零售包括几个关键词，如消费升级、新技术、线上、线下、大数据等，目前已经出现了无人智能零售店、无人超市等。互联网和物联网等技术为消费者带来多样化、个性化的产品和优质的服务。新零售以消费升级为大背景，用新技术引发了一场革新，其将线上线下打通，运用大数据云计算和高效物流，实现了零售业产业链的创新。

2. 未来紧缺的职业

（1）注册会计师。注册会计师分为中国注册会计师和国际注册会计师。

①中国注册会计师。中国注册会计师即CPA（certified public accountant），由于注册会计师执业人员拥有国家唯一的审计签字权，所以CPA证书成为最炙手可热的财会行业证书之一。CPA是未来十年的热门职业之一。从长远角度看，CPA证书非常热门。CPA是审计人才，未来其不仅仅在事务所会普及，在企业也会普及。截至2023年，中国注册

会计师协会个人会员 364 531 人，其中非执业会员 262 514 人，注册会计师 102 017 人。CPA 人数呈现出逐年递增的趋势，但 CPA 证书依然是财会领域含金量最高的证书。相较于中国超过 14 亿人的人口，注册会计师的数量是非常稀少的，人才缺口很大。

②国际注册会计师。国际注册会计师，又被称为 ACCA（The Association of Chartered Certified Accountants，特许公认会计师公会）会员，在我国财会行业知名度仅次于 CPA。ACCA 证书具有全英文考试、考试科目众多、考试难度较大、证书含金量高的特点，在财会领域的地位不可撼动。目前 ACCA 在中国有超过 2 万名会员和超过 4 万名学员，ACCA 证书深受大学生的青睐。目前，中国 ACCA 人才缺口极大。

（2）特许金融分析师。特许金融分析师即 CFA（chartered financial analyst）。特许金融分析师的工作是搜集和分析金融信息、判定其走势并做出经济猜想，最后根据这些详尽的分析做出陈述，为客户和同行提供金融和出资方面的意见。拥有 CFA 资格的人收入明显高于其同行。相关数据表明，拥有 CFA 资格的人的平均年薪是 17.8 万美元。在我国香港，CFA 的年均收入达到 13.6 万美元。CFA 考试要求较高，全球只有不到 4 万人通过考试成为 CFA，因此其是未来最紧缺的职业之一。

（3）税务师。税务师职业资格制度是国家设立的职业资格制度，纳入全国专业技术人员职业资格证书制度统一规划。通过税务师职业资格考试并取得职业资格证书的人员，表明其已具备从事涉税专业服务的职业能力和水平。税务师作为维护国家税收利益的中坚力量，在税制不断改革的今天，显得越发重要。税务师在《国家职业资格目录（2021 年版）》中第 50 项，其平均月薪为 1 万～2 万元，税务总监年薪为 40 万～100 万元。税务师职业资格证书已经成为新一代财务精英必备的证书。

（4）管理会计师。注册管理会计师即 CMA（certified management accountant）。2009 年，CMA 被国家外国专家局引进，得到了中华人民共和国财政部等部门的一致认可，各行各业更是将 CMA 视为内部晋升的最佳标准，每年 CMA 考试的报考人数急速增长。在人工智能日趋强大的背景下，管理型人才更加受到重视，CMA 必将成为未来最热门的职业之一。全球已有 100 000 多名 CMA 认证持有者活跃在世界经济的舞台上。由于 CMA 能够推动绩效发展、控制企业经营风险、推动企业财务转型，被誉为企业“战略军师”，在发展市场经济中发挥着重要的作用。

（5）高级动漫设计师。我国的动漫水平相比日本和欧美的一些国家还有很大的差距，但是我国动漫行业的发展速度还是非常快的，和动漫相关的行业发展也很快，收入较高。我们能够很清楚地看到动漫行业在未来一定是前景好并且有潜力的一个行业，那么高级动漫设计师肯定是非常缺少的，也可以说，这个职业在未来肯定是高薪的职业。我国以前是非常缺少高级动漫设计师的，所以这个行业才发展得如此缓慢，但是在近几年，我国的动漫行业正在迅速地崛起，需要大量的动漫人才。

四、未来的职业对人才需求的特点

未来的职业发展对人才素质提出了新的要求。从职业发展趋势来看，未来需要的人才类型主要有以下几种。

（1）复合型人才。复合型人才也称“多功能人才”“T 型人才”或“H 型人才”，即具有多方面知识技能，又具有一项或多项专长的人才。

（2）创造型人才。创造型人才是指富有创造精神，能够在科研、经营、文学、艺术等领域不断创新的人才。

（3）协作型人才。协作型人才是指善于与人协作共事的人才、愿意为他人提供服务的人才。

（4）信息敏感型人才。信息敏感型人才是指对外界信息十分敏感的人才。

课堂案例

“南漂”邂逅事业机遇

2010 年，小波踏上了人生的新征程。他未曾预料自己会踏上深圳的土地，然而命运的巧合却让他在这里书写下非凡的篇章。双选会上，小波原本只是为同学指路，却不料误入会场，随意投递的简历竟然成为他通往深圳的起点。实习的机会意外降临，他却因顾及校园活动而选择暂时放弃。但“缘分”似乎早已注定，半年后，交通银行深圳分行再次向他伸出橄榄枝。这次，他心动了，经过深思熟虑，小波辞别家人，踏上了前往深圳的列车。

这一去，便是十载光阴。十年间，他由柜员蜕变为个人贷款客户经理，再到高级客户经理，荣获十佳客户经理的称号，最终跻身领导岗位，兼任办公室主任助理。当被问及如何游刃有余地应对跨专业工作时，小波淡然笑道：“基础能力、道德品质和思维习惯，这些都是任何专业中不可或缺的基石；而专业能力和素养，可以在实际工作中不断磨砺与提升；至于高情商，它让我在不同行业中都能迅速融入，游刃有余。”

技能实训

1. 实训名称

职业环境探索实训。

2. 实训内容

深入探索职业环境，提升自身对职业领域的认知与洞察能力，为未来职业规划奠定坚实基础。

3. 实训步骤

（1）选定职业领域：根据个人兴趣与市场趋势，选定一个职业领域进行深入探索。

（2）信息收集：通过网络搜索、行业报告、专家访谈等途径，收集该职业领域的详细信息。

（3）实地考察：安排时间进行实地考察，包括参观相关企业、与从业人员交流等。

（4）分析总结：将收集到的信息进行整理与分析，总结出该职业领域的特点、发展趋势及所需技能。

（5）制定职业规划：根据分析结果，制定符合个人特点的职业规划与发展路径。

4. 实训评价

通过本次实训，参与者能够对所选职业领域有更加深入的了解，对职业发展路径有更加清晰的规划。实训过程中的信息收集与实地考察不仅能够增强参与者的职业洞察力，还能为参与者未来的职业发展提供宝贵的参考。

项目五 认识职业生涯规划

开篇导航

职业生涯规划，不仅是一场关于职业道路选择的较量，更是一次对人生价值追求与实现的探索。它要求我们审视自我、明确定位、发掘潜藏的优势，并据此设定目标。通过精心策划与制订行动计划，职业生涯规划助力我们从容应对职场的风浪，实现个人与职业的和谐共舞。职业生涯规划不仅是职场成功的“金钥匙”，更是我们人生航程中不可或缺的“明灯”。让我们一同揭开职业生涯规划的“神秘面纱”，为未来绘制一幅色彩斑斓、充满希望的蓝图。

学习目标

知识目标：掌握职业生涯规划的含义；深入了解职业生涯发展阶段的理论，为个人的职业道路铺设坚实的理论基础。

技能目标：学会运用职业生涯规划的理论和方法，结合自己的兴趣、优势和市场需求，制定一份切实可行的职业生涯规划；提升自我认知、明确职业目标、提高求职竞争力。

素养目标：培养高度的自我意识和自我管理能力，形成积极主动的职业态度；树立正确的职业观，明确职业发展的责任与担当；培养团队协作和沟通能力，为未来的职业生涯奠定良好的基础；深刻认识大学生职业生涯规划的意义。

单元一　职业生涯规划概述

目前，不少大学毕业生对就业感到迷茫、就业后频繁跳槽，其重要原因就是缺少职业生涯规划。如果大学生能够尽早根据人生目标和市场需求找准自己的职业定向，在校时有针对性地进行相关知识的学习和能力的培养，毕业后就业将更具针对性，职业生涯就会比较顺利。

一、职业生涯的界定

我们在日常生活中常常要用到“生涯”这个词。例如，描述一个人从政的经历时，我们会说：“在他的政治生涯中……”；描述一个人参军的经历时，会说：“在他的军旅生涯中……”；描述一个已经退休的人以前的职业生活时，会说：“在他的职业生涯中……”；等等。

“生涯”一词在汉语中的意思，我们可以拆开来看。“生”与“死”相对，其意为“活着”；“涯”有“边际”的意思，“生”“涯”合起来就是“一生”的意思。“生涯”在英文中为“career”，从词源上讲，最初在希腊文中，这个词的含义包括“疯狂竞赛的精神”，最早常用作动词，如“驾驭”，后来又引申为“道路”，即人生的发展道路，或个人一生的发展过程，也指个人一生中所扮演的系列角色与职位。

在西方，目前大多数学者所接受的对生涯的定义是萨柏的定义，其认为生涯是生活中各种事件的演进方向和历程，它综合了人一生中的各种职业和生活角色，由此表现出个人独特的自我发展形态。因此，生涯具有终身性、独特性、发展性和综合性的特点，可以将它理解为介于“生命”与“职业”之间的概念，其含义并未大到与“生命”等同，但也未小到与“职业”等同，其内容是比较宽泛的，具有丰富的内涵。

在西方，“career”这个词本身包含职业的意思，因此“生涯”与“职业生涯”是同一个单词。而在我国，由于翻译的不同，有的将“career”译为“生涯”，有的译为“职业生涯”，但其所指的意思是相同的。所谓职业生涯，是指一个人一生的工作经历，特别是职业、职位的变动及职业理想实现的整个过程。

二、职业生涯规划的含义

职业生涯规划，是指个人结合自身情况以及眼前的机遇和制约因素，为自己确立职业目标，选择职业道路，确定教育、培训和发展计划等，并为自己实现职业目标而确定行动方向、行动时间和行动方案。职业生涯规划的目的不仅是帮助个人按照自己的资历条件找到一份合适的工作、实现个人目标，更重要的是帮助个人真正了解自己，为自己定下“事业大计”，筹划未来，拟定一生的发展方向，并根据主客观条件设计出合理且可行的职业生涯发展方向。职业生涯规划主要取决于两个方面：一方面是社会发展的客观需要，特别是社会职业的现实要求；另一方面是个人自身的实际情况。职业生涯规划中起主要作用的是个人自己，因为职业生涯规划不是社会强加在个人身上的方案，而是个人在内心动力的驱使下，结合社会职业的要求和社会发展利益，依据现实条件和机会所制定的个性化的实施方案，所以下文着重从个人的角度来讨论职业生涯规划。从个人的角度来看，漫漫人生之路的核心正是职业生涯。

随着我国社会主义市场经济的发展，个人有了越来越多的选择职业的机会和越来越大的发展空间，但同时也面对着更多、更复杂的社会风险。因此，在这个瞬息万变的时代，一个人要想获得事业的成功，就要尽早做一份个人职业生涯规划。如果一个人在自己的职业生涯中漫无目的，“随大流”“跟风”“追热门”，必将一无所成，浪费的将会是整个生命。

职场提示

职业生涯规划的五个黄金时段

1. 填报高考志愿

由于职业生涯教育的缺失，很多高三学生在填报高考志愿时十分盲目，要么在热门学校和专业上“扎堆”，要么误报了不适合自己甚至不感兴趣的专业，这也是部分学生在大学毕业后对求职感到迷茫的直接原因。

向阳生涯首席职业规划师洪向阳认为：“上大学不仅仅是为了就业、找个好工作，更应该获得职业发展和实现人生理想。在中国，大部分学生高考目的是考上大学，其次才是选择专业，能否考上好大学先于能否选择好专业，其实这是不对的。”高考是人生的转折点，确立未来的职业生涯规划对高三学生来说是最为重要的课题。如果盲目选择专业，很可能导致职业生涯之始就举步维艰。

2. 大学毕业后选择第一份工作

职业的选择其实就是生活方式的选择。由于路径依赖的影响，第一份工作会长期影响个人的职业发展，所以正确选择第一份工作就变得非常重要。

顶级就业力专家闫岭说：“正确地做好最初的职业选择很重要！越到后面，摆脱熟悉的职业路径就越困难、成本越高、风险越大。”对于大学生来说，能够较早地认识到自己真正的兴趣和能力所在，并在明确了适合自己的职业路径之后，再进行一系列有效的求职，是一种理智和值得提倡的做法。

3. 工作3年左右

当人们找到了一份工作后，通常并不能确定这就是最适合自己的工作，而是需要通过一段时间的尝试、磨合才能确定。有一部分人因为求职时缺乏自我定位，随意找了一份工作，当发现不适应时，只能通过“跳槽”来改变现状，也就是通常所说的“试错”；另一部分人对自己有一定的职业规划，但3年时间下来，发现工作的起色并不大，或收入与付出不成正比，产生了职业倦怠，想要寻找新平台，获得职业发展的突破。因此，工作3年左右，是职业生涯规划的又一重要窗口期。

相比大学毕业之初，在职场历练了3年后，大多数人对自我、对职场、对社会的认识更为完整，对自己的职业价值观、职业目标定位也更加理性。所以，如果之前没有好好进行职业生涯规划，工作3年左右是一个绝佳的职业生涯规划窗口期，千万不能再次错过。

4. 工作7年左右

一般来说，工作7年左右的职场人已经在某一领域达到了一定的高度，趋于平衡发展，但想要进一步突破的难度也更大。这个阶段，很多人开始进入职业上的自我安定时期，同时也有更多的人开始反思：“7年过去了，我是该在原来的轨道上继续努力，还是应该重新寻找新的职业发展兴奋点？”职业倦怠、发展瓶颈、晋升受阻、职场挫折在这个时段一一出现。此时，个人需要进行职业生涯规划，梳理过往的职业经历，找出核心竞争优势，向更好的职业平台迈进。

能否在工作7年左右这个窗口期做好职业生涯规划，关系到个人未来能否达到更高的职业发展目标。

5. 面临退休

相当一部分“职场老人”在面临退休时十分失落，觉得自己的职业生涯走到了终点。其实，这个时候仍然有很多有价值的事情等着我们去做。例如，把工作经验传授给下一代，享受“施比受更快乐的”人生最高境界。又如，发掘工作以外的生活兴趣，享受更有乐趣的生活。退休后，人的活动节奏变得缓慢，原来正常的工作时间和工作量均会减少，以与自己的身体、能力相适应。在此阶段，因为存在个性差异，不同个人完全停止职业活动的时间不同，如果有一个较为清晰的规划，必定能使退休后的晚年生活更加精彩。

单元二　职业生涯发展阶段的理论

职业生涯是个人长期的发展过程，在不同的发展阶段，个人有着不同的职业需求和人生追求。例如，20 多岁的人注重多学习、长见识，把工作更多地看成历练的机会；30 多岁的人开始成家立业，追求人生的发展；40 多岁的人想获得稳定的地位和收入，追求事业的稳定，倾向于避免风险；50 岁以后，个人享受职业生活的回报，开始为退休后的生活做准备。职业生涯发展阶段的划分是职业生涯规划研究的一个重要内容。对于职业生涯具体阶段的划分，不同的专家、学者有不同的观点，这里主要介绍三种著名的理论：萨柏的职业发展阶段理论、施恩的人生周期理论和职业锚理论。

一、萨柏的职业发展阶段理论

最常见的、应用最广泛的职业生涯规划理论是萨柏的职业发展阶段理论。通过长期的研究，萨柏系统地提出了有关职业生涯的观点。萨伯认为，每个人都有一个职业周期（career cycle）。萨伯提出了生活广度、生活空间的职业生涯发展观，并绘制了职业生涯彩虹图（如图 5-1 所示）。在职业生涯彩虹图中，纵向代表的是生活空间，其是由一组角色组成的，分为子女、学生、休闲者、公民、工作者、持家者六个不同的角色，他们交互影响，产生了个人独特的职业生涯类型。他根据自己职业生涯发展形态研究的结果，将人生职业生涯发展划分为成长、探索、建立、维持和退出共五个阶段。

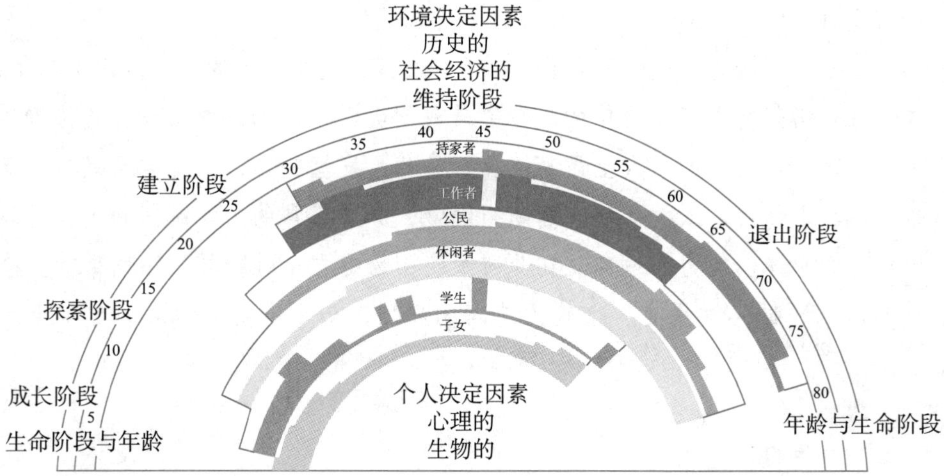

图 5-1　职业生涯彩虹图

1. 成长阶段（0 ～ 14 岁）

成长阶段是认知阶段。在这个阶段，个体开始发展自我概念，学会以各种不同的方式表达自己的需要，并通过在现实世界中不断尝试，修饰自己的角色。这个阶段发展的任务是：发展自我形象、发展对工作世界的正确态度并了解工作的意义。这个阶段共包括以下 3 个时期。

（1）幻想期（0～10 岁）。处于幻想期的个体以“需要”为主要考虑因素，在这个时期，幻想中的角色扮演很重要。

（2）兴趣期（11～12 岁）。处于兴趣期的个体以“喜好”为主要考虑因素，喜好是个体抱负与活动的主要决定因素。

（3）能力期（13～14 岁）。处于能力期的个体以“能力”为主要考虑因素，其能力逐渐具有重要作用。

2. 探索阶段（15 ～ 24 岁）

探索阶段是学习、打基础的阶段。该阶段的个体通过学校的活动、社团体验活动、做零工等机会，对自我能力、角色和职业进行了一番探索，因此选择职业时有较大的弹性。这个阶段发展的任务是：使职业偏好逐渐具体化、特定化并表现职业偏好。这个阶段包括以下 3 个时期。

（1）试探期（15～17 岁）。处于试探期的个体考虑需要、兴趣、能力及机会，做暂时的决定，并在幻想、讨论、学习及工作中进行尝试。

（2）过渡期（18～21 岁）。处于过渡期的个体进入就业市场或接受专业训练，更重视现实，并力图实现自我观念，将一般性的选择转为特定的职业选择。

（3）试验承诺期（22～24 岁）。处于试验承诺期的个体的职业生涯初步确定，其会试验目前职业成为长期职业的可能性，若不适合则可能再经历试探期和过渡期以确定方向。

3. 建立阶段（25 ～ 44 岁）

建立阶段是选择、安置阶段，是大多数人职业生涯的核心部分。由于经过了上一个阶段的尝试，认为职业不合适的人会谋求变迁或进行其他探索，因此处于建立阶段的个体较能确定自己在整个职业生涯中的位置，并考虑如何保住自己的职位。这个阶段发展的任务是：统整、稳固并求上进。这个阶段包括以下 2 个时期。

（1）尝试期（25～30 岁）。处于尝试期的个体寻求安定，也可能因生活或工作上的若干变动而感到不满意。

（2）稳定期（31～44 岁）。处于稳定期的个体致力于实现工作上的稳固，由于资历深厚，其往往业绩优良。

4. 维持阶段（45～65 岁）

维持阶段是升迁和专精阶段。处于该阶段的个体希望继续维持属于他的工作职位，但会面对新的人员的挑战。这个阶段发展的任务是：维持已有的成就与地位。

5. 退出阶段（65 岁以上）

退出阶段是退休阶段。由于生理及心理机能日渐衰退，个体不得不面对现实，从积极参与转变到隐退。处于这一阶段的个体往往注重发展新的角色，学会适应退休生活，寻求以不同方式替代和满足需求。

二、施恩的人生周期理论

施恩（E.Schen）采用了不同的分类方法来认识职业生涯的发展，即按生物社会周期和职业社会周期来划分职业生涯。

1. 生物社会周期理论

在生物社会周期中，个人的发展主要与年龄有关，同时受到社会法律和社会文化等因素的影响，个人的生物因素与家庭背景因人而异。生物社会周期大致可以分为以下 5 个阶段。

（1）30 岁以下。此阶段，个人的发展特点为：充满活力、热情奔放、理想主义、成家立业。

（2）30～40 岁。此阶段，个人的发展特点为：慢慢安定下来，重新审视和调整人生坐标；富有责任感，人生机会最丰富、挑战最艰巨。

（3）40～50 岁。此阶段，个人的发展特点为：面临“中年危机”，为自己和家庭承担更大责任；开始在孩子身上看到青春期的自我；在更高的自我认知和开放的心态下化解人生矛盾和冲突。

（4）50～60 岁。此阶段，个人的发展特点为：身体日渐衰老，感到时光飞逝；待人更加圆滑、成熟、宽厚；应对“空巢”的失落感，与配偶相依为命；寻求安稳与满足，为退休、财务、社交和健康的变故做准备。

（5）60 岁以上。此阶段，个人的发展特点为：面临退休，适应新的地位和工作角色；应对健康和精力下降及出现的内在偏见；为生活标准明显降低、亲友或配偶逝世等问题伤神、烦恼。

2. 职业社会周期理论

施恩立足于人生不同年龄段面临的问题和职业工作主要任务，提出了职业社会周期理论，将职业生涯发展分为 9 个阶段。不同职业生涯发展阶段的主要任务如下。

（1）成长、幻想、探索阶段（0～21 岁）的主要任务。

①发展和发现自己的需要、兴趣、能力和才干，为进行实际的职业选择打好基础。

②学习职业方面的知识，寻找现实的角色模式，获取丰富信息，发展和发现自己的价值观、动机和抱负，做出合理的教育决策，将幼年的职业幻想变为可操作的计划。

③接受教育和培训，培养工作世界中所需要的基本习惯和技能。在这个阶段，个人所充当的角色是学生、职业工作的候选人、申请者。

（2）进入工作世界阶段（16～25 岁）的主要任务。

①进入劳动力市场，谋取可能成为职业基础的第一份工作。

②和雇主之间达成正式、可行的契约，成为一个组织或一种职业的成员，充当应聘者、新学员的角色。

（3）基础培训阶段（16～25 岁）的主要任务。

①了解、熟悉组织，接受组织文化，融入工作群体，尽快取得组织成员资格，成为正式的成员。

②适应日常的工作程序，应对工作任务。

（4）早期职业的正式成员阶段（17～30 岁）的主要任务。

①承担责任，成功地履行与第一次工作有关的任务。

②发展和展示自己的技能和专长，为提升自己或探索其他领域的横向职业打基础。

③根据自身才干和价值观以及组织中的机会和约束，重估当初追求的职业，决定是否留在目前的组织或职业中，或者在自己的需要、组织约束和机会之间寻找一种更好的配合。

（5）职业中期阶段（25～40 岁）的主要任务。

①选择一项专业或进入管理部门。

②保持技术竞争力，在自己选择的专业或管理领域内继续学习，力争成为一名专家或职业能手。

③承担较大责任，确定自己的地位。

④制定个人的长期职业生涯发展计划。

（6）职业中期危机阶段（35～45 岁）的主要任务。

①现实地评估自己的进步、职业抱负及个人前途。

②就接受现状或者争取看得见的进一步发展做出具体选择。

③建立与他人的良好关系。

（7）职业后期阶段（40 岁直至退休）的主要任务。

①成为一名良师，学会发挥影响，指导、指挥别人，对他人承担责任。

②扩大、发展、深化技能或者提高才干，以承担更大范围、更重大的责任。

③如果寻求安稳、就此停滞，则要接受和正视自己影响力和应对挑战能力的下降。

（8）衰退和离职阶段（40 岁直至退休）的主要任务。

①学会接受权力、地位的下降。

②随着竞争力和进取心下降，学会接受和发展新的角色。

③评估自己的职业生涯，着手退休。

（9）离开组织或职业的退休阶段。在失去工作或组织角色之后，个人面临两大问题或任务。

①保持认同感，适应角色、生活方式和生活标准的急剧变化。

②保持自我价值观，运用自己积累的经验和智慧，以各种资源、角色对他人进行“传帮带”。

需要指出的是，施恩虽然基本依照年龄顺序划分职业发展阶段，但并未囿于此，其阶段划分更多的是依据职业状态、任务、职业行为的重要性。因为施恩划分职业生涯发展阶段是依据职业状态、职业行为和发展过程的重要性的，又因为每人经历某一职业阶段的年龄有差异，所以他只给出了大致的年龄跨度，并在各职业阶段的年龄有所交叉。

三、施恩的职业锚理论

1. 职业锚的含义

1978 年，施恩在《职业动力论》中首次使用了“职业锚”的概念。根据他的描述，“职业锚”通过早期工作实践发展而来，是自我意向的一个习得的部分。他认为职业生涯规划实际上是一个持续不断的探索过程，在这一过程中，每个人都根据自己的天资、能力、动机、需要、态度和价值观等慢慢地形成较为明晰的与职业有关的自我概念。施恩还认为，随着一个人对自己越来越了解，这个人会越来越明显地形成一个占主要地位的职业锚。

通俗地讲，所谓职业锚就是指当一个人不得不做出选择的时候，他无论如何都不会放弃的职业中的那种至关重要的东西或价值观。正如“职业锚”这一名词中“锚”的含义一样，职业锚实际上就是人们选择和发展自己的职业时所围绕的中心。一个人对自己的天资和能力、动机和需要以及态度和价值观有了清楚的了解之后，就会意识到自己的职业锚到底是什么。

概括地讲，职业锚指的是“自省的才干、动机和价值观的模式”，也就是职场新人在早期工作中逐渐对自我加以认识和反省，从而发展出的更加清晰、全面的职业自我观。它是个人进入早期工作情景后，由习得的实际工作经验所决定的一种稳定的职业定位，与个人在经验中自省的动机、需要、价值观等相符合，使个体达到自我满足和补偿。

施恩根据自己在麻省理工学院的研究指出，要对职业锚进行预测是很困难的，这是因为个人的职业锚是不断发生变化的，它实际上是由一个不断探索的过程所产生的动态结果。有些人也许一直都不知道自己的职业锚是什么，直到他们不得不做出某种重大选择，如到底是接受公司将自己晋升到总部的决定，还是辞去现职，转而开办和经营自己的公司。只有在这样的关头，一个人过去的所有工作经历、兴趣、天资等才会集合成一个富有意义的模式即职业锚。这个模式或职业锚会告诉个人，对他自己来说，到底什么东西是最重要的。

职业锚的概念包含了以下三个方面的内容。

（1）自省的才干和能力。自省的才干和能力以各种工作环境中的实际成功为基础。几乎每个人在其一生中都会有许多次职业选择，每个人都会根据自己在各种工作环境中的表现对自己的才干和能力做出基本的评估和认识。

（2）自省的动机和需要。自省的动机和需要以实际情景中的自我测试、自我诊断以及他人的反馈为基础，主要是确立自己的工作动机和职业发展需要。

（3）自省的态度和价值观。自省的态度和价值观以自我与工作单位、工作环境的准则和价值观的实际情况为基础，主要明确自己的价值取向。

职业锚的确立，就是根据上述三个方面的自我基本判断，确定自己的稳定的职业定位。

2. 职业锚的特点

职业锚具有以下几个特点。

（1）职业锚的定义比工作价值观、工作动机的概念更具体、更明确。职业锚产生于最初的工作价值观和工作动机之上，但是它又受到实践工作经验和自我认识的不断强化。

（2）由于实践工作成果的偶然性，职业锚不可能凭各种测试来预测。但是，个体一系列职业选择的偶然性，体现出从不适应、无法满足需要的工作环境向更和谐环境移动的必然性。

（3）职业锚强调了能力、动机和价值观的互动作用。职业取向中的能力、动机和价值观是相互影响的，单独的动机、能力和价值观的意义是不大的，重要的是三者互相作用的整合。

（4）职业锚要在正式工作若干年后才可能被发现。职业锚的确定需要各种环境中实际工作的反复验证。每个人都是在经历了若干次的工作环境变动和工作单位的调整后才最终确立自己的职业定位的。

（5）职业锚概念倾向于个人稳定的成长区域，但是它并不意味着个人停止变化或停止成长。职业锚是个人长期的职业领域，它在个人职业发展过程中占有重要的地位，但是它本身也是会发生变化的。个人可能会根据环境的变化寻找自己新的职业定位，即找到新的职业锚。

3. 职业锚的类型

施恩根据自己多年的研究，提出了以下五种类型的职业锚。

（1）技术 / 职能型职业锚。具有这种职业定位的人在进行职业选择和决策时将精力主要放在自己正在做的实际技术内容或职业内容上。他们认为只有特定的技术或职能领域的职业成长才意味着持续的进步。他们往往不愿意选择那些带有管理性质的职业，因为这将意味着他们放弃在技术或职能领域的成就。相反，他们总是倾向于选择那些能够保证自己在一定的技术或职能领域中不断发展的职业。这些领域包括工程技术、财务分析、营销、系统分析等。

（2）管理能力型职业锚。具有这种职业定位的人在职业实践中培养出胜任责任管理所必不可少的技能和价值观。他们具有三种能力：第一，分析能力，即在信息不全或不确定的情况下识别、分析和解决问题的能力；第二，人际能力，即影响、监督、领导和操纵组织各级人员更有效地完成组织目标的能力；第三，情感能力，即能够被感情危机和人际危机所激励而不会被打倒，能够承担高水平的责任而不会软弱无力，能够使用权力而不感觉内疚或羞怯。具有管理能力型职业锚的人拥有最完善的上述三种能力的组合。

（3）安全 / 稳定型职业锚。具有这种职业定位的人最关心的是职业的稳定性和安全性。他们为了安定的工作、可观的收入、优越的福利和养老保障等付出努力。对于他们而言，一份安全稳定的工作、一笔体面的收入、优越的福利与良好的退休保障是至关重要的。尽管他们有时能够达到一个较高的职位，但是他们并不关心具体的工作内容。

（4）创造型职业锚。具有这种职业定位的人需要建立完全属于自己的东西，如以自己的名字命名的产品或工艺、自己的公司，或能反映个人成就的私人财产。他们认为只有这些实实在在的事物才能体现自己的成就。他们具有强烈的创造欲望和需求，意志坚定、勇于冒险。

（5）自主 / 独立型职业锚。具有这种职业定位的人追求的主要目标是随心所欲地制定自己的步调、时间表、生活方式和工作习惯，尽可能少地受组织的限制和制约，比较典型的职业人群是艺术工作者、自由职业者等。

值得注意的是，上面所列出的五种职业锚只是比较典型的职业取向和职业定位，实际上，每个人的职业锚类型都有交叉和重合。另外，职业锚是个人与工作环境之间相互作用的产物，个人必须通过若干年实际工作的内化沉淀才能发现自己的职业锚，在此之前，个人需要不断寻找和探索。发现自己的职业锚意味着我们已经离自己的职业生涯高峰不远了。

单元三 大学生职业生涯规划的原则与意义

一、大学生职业生涯规划的原则

大学生制定职业生涯规划必须遵守可行性原则、可操作性原则、时间性原则、发展创新原则、全面评价原则。

1. 可行性原则

人是在一定的企业环境与社会环境中发挥才干的，个人的发展离不开企业和社会。个人必须按照社会的要求，认可企业的目标和价值观，并把自己的价值观、知识和努力集中于企业的需要上。没有个人、企业、社会三者利益的结合，就不会有职业生涯的成功。所以，职业生涯规划要有可行性，要找到三者的结合点。

2. 可操作性原则

一个项目如果没有具体的施工方案，设备就无法安装、高楼也无法建造。施工方案要清晰、可操作，项目才有可能顺利开展。对职业生涯进行规划就好比设计一个项目，其实施方案必须具体、清晰、具有操作性，否则设计的就只是一座缥缈的空中楼阁。

3. 时间性原则

我们的生命是有限的，所以时间性原则非常重要。职业生涯规划中的每一个目标都要有两个“时间”：一个是开始时间，即开始为实现目标行动的时间；另一个是目标实现的时间。没有行动就永远达不到预期的目标，因此开始时间比目标实现的时间更重要。

4. 发展创新原则

发展创新原则是指在制定职业生涯规划的过程中应积极使用新的方法处理常规问题，并解决新问题。人的自我实现是潜能充分发挥的过程，这一过程需要丰富的创造性成果予以证明。

5. 全面评价原则

全面评价原则是指对职业生涯规划应进行全过程评价和全方位评价。人的发展是分阶段的，人的发展任务也是分阶段完成的。因此我们要注意对阶段目标的完成情况进行评价，使自己在职业生涯发展的过程中不断产生自我实现感。

二、职业生涯规划对大学生的意义

职业活动将伴随一个人的大半生，对职业生涯进行有效规划，是我们拥有成功的职业生涯、实现完美人生的重要条件。职业生涯规划对大学生而言，具有特别重要的意义。

1. 职业生涯规划可以发掘大学生的自我潜能，增强个人实力

一份行之有效的职业生涯规划有以下效果。

（1）引导大学生正确认识自身的个性特质、现有与潜在的资源优势，帮助大学生重新对自己的价值进行定位并使自己持续“增值”。

（2）引导大学生对自己的优势与劣势进行对比分析，帮助大学生发挥优势、克服劣势。

（3）引导大学生树立明确的职业发展目标与职业理想，调动自身内在动力。

（4）引导大学生评估个人目标与现实之间的差距，找到职业的准确切入点。

（5）引导大学生探索与实际情况相结合的职业定位；搜索、发现新的或有潜力的职业机会；与时俱进，探索职业新机遇。

（6）引导大学生学会运用科学的方法、采取可行的步骤与措施，不断增强自己的职业竞争力，实现自己的职业目标与理想。

2. 职业生涯规划可以增强职业发展的目的性与计划性，增加成功的机会

职业生涯规划的明确性是其显著特征。一个人的职业发展要有计划、有目的，不可盲目地“撞大运”。一些人的职业生涯受挫，总认为是自己运气不好、机遇差，甚至认为“规划没有变化快”，完全不做任何规划。而其实际原因是职业生涯规划没有做好，没有把握职业生涯规划的特点，要么脱离实际，要么缺少灵活性，导致职业生涯规划的可行性不强。“凡事预则立，不预则废。”好的规划是成功的开始，一份好的职业生涯规划能加大我们成功就业的概率。

3. 职业生涯规划可以提升应对竞争的能力

当今社会处在变革的时代，充满激烈的竞争。我们只有正确地认识这种竞争，才能知道竞争的实质是什么、自身的优势是什么、面对这种竞争我们该如何行动。应对竞争的能力不是一朝一夕就能培养出的，它需要我们有计划、按部就班地进行培养。只有制定好自己的职业生涯规划，才能“不打无准备之仗”，做到心中有数。

4. 职业生涯规划可以让我们选择未来

未来，职业发展出现无数挑战的同时，也有无数的机遇。职业竞争非常突出，新职业不断涌现。当我们面对职业市场的时候，似乎有很多机遇，但成功的机遇往往只有一次。做好职业生涯规划，知道我们真正的目标是什么，就不会面对所谓的“机会”一次次“望洋兴叹”，不断后悔。

现实中，不少大学生没有做好自己的职业生涯规划，而是拿着简历与求职书到处乱跑，总希望自己撞到好运气、找到好工作，结果浪费了大量的时间、精力与资金，到头来感叹招聘单位“有眼无珠”，不能“慧眼识英雄”，叹息自己“英雄无用武之地”。这部分大学生没有充分认识到职业生涯规划的意义与重要性，认为找到理想的工作靠的是学识、业绩、耐心、关系、口才等条件，而职业生涯规划纯属“纸上谈兵”，简直是耽误时间，这是一种错误的理念。实际上，“磨刀不误砍柴工”，大学生应先做好职业生涯规划，有了清晰的认识与明确的目标之后再把求职计划付诸实践，这样的效果要好得多，也更经济、更科学。

还有一些大学生虽然找到了工作，但是心里就是不满意，在工作中讲条件、挑肥拣瘦、没有动力，认为现实工作和理想差距太大，天天想找一份“理想”的工作。这样眼前的工作做不好，换一个工作也做不好，出现了职业初期的“不适症状”。这很大程度上是没有好的职业生涯规划所导致的。

课堂案例

职业生涯规划成就人生

黄先生出身于贫困山区，却以非凡的毅力和才华，在20世纪80年代成为全县文科状元，迈入大学的殿堂，成为“勇敢的先驱者”。

在知识的海洋中，黄先生立志留校任教，为此他付出了比常人更多的努力。他的英语口语水平在日复一日的练习中日益精进，直到“傲视群雄”。他以年级第一的成绩实现了自己的梦想，踏上了教育之路。

然而，黄先生的追求并未止步。在工作的历练中，他为自己设定了新的目标——自学法律专业，攻读硕士研究生。他深谙国家发展趋势，结合自己的兴趣和能力，选择了民商法学作为自己的研究方向。经过两年的刻苦学习，他成功考入中国政法大学，再次证明了自己的实力。

毕业后，黄先生重返母校，以更加丰富的知识和阅历继续着自己的教育事业。然而，他并未满足现状，在全省英语竞赛中脱颖而出，获得了冠军的荣誉。这一成就引起了当地一家劳务输出公司的注意，他们聘请黄先生作为随队翻译前往非洲。

在非洲的日子里，黄先生不仅发挥了自己的语言优势，还因为精通法律而为公司挽回了巨大损失。他与公司续签了合同，继续在非洲工作，并在那里结识了许多受过良好法律教育的酋长子女。通过与他们的交流，黄先生逐渐发现了自己在处理涉外经济法律问题上的天赋和能力。

于是，黄先生再次调整了自己的职业目标，决定从事涉外法律工作，成为一名职业律师。经过不懈的努力，他终于实现了这个梦想，在沿海城市开始了自己的律师生涯。几年后，他被一家猎头公司看中，成为一家外资企业的法律顾问，收入丰厚。

接近40岁，黄先生创办了自己的企业，达到了个人职业的巅峰。他成功摆脱了贫困，让父母过上了幸福的生活，实现了个人和家庭的和谐。黄先生的故事告诉我们，只要有梦想和勇气，再加上不懈的努力和追求，就一定能够创造出属于自己的辉煌人生。

技能实训

1. 实训名称

探索职业生涯规划之旅。

2. 实训内容

本次实训旨在帮助参与者深入认识和理解职业生涯规划的重要性，掌握制定职业生涯规划的基本方法和步骤，提升自我认知和职业发展能力。

3. 实训步骤

（1）自我探索：通过自我评估、兴趣分析、价值观梳理等方式，深入了解自己的优势、劣势、兴趣、价值观等，为制定职业生涯规划奠定基础。

（2）制定规划：根据自我探索结果，制定长期和短期的职业发展目标，明确职业路径和发展方向，制订具体的实施计划。

（3）技能提升：结合职业发展目标和实施计划，选择适合自己的培训和学习资源，提升自己的职业技能和综合素质，增强职业竞争力。

（4）行动计划：制订具体的行动计划，包括时间安排、资源获取、执行步骤等，确保职业生涯规划得到有效实施。

4. 实训评价

通过本次实训，参与者能够全面了解职业生涯规划的基本理念和方法，并掌握制定职业生涯规划的技能和步骤，提升自己的职业发展能力和竞争力。同时，通过实践操作和制订行动计划，参与者能够更好地理解职业生涯规划的实际应用，为未来的职业发展打下坚实基础。

项目六　职业生涯规划实施与控制

开篇导航

职业生涯，是一段漫长而充满挑战的旅程。为确保其顺利进行，我们需要制定一个全面且细致的职业生涯规划。然而，笼统地规划整个人生的职业发展路径显得过于抽象，难以具体操作。因此，我们需要将这一宏大的规划拆分为若干个长期的子规划，再将这些长期的子规划细化为中期计划，最后将这些中期计划分解成短期计划。通过这样的逐步细化与落实，我们能够更好地实施与控制自己的职业生涯规划，确保其稳步推进。

学习目标

知识目标：系统掌握大学生活规划和职业生涯规划的基本方法，深入了解行业发展趋势和市场需求，为未来的职业发展奠定坚实的基础。

技能目标：通过实践训练，提高自我认知、目标设定能力等，掌握撰写职业生涯规划书的专业技巧，为顺利实现职业目标提供有力支持。

素养目标：培养良好的职业素养和道德品质，树立积极向上的职业态度，提升沟通协作、创新创造和问题解决等多方面的综合素质，为个人职业生涯的可持续发展奠定坚实基础。

单元一　大学生职业生涯规划的制定

大学是天空，只有奋力地展翅高飞才能越飞越高、越飞越远；大学是土地，只有辛勤地耕耘才能“种瓜得瓜，种豆得豆”；大学是海洋，只有潜入海底才能体会真正的风光与乐趣；大学是舞台，只有勇敢地走上去才可能成为主角；大学是时光，只有踏实地规划才能让大学生活精彩。

一、大学生活的规划

1. 开展大学生活规划

大学生正处于职业生涯的探索阶段，这是学知识、打基础的阶段，也是对职业进行初步探索的阶段。在这个阶段，大学生应尽早开展职业生涯规划，找准定位，锁定自己的职业目标，少走弯路。同时，大学时期，是个人学习能力、自我修正能力最强的时期，尽早开展职业生涯规划，有利于我们在大学时期做好知识和能力的储备。大学生活的规划对大学生做好职业生涯规划有着重要的作用。

一般来说，大学一年级的时候，就要开始接受职业价值观方面的教育，做一份大学生活规划，可以包括学习规划（如表 6-1 所示）、素质规划（如表 6-2 所示）和修养规划（如表 6-3 所示）。

表 6-1　学习规划示例

目标	时间	行动
获取奖学金	第一学年	认真听课、积极复习、掌握高效的学习方法
通过英语 B 级考试	第一学年	认真听课、背单词、阅读英语文章、做模拟试卷
通过英语四级考试	第二学年	认真听课、背单词、阅读英语文章、做模拟试卷、参加考前强化辅导班
通过计算机二级考试	第二学年	参加计算机二级考试辅导班
通过职业技能鉴定	第二学年	参加职业资格考试辅导班

表 6-2　素质规划示例

目标	时间	行动
提升道德水平	第一学年至第三学年	阅读书籍、积极助人、重视感恩
提升领导能力	第一学年至第三学年	参加班级、学生会及社团的负责人选拔并开展学生工作

续表

目标	时间	行动
提升沟通能力	第一学年至第三学年	参加活动及社会实践
提升解决问题能力	第一学年至第三学年	参加活动，遇问题与他人商量
提升承受压力能力	第一学年至第三学年	进行心理调适，自己不能解决的问题求助于心理咨询

表 6-3 修养规划示例

目标	时间	行动
提高自我修养	第一学年至第三学年	空闲时和同学一起逛街、看电影、阅读书籍、听音乐、提高生活品位
丰富人生经历	第一学年至第三学年	每年至少一次在假期外出旅游
丰富休闲活动	第一学年、第二学年	参加篮球协会和电子协会
学会打扮	第一学年、第二学年	阅读服装杂志，大方、得体地打扮自己

大学生活一般只有 3～4 年时间，转瞬即逝。因此，规划自己的大学生活是十分紧迫而必要的。大学生应抓紧时间，早做规划，争取在有限的时间里学到更多的知识、增长才干。一个有着科学的规划的人，能够明确其人生目标，使自己的生活积极、高效、充满希望。

2. 努力实现大学生活规划

（1）丰富的知识是实现规划的基础。知识是人们在改造世界的长期实践中所获得的认识和经验的总称。它反映着客观世界各个领域物质运动和社会发展的规律，是人类改造自然、改造社会、争取自由的武器。

现代社会经济快速发展，知识日新月异。也许人们在大学里学的知识，在毕业的时候就已经过时了。人的一生是不断学习的过程，成功的关键在于不断地学习和积累。因此，大学生应该养成不断学习的精神，把学习当作一种习惯，不断开发自己、提升自己，为成功打好基础、做好准备。

通常情况下，一个人的知识越丰富，其相应的能力也就越强。大学时期，不同科目的各种知识交叉渗透，而大学生在校学习时间只有 3～4 年，在科学技术发展日新月异的新形势下，要想全面掌握知识是不可能的。这就要求大学生能够科学地安排学习时间，根据自身情况选择学习内容，在学习的知识方面要有较为准确的目标，构建适合自己的知识结构，如技术型知识结构、操作型知识结构、经营型知识结构、管理型知识结构、科研型知识结构等。

虽然大学生多了一个“大”字，但依然是学生，这是大学生与中学生最大的相同点。学习是大学生的主要任务，在大学生活规划中，学习是实现规划的基础，没有脚踏实地的学习，就难有规划实现的“灿烂星空”。

（2）提高能力是实现规划的起点。例如，计算机专业或英语专业毕业的普通大学生在就业时可能会遇到很大的困难，但既精通计算机又有一定英语功底的大学生在找工作时就会有很大的优势。

“一专多能的复合型人才”既是高校的育人目标，也是学子们的成才方向。在保持专业优势的同时，多方位、多层次地培养自己的其他才能，是很多大学生在校期间孜孜以求的目标。而用人单位对“一专多能的复合型人才”也求贤若渴，这样的人才既可以尽快上岗、节约培训成本，又可以适应不同的工作岗位，便于人才的内部流动和培养。尽管现在的岗位分工越来越精细化，但能胜任多个岗位的“多面手”比只有单一工作技能的人，无疑更能得到用人单位的喜爱。因此，大学生在校期间，不仅要学好自己的专业知识，还要广泛涉猎其他方面的知识，通过各种途径锻炼自己各方面的能力。

（3）提升素质是实现规划的关键。素质本是生理学概念，是指人的先天性生理解剖特点，主要是指神经系统和脑的特性及感觉器官和运动器官的特点。不同的学科对素质有着不同的定义，其中一个定义是：素质指个人的才智、能力和内在涵养，即才干和道德力量。

用人单位负责人在招聘时最看重的素质是什么？排在前三位的分别是责任心、团队精神、道德诚信。作为21世纪的大学生、作为祖国的建设者和可靠的接班人，我们不仅要有知识，还要有道德的力量和人格的魅力。在实际工作中，道德素质是一个人成为一名合格职业人的先决条件，职业化精神是职业人最基本的素质要求。工作中，有些人虽然有一定的能力，但是经常迟到、因私事请假、过于情绪化以至于影响工作、推卸责任、不能认真履行承诺、对领导曲意逢迎、对同事不尊重、为了获取私利不择手段，等等，即使这样的人再有能力，也很难与职业化人才联系起来。

（4）努力是实现规划的途径。前搜狐网副总编方刚曾是清华大学的“牛人”，独一无二的大学经历使他对自己生活了六年的清华大学有着深厚的感情。“上大学就好像进入一座宝山，我不能入宝山而空手返。”基于这个朴素的信念，一进入大学，方刚就充分把握住大学时光的分分秒秒。在清华大学学习的六年间，方刚相继学习了流体控制、计算机和中文三个专业，先后获工学学士学位和文学学士学位。

当人们看到成功的辉煌，都羡慕不已，却很少有人看到成功背后的艰辛和汗水。每个人事业上的成功都不是偶然的，它靠的是知识与能力的不断积累，靠的是不断的自我审视和自我提升，靠的是不怕苦不怕累的坚强意识，靠的是甘于寂寞的平和心态。

大学生们总有很多美好的职业理想和愿望，国家为大学生就业提供了很多有利的条件，社会也为大学生提供了很多就业机会。然而，这些机会都要靠大学生们自己把握。因此，大学生们要尽早规划明天并肯于付出努力。

二、大学生职业生涯规划的制定步骤

大学生职业生涯规划可采用五步法或六步法，其具体步骤如下。

1. 职业生涯规划的五步法

职业生涯规划五步法通常采用五个问题的思考模式。

（1）你是什么样的人？这个问题要求个人对自己进行深刻的反思与自我认识，对自身的优势与劣势等进行深入、细致的分析。分析的内容包括个人的兴趣爱好、性格倾向、身体状况、教育背景、专长、过往经历和思维能力等。

回答该问题的要点：面对自己，真实地写出每个想到的答案；写完后再想想有没有遗漏；将答案按重要性进行排序。

（2）你想要什么？这个问题要求个人对自己未来职业发展的目标和前景做出愿望定位、心理预期和取向审视。职业发展目标包括职业目标、收入目标、学习目标、名望目标和成就目标，特别要注意的是学习目标。大学生只有不断确立学习目标并付出努力，才能不被激烈的竞争淘汰，才能不断超越自我，登上更高的职业高峰。

回答该问题的要点：回溯到孩童时代，找到人生初次萌生的"想做什么"的念头，回忆自己真心向往过、想做的事，再一一地记录下来；写完后再想想有没有遗漏，并认真地按重要性进行排序。

（3）你能做什么？这个问题要求个人对自己的素质，尤其是自身的潜能和实力进行全面的测试和把握，如自己的专业技能。大学生最好能学以致用，发挥自己的专长，在学习过程中积累与自己的专业相关的知识和技能，结合个人工作经历，判断自己能够做什么。

回答该问题的要点：把能证明的能力和可以开发出来的潜能一一列出来，认真地按重要性进行排序。

（4）环境支持或允许你做什么？这个问题要求个人对自己所处的环境状况和所拥有的各种资源的状况有一个客观、准确的认识和把握。个人所具有的职业竞争力、资源和社会关系，如家庭、学校、社会中的种种关系，也许都能影响个人的职业选择。

回答该问题的要点：从小到大的经历中，只要认为自己可能借助的环境，都应在考虑范畴之内；在这些环境中，认真想想自己可能获得了什么支持和允许，并一一写下来，按重要性进行排序。

（5）你的职业与生活规划是什么？这个问题要求个人对自己所提出的职业目标以及实现方案做出一个具体的说明。

通过回答这五个问题，找到答案的共同点，我们就能够做出一个简单的职业生涯规划。

2. 职业生涯规划的六步法

制定一份完整有效的职业生涯规划应包括自我评价、职业环境评价、确立职业生涯目标、职业定位、实施策略和评估与反馈六个步骤。

（1）自我评价。自我评价是个人职业生涯规划的基础，也是个人制定可行的职业生涯规划的前提。个人只有通过自我评价，正确、深刻地认识和了解自己，才能对未来的职业生涯做出最佳选择。如果忽略了自我评价，职业生涯规划就很容易“夭折”。自我评价的主要内容是与个人相关的所有因素，包括兴趣、气质、性格、能力、特长、学识水平、思维方式、价值观、情商以及潜能等。简言之，个人要弄清我是谁、我想做什么、我能做什么，在自我认识的基础上，通过科学测评准确定位，避免自己“一厢情愿”。当然，个人对自己的认识往往是片面的，所以在做自我评价时还应听取他人的意见。

（2）职业环境评价。毫无疑问，职业环境对个人职业生涯发展的影响是巨大的。作为社会生活中的个体，个人只有顺应职业环境的需要，趋利避害，最大可能地发挥个人的优势，才能实现个人目标。职业环境评价包括对社会政治环境、经济环境和组织或企业环境的评价，以及评价职业环境的特点、发展与需求变化的趋势，自己与职业环境的关系，职业环境对自己的有利因素和不利因素，本专业、本行业的地位、形势以及发展趋势，等等，以便个人不断地调整自己，以适应职业环境的变化和要求。个人要弄清自己在一定的职业环境条件之下，究竟能做成什么，这样职业生涯规划才会切实可行，而不致流于空泛。

（3）确立职业生涯目标。确立目标是制定职业生涯规划的关键，俗话说“明确方向是成功的一半”。我们制定个人职业生涯规划，就是为了实现某种职业生涯目标，进而获得自己理想的生活，所以职业生涯目标的确立是职业生涯规划的核心。职业生涯目标是指可预想到的、有一定实现可能的目标，包括人生目标、长远目标、中期目标和短期目标。长远目标需要个人经过长期艰苦努力、不懈奋斗才有可能实现，确立长远目标时要立足现实、慎重选择、全面考虑，使目标既有现实性又有前瞻性。一般我们可以先根据个人素质与社会大环境条件，确立人生目标和长远目标，再通过目标分解确立符合现实和组织需要的中期目标和短期目标。

（4）职业定位。职业定位是指为职业目标与自己的潜能以及主客观条件谋求最佳匹配的过程。良好的职业定位是以自己的最佳才能、最优性格、最大兴趣、最有利的环境等信息为依据的。职业定位过程中，要考虑性格与职业的匹配、兴趣与职业的匹配、特长与职业的匹配、专业与职业的匹配等。职业定位中，应注意以下几个方面：首先，要依据客观现实，考虑个人与社会、单位的关系；其次，应比较鉴别，即比较不同职业的条件、要求、性质与自身条件的匹配情况，选择条件更合适、更符合自己特长、更感兴趣、经过努力能很快胜任、有发展前途的职业；再次，要扬长避短，看主要方面，不要追求十全十美的职业；最后，要审时度势，及时调整，根据情况的变化及时调整职业生涯目标，不能固执己见，一成不变。

（5）实施策略。实施策略是指为实现职业生涯目标而制订的行动计划。在我们确定职业生涯目标后，就要制订相应的行动计划来实现它们。行动计划中的实施策略、措施要具体可行，容易评量。个人应遵循职业生涯发展路线，在教育培训安排、时间计划等方面制订有效的计划。

（6）评估与反馈。职业生涯规划要在实施中去检验，因为现实社会中的种种不确定因素会使我们与原来制定的职业生涯目标产生偏差，这就要求我们不断地反省并对职业生涯目标和行动计划做出修正或调整，从而实现人生理想。从这个意义上说，评估与反馈是一个再认识、再发现的过程。在此基础上，个人可以确定职业志向，从而制定一份有效、完整的职业生涯规划。

从以上六个步骤可以看出，整个规划流程中，自我评价是最为基础、最为核心的步骤。这一步骤做不好或出现偏差，就会导致整个职业生涯规划各个环节出现问题。

制定职业生涯规划的步骤如图 6-1 所示。

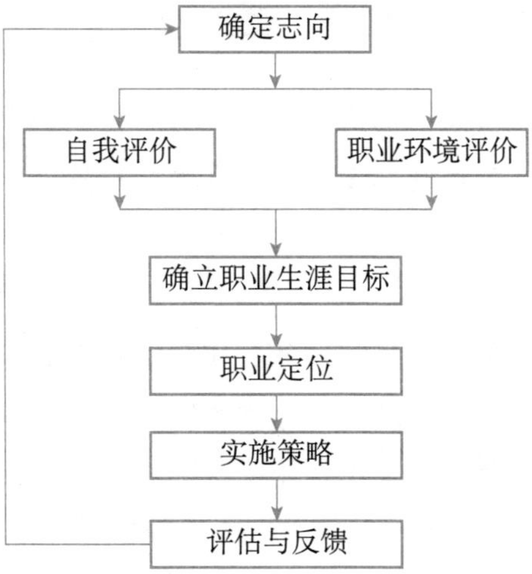

图 6-1　制定职业生涯规划的步骤

职场提示

求职规划要点

对于求职者来说，制定可行的求职规划是必要的，其有以下要点。

1. 瞄准招聘公司

求职者可以从专业的招聘网站、报纸等媒体上挑选适合自己的岗位和公司。

2. 告诉熟人自己的职业计划

求职者可以告诉熟人自己的职业计划，让他们帮助自己认识相关的人，以了解现存的空缺岗位。如果求职者刚从学校毕业或者即将毕业，应尽可能与自己的导师探讨未来之路，因为没有谁比导师更了解自己的能力、志向和兴趣。

3. 不要轻视小公司

大部分空缺岗位来自规模小、增长迅速的公司。尽管大公司通常在招聘员工时会大张声势、愿意花大钱，但是求职者去小公司，尤其是前景不错的小公司求职，成功率要高得多，个人发挥的余地也相对大得多。所以，求职者可以特别关注正在迅速壮大的小公司，因为他们不端架子，求职者容易与公司高层接触。

4. 找一个求职伙伴

艰难、孤独的求职过程，很容易让人感到失望、丧气，求职者必须面对“被拒绝”的窘境，但是求职伙伴间可以互相鼓励、安慰。

5. 借助网络获取信息

求职者可以借助网络了解公司、行业现状，这样一方面可以确定自己的求职方向；另一方面可以了解行业、公司的文化特色、用人要求。另外，无论个人是否急于换工作，都应紧跟行业的发展步伐。

6. 给用人单位留下好印象

求职者可以事先准备一份提纲，设想用人单位会对简历中的哪一部分感兴趣，把想要表达的内容有条理地记录下来。

7. 总结失败的原因

尽管大多数情况，用人单位不会告知落选的原因，但是求职者自己应不断反省自己的求职过程。例如，求职者可以通过总结失败的原因，为自己设计多套求职方案，每一套方案有不同的侧重。在求职的过程中，许多意料外的小事会令人猝不及防，所以好的求职方法有时比自身能力还要重要。

8. 做好找工作的预算

求职的过程中，求职者需要在收集招聘信息、交通、职业咨询和着装上有所花费，所以，求职者在还未找到工作时，可以“算计”一下，手头的钱能够支持自己多久。

单元二　职业生涯规划书的撰写

撰写职业生涯规划书的过程就是个人根据对自身特质和客观环境的综合分析，确定自己的职业目标，并按一定时间要求制订相应的工作、培训、教育等行动计划的过程。职业生涯规划的思路、依据、内容和结果形成的文字性的方案即职业生涯规划书。

一、职业生涯规划书的内容、撰写原则和注意事项

1. 职业生涯规划书的内容

（1）对职业生涯规划的认识。对职业生涯规划的认识包括为什么要规划自己的职业生涯、规划职业生涯的必要性和作用、职业生涯存在的风险等。

（2）自我描述。自我描述包括性格、能力、兴趣爱好、对自己的认识、价值观等。

（3）自我盘点。自我盘点可采用 SWOT 分析的方法，即描述自己的优势（strength，S）、劣势（weakness，W）、面临的机遇（opportunity，O）和受到的威胁（threaten，T），以及面临的障碍或环境影响等。

（4）如何解决自我盘点中的劣势。个人应考虑解决自我盘点中的劣势需要利用哪些资源、应该朝什么方向过渡或改变、具体的方法等。

（5）想从事的行业或岗位及其对人才的素质要求。个人应根据自己所学的专业、自己的追求以及社会的需要考虑自己想从事的行业或岗位，明确自己想朝着哪个方向发展，如走行政管理路线、向行政方面发展，或走专业技术路线、向业务方面发展，等等。个人还要考虑自己选择的发展方向有哪些要求或自己应具备什么样的素质以达到该行业或岗位的要求。

（6）需要的专业技能水平及相关职业资格证书。

（7）求职准备。求职准备即个人为自己想从事的行业或岗位所做的准备。例如，从现在开始，在接下来的大学学习生活中，个人怎样为自己的求职做准备，需要做哪些事情等。

（8）10 年内的职业目标。个人应规划从现在起至毕业后 10 年内自己的职业生涯发展，以现在至毕业后 5 年内为主。职业目标主要包括三个目标：短期目标（现在至毕业）、中期目标（毕业后 5 年内）、长期目标（毕业后 5～10 年）。

①短期目标。短期目标包括专业知识学习目标、职业技能培养目标、职业素质提升

目标、职业实践计划目标等。例如，毕业时要达到……一年级要达到……二年级要达到……在某方面要达到……

②中期目标。中期目标包括职场适应、岗位转换及升迁、提升学历等目标。例如，毕业后第五年时要达到……毕业后第一年……第二年……在某方面要达到……

③长期目标。长期目标包括事业发展、工作、生活、人际关系、健康、心灵成长、子女教育和慈善等方向性规划的目标。

（9）评估与修正。职业生涯规划是一个动态的过程，必须根据实施结果以及变化及时地进行评估与修正。

①评估的内容。

a. 职业目标评估。职业目标评估即评估是否需要重新选择职业。

b. 职业路径评估。职业路径评估即评估是否需要调整发展方向。

c. 实施策略评估。实施策略评估即评估是否需要改变行动策略。

d. 其他因素评估。其他因素评估包括对身体、家庭、经济状况以及机遇、意外情况的及时评估。

②评估的时间。一般情况下，可以定期（半年或一年）评估自己的职业生涯规划，当出现特殊情况时，要随时评估并进行相应的调整。

③监督措施。要制定切实可行的监督措施来监督自己，并以“一切为自己负责”为原则。

2. 撰写职业生涯规划书的原则

职业生涯规划书的撰写必须遵循一定的原则，其包括以下几个方面。

（1）独特性原则。世界上没有两片完全相同的叶子，也没有两个完全相同的人。每个人的高矮胖瘦不同，内在的性格特征、知识结构、兴趣爱好、能力倾向等有自己的特点，家庭条件、所处的社会环境也不同，因此在制定职业生涯规划时不可能找到普遍的路径，必须综合考虑个人各个方面的实际情况，量身定制。

（2）可行性原则。每个人都有自己的职业理想，但是职业理想是否能够实现取决于职业生涯规划是否可行。可行性体现在两个方面：一方面是职业目标的可行性，即目标的设定是否建立在现实条件的基础上；另一方面是行动计划的可行性，即行动计划是否是自己可以做到的、是否能根据一定标准进行考核监督。

（3）阶段性原则。根据萨柏的职业生涯彩虹图，个人的发展具有阶段性，每个人在自己人生发展不同阶段所承担的重点角色是不同的，有着不同的发展任务。职业生涯规划中，个人应该根据自己的年龄和所处的阶段设计不同的内容，以适应每个发展阶段的特点，使每个阶段都能过得很充实，并逐步达成阶段性目标，从而实现自己的人生目标。

（4）发展性原则。规划具有一定的超前性和预测性，而事物是不断发展变化的，规划并不总能适应新情况，所以个人应根据自我发展、社会变迁，以及其他不可预测的因素，主动适应各种变化，及时评估、灵活调整，不断修正、优化自己的职业生涯规划。在调整职业生涯规划的过程中，短期目标有可能需要调整，重新选择的短期目标应和长远的人生目标保持一致，使整个规划始终围绕自己的人生目标而展开，过去、现在和未来应有内在的一致性和延续性。

3. 撰写职业生涯规划书的注意事项

（1）逻辑严密，重点突出。语言朴实简洁、用词精练准确、行文流畅、条理清楚，这是写作最基本的要求。撰写职业生涯规划书忌大、忌空、忌记流水账；忌条理不清、文法不通、错别字连篇；忌过于煽情，没有理性分析；忌死气沉沉，没有朝气。在分析阐述规划时，必须紧紧围绕职业目标这条主线来展开，体现论述的逻辑性和连贯性，且要将重点放在自我评估、环境评估、实施方案上。

（2）信息收集科学、可靠。在进行自我评价时，很多大学生会过于依赖职业测验工具。尽管一些经典的职业测验有着很高的信度和效度，但往往缺乏对结果的充分解释，且大学生在解读测验结果时也会有一定的倾向性，容易得到偏颇的结论。在进行自我评价时，需要采用多渠道策略，结合测验工具、个人的思考和回顾、他人评价等，得到全面、正确的结论。另外，在进行职业环境分析时，需要通过多种途径来收集资料，如网络、图书、从业者访谈等，以保证论证过程的科学合理和结论的真实可靠。

（3）职业目标切实可行。职业目标的设定一定要结合自身特点和情况，不能完全脱离现实。职业目标切忌理想化，应遵循“择己所爱、择己所长、择世所需、择己所利”的原则。大学生要认清兴趣与能力、能力与社会需求是存在一定差异的，我们所要做的是在影响职业发展的诸多因素中找一个结合点，这样制定的职业目标才会有生命力。职业生涯规划书撰写是否成功，在很大程度上取决于有无正确、适当、切实可行的职业目标。

（4）计划实施重在大学阶段。实现职业目标的行动计划一定要在现阶段具有可操作性，是否具有可操作性是评价一份职业生涯规划书好坏的重要标准。要做到这一点，大学生必须在进行目标分解和目标实现路径的选择上做到有理有据，不仅要突出时间上的并进和连续，更要重视功能上的因果和递进。另外，大学生应将职业生涯规划重点放在大学阶段，突出体现为首次择业和就业所做的准备工作。

二、职业生涯规划书的格式和撰写误区

1. 职业生涯规划书的格式

职业生涯规划书格式多样，常见的有表格式、条列式、复合式和论文式。

（1）表格式。表格式的职业生涯规划书是不完整的职业生涯规划书，常常仅包括最

简单的职业目标、目标实现时间、职业机会评估和发展策略等几个项目，有的相当于一份完整的职业生涯规划书的计划实施方案表，适合作为日常提示使用。表格式职业生涯规划书如表 6-4 所示。

表 6-4 表格式职业生涯规划书

<table>
<tr><th colspan="4">一、自我评价</th></tr>
<tr><th>评价项目</th><th>评价内容</th><th colspan="2">评价结果</th></tr>
<tr><td rowspan="5">职业素养的自我评价</td><td>气质</td><td colspan="2"></td></tr>
<tr><td>性格</td><td colspan="2"></td></tr>
<tr><td>兴趣</td><td colspan="2"></td></tr>
<tr><td>能力</td><td colspan="2"></td></tr>
<tr><td>价值观</td><td colspan="2"></td></tr>
<tr><td rowspan="7">自我分析</td><td>个人形象</td><td colspan="2"></td></tr>
<tr><td>情绪情感状况</td><td colspan="2"></td></tr>
<tr><td>意志力状况</td><td colspan="2"></td></tr>
<tr><td>已具备的经验</td><td colspan="2"></td></tr>
<tr><td>已具备的能力</td><td colspan="2"></td></tr>
<tr><td>现学专业及水平</td><td colspan="2"></td></tr>
<tr><td>外语、计算机水平</td><td colspan="2"></td></tr>
<tr><td rowspan="9">社会中的自我评价</td><td rowspan="5">对自己人生发展影响最大的人</td><td>称谓</td><td>单位、职业、职务</td></tr>
<tr><td></td><td></td></tr>
<tr><td></td><td></td></tr>
<tr><td></td><td></td></tr>
<tr><td></td><td></td></tr>
<tr><td rowspan="4">他人对自己的看法与期望</td><td>称谓</td><td>看法与期望</td></tr>
<tr><td></td><td></td></tr>
<tr><td></td><td></td></tr>
<tr><td></td><td></td></tr>
<tr><th colspan="4">二、环境与职业分析</th></tr>
<tr><th>评价项目</th><th>评价内容</th><th colspan="2">评价结果</th></tr>
<tr><td rowspan="5">校园环境对自己成才的影响</td><td>学校</td><td colspan="2"></td></tr>
<tr><td>院系</td><td colspan="2"></td></tr>
<tr><td>专业</td><td colspan="2"></td></tr>
<tr><td>班级</td><td colspan="2"></td></tr>
<tr><td>寝室</td><td colspan="2"></td></tr>
</table>

续表

评价项目	评价内容	评价结果
体验的职业的状况	人才供应状况与就业形势	
	对人才素质的要求	
	对知识的要求及学校中的哪些课程对从事该职业有帮助	
	对能力的要求	
	对技能训练的要求	
	对职业资格证书的要求	
	工作状况	
	收入状况	
	该行业人士对所从事职业的满意、不满意之处	
	职业发展前景	
	建议学校增设的课程	
	其他	

三、初步职业目标						
描述初步职业理想	职业类型		职业名称		具体岗位	
	职业地域		工作环境		工作时间	
	工作性质		工作待遇		工作伙伴	
	职业发展期望					
SWOT 分析结果	实现目标的优势					
	实现目标的劣势					
	实现目标的机遇					
	实现目标的威胁					

四、职业生涯策略			
职业生涯阶段	职业生涯具体时期	目标分析	提高自己的途径和措施
大学期间	第 1 学期		
	第 2 学期		
	第 3 学期		
	第 4 学期		
	第 5 学期		
	第 6 学期		

续表

<table>
<tr><th>职业生涯阶段</th><th>职业生涯具体时期</th><th colspan="2">目标分析</th><th colspan="2">提高自己的途径和措施</th></tr>
<tr><td rowspan="7">职业素养的自我评价</td><td>毕业后第 1 年</td><td colspan="2"></td><td colspan="2"></td></tr>
<tr><td>毕业后第 2 年</td><td colspan="2"></td><td colspan="2"></td></tr>
<tr><td>毕业后 3 ～ 5 年</td><td colspan="2"></td><td colspan="2"></td></tr>
<tr><td>毕业后 6 ～ 10 年</td><td colspan="2"></td><td colspan="2"></td></tr>
<tr><td>毕业后 11 ～ 15 年</td><td colspan="2"></td><td colspan="2"></td></tr>
<tr><td>毕业后 16 ～ 20 年</td><td colspan="2"></td><td colspan="2"></td></tr>
<tr><td>毕业后 21 年</td><td colspan="2"></td><td colspan="2"></td></tr>
<tr><th colspan="6">五、评价与反馈</th></tr>
<tr><td rowspan="5">自我评价</td><td rowspan="2">测评</td><td>学习成绩排名</td><td></td><td>综合素质状况</td><td></td></tr>
<tr><td>素质测评</td><td colspan="3"></td></tr>
<tr><td>获奖状况</td><td colspan="4"></td></tr>
<tr><td>自我规划落实状况</td><td colspan="4"></td></tr>
<tr><td>经验与教训</td><td colspan="4"></td></tr>
<tr><td>父母的评价与建议</td><td colspan="5"></td></tr>
<tr><td>同学、朋友的评价与建议</td><td colspan="5"></td></tr>
<tr><td>老师的评价与建议</td><td colspan="5"></td></tr>
<tr><td>外因、内因评价</td><td colspan="5"></td></tr>
<tr><td>职业目标修正</td><td colspan="5"></td></tr>
<tr><td>职业生涯规划及评价标准修正</td><td colspan="5"></td></tr>
</table>

（2）条列式。条列式的职业生涯规划书具有职业生涯规划的主要内容，多为简单的表述，没有详细的材料分析和评估，文字简练，但逻辑性和说理性不强。

条列式的职业生涯规划书示例

①某高校女生，护理专业；校级优秀学生干部，多次荣获校级优秀学生奖学金，通过大学英语六级考试，多次参加演讲、朗诵比赛；家庭经济状况一般；身体健康；性格不内向，但也不是特别活跃，喜欢安静。

②很想成为老师，这不仅是儿时的梦想，而且自己比较喜欢这种职业；其次希望成为医疗单位的护理人员。

③做过家教，与孩子交流有天生的优势，当学生成绩进步时很有成就感；暑期曾在三级医院实习，但对护理工作不是特别热爱。

④近几年都有学校来系里招聘护理专业教师，但随着护理专业硕士研究生的培养规模增大，招聘本科护理专业毕业生从事教师工作的学校越来越少；现今护理行业需求量较大，根据自身情况及所取得的成绩，在医疗单位就业不成问题。

⑤目标是到学校当老师，自己有这方面的兴趣和理想，在知识和能力方面并不欠缺，并且有信心成为学生心中理想的好老师。

（3）复合式。复合式职业生涯规划书即表格式和条列式职业生涯规划书的综合。复合式职业生涯规划书示例见表 6-5。

表 6-5　复合式职业生涯规划书示例

计划名称	时间	总目标	分目标	策略和措施
短期计划（大学期间）	2021 年 9 月至 2025 年 6 月	积累理论知识，加强动手操作能力，提高综合素质	通过计算机二级和大学英语四级考试；取得奖学金；在各类操作比赛中获奖	认真学习，重视技能操作；参加计算机及英语辅导班；参加学校各类活动；在临床实习中进一步提高自己的操作技能
中期计划（毕业后 5 年内）	2025 年 7 月至 2030 年 7 月	适应工作，在工作中取得优异的成绩并取得职业资格证书	毕业后一年内取得护士执业证书；毕业后第三年取得护师资格证书	继续学习，将专业知识运用于实践中，不放弃外语学习；多与人沟通，向领导同事虚心请教

表中计划的详细执行计划如下：

①大学二年级在学好专业课的基础上，通过计算机二级、大学英语四级考试。

②大学三年级，在临床实习期间，虚心求教，将理论与实践相结合，提高护理操作技能。

③在掌握技术的同时，提高社会适应能力，做好踏入社会的准备。

④毕业后第一年，掌握基本护理技能，了解护理精神，并取得护士执业证书。

⑤毕业后第二年至第五年，主要做好职业生涯的基础工作，加强沟通、虚心求教；抓住机遇，经过不断的尝试、努力，初步找到适合自身发展的工作环境、岗位；在工作上做到不仅能掌握护理的所有技术，而且能熟练运用；经常锻炼身体，形成良好的、有规律的个人生活习惯。

（4）论文式。论文式职业生涯规划书以数据、调查结果为依据，对职业生涯的主要内容进行翔实的分析与论述，逻辑性与说理性强。

论文式职业生涯规划书示例

学校：浙江某学院

专业：软件工程

姓名：王某

一、家庭背景与成长经历

父亲是当地有名的木工，很受欢迎。“良田万顷，不如薄艺在身”的思想从小给了我很深的影响，使我立志长大后要成为一名高级技术人才。但自己当时还小，对技术人才这个概念的认识还很模糊。后来上了初中、高中，学校开设了计算机课，我学习了 Word 和 Excel 的基础知识，对计算机产生了浓厚的兴趣。

后来，姐姐嫁给了一个高级软件设计师，他在某科技公司工作，有可观的收入，生活质量非常高。从姐夫那里，我了解到，那些神奇的功能都是程序员通过复杂的编程来实现的。在与姐夫的交流中，我不仅对姐夫的生活质量产生了羡慕之情，更对他的职业有了更深一层的理解。从那时起，我便将理想职业定位为程序设计师。

凭着对电脑知识的热爱，我报考了浙江某学院信息工程系，学习软件工程专业。

二、素养评价

我想从事的职业是程序设计师。

1. 已具备的职业素养

诚实正直、尽职尽责、适应能力强、有较强的创造力和组织能力等。

2. 需要加强的职业素养

开放、灵活地看问题，理智、客观地看待周围的人和事等。

三、性格和兴趣评价

1. 性格测试

MBTI 测试结果表明，我的人格类型为 INFJ 型；动机测试结果表明，我的动机类型属于主宰型、开拓型。

2. 兴趣领域识别

我的兴趣领域属于复合型。我的组织能力较强，懂得怎样处理人际关系。根据测评结果和自我分析，我最感兴趣的专业为：软件工程、多媒体、美术设计。我最感兴趣的职业为：程序设计师、室内设计师和项目经理。测评结果说明我适合从事程序设计师这一职业。

四、技能评价

企业招聘程序设计师的基本要求如下。

（1）软件工程专业本科以上学历，或接受过与软件设计师和软件工程相关的正规训练。

（2）熟悉软件开发过程，有 2 年以上 C/C++ 语言软件设计和编程经验；精通 C/C++ 语言与面向对象程序开发，掌握数据库编程技术。

（3）可以进行流畅的英语交流。

（4）具有良好的团队精神和沟通能力。

（5）积极进取、诚实、正直、勤奋、踏实、责任心强。

结合这些要求，我对自己的技能评价如下。

（1）我就读于浙江某学院信息工程系，接受了正规的软件工程培训。

（2）我目前是大学一年级新生，对 C 语言编程、数据库等方面的认识刚刚起步，掌握得不够全面，但成绩非常突出；从长远发展来看还需要提高学历和加强知识储备。

（3）我在语言方面仍需要不断加强。我计划在大学二年级通过大学英语四级考试，并提升英语口语。

（4）我一直推崇团队精神，但在与人沟通方面还需要加强。

（5）我具有积极进取、诚实、正直、勤奋、踏实、责任心强的特点。

五、职场分析

（一）可行性分析

1. 个人就业资源分析

我从小的梦想就是成为计算机技术人员，因此我的兴趣爱好与我选择的程序设计师这一职业相匹配，职业测评的结果也说明我的特长与职业是很匹配的。专业知识的不断学习，语言能力的不断加强会进一步为我的就业打下良好的基础。

我的人生观和价值观与职业也非常匹配。我一直在有意培养自身的组织能力；我推崇团队精神，始终坚信并肩作战将使成绩更好；我所追求的不仅仅是金钱上的利益，更多的是满足自我实现的需求。

2. 职业环境因素分析

程序设计师这个职业需要有纯熟的专业技能、具有较强的语言能力、有团队精神和组织能力、能适应大强度工作的人，如果我坚持不懈地学习，到毕业时，专业知识和语言能力一定可以达到标准。因此初步判定我可以胜任这个职业。

（二）信息整合

1. 劳动力市场变化趋势

能够熟练编程的技术人员或基础程序员称为“软件蓝领”，“软件蓝领”的短缺是世界软件行业发展的“软肋”。因此，当我毕业走向社会时，就业前景可能是相对乐观的，这也是我选择程序设计师这一职业的重要原因之一。

2. 产业和行业的变化趋势

以前，大学毕业生只要考取一个证书就很容易开始自己的职业生涯。而现在一切都改变了，企业更注重人才的技能和做项目的经验，而缺少工作经验的学生和企业需求之间形成了无法弥补的“裂痕”。这就要求我在毕业后也要不断地积累经验，而最有效的方法就是从底层职业做起。

3. 职业发展轨迹

毕业后，我需要先通过普通高等教育专科升本科招生考试，然后做 2 年程序员、3 年高级程序员、3 年程序辅助设计师，最后实现成为程序设计师的理想。

4. 职业选择策略

我理想的就业公司就是某科技公司。因为我的姐夫在那工作，他对该公司有一些了解。

（三）行动计划

1. 长期目标

成为程序设计师。

2. 短期目标

在期末考试中取得第一名，并通过大学英语四级考试，如遇特殊情况，如期末没有取得第一名的成绩，应找出不足之处，加强对该学科的学习，争取下次成功；如果没通过大学英语四级考试，应找机会参加其他同等级的英语考试。

3. 时间管理

根据程序设计师这一职业的要求，我对大学三年的时间做了以下规划。

（1）一年级：多参加学校组织的社会活动，锻炼自己的综合素质，利用假期找兼职工作，体验工作内容；学好专业课、打好基础。

（2）二年级：主攻英语，争取通过大学英语四级考试。

（3）三年级：将目标锁定在提高学历和加强知识储备上；不仅学习专业知识，也时刻关注就业，提高职业技能，搜集公司信息。

4. 压力管理

压力管理主要是对学习过程中的心理压力进行管理。

（1）遇到难题解不出的压力。我的应对措施：请教老师。

（2）学习任务过重的压力。我的应对措施：与好朋友逛逛街、放松心情。适当的放松有利于提高学习效率。

（3）临近考试的心理压力。我的应对措施：写一份期末学习计划，并有条不紊地执行计划。

六、求职策略

（一）了解政策环境

因为软件业在中国属于初期阶段，国家对软件业人才的优惠政策有很多。下面是某市对软件业专业技术人员的优惠政策的举例。

（1）制定和完善了专业技术人员方面的配套政策，在全社会牢固树立“科学是第一生产力”和“人才是第一资源”的观念。

（2）积极采取措施，努力改善专业技术人员的住房条件。

（3）加强专业技术人员知识更新的继续教育工作，以保证专业技术人员素质与经济和科技快速发展相适应。

（二）设计一套完整的求职策略

一般来说，招聘信息可以通过网上搜索、阅读报纸杂志以及老师、朋友、家人介绍等途径获得。我将重点放在最后一种途径上，因为一般而言，软件业有很大一部分人员是经人介绍、推荐而直接上岗或进行实习的，这种途径比在网上搜索后投出简历更有效。

（三）聚焦未来

1. 对未来职位满意度的评价标准

根据现在市场的情况，毕业后，我可以接受的职业收入须满足每月 2 000 元以上的标准，公司要有良好的企业形象和社会评价，要有成熟的项目及任务分工，同事之间要相互帮助，可以充分发挥个人的想象空间。

2. 职业生涯规划的后备调整方案

（1）找到工作，实习不合格怎么办？我会在听取用人单位对自己的整体评价后，弥补自己的不足，进行更全面的学习，再尝试应聘其他公司。

（2）企业倒闭了，我应该怎么办？

①找效益更好、更适合自己的企业。

②找姐夫、朋友等相关人士一起合资创业。

（3）工作几年得不到提升怎么办？主动与上级领导进行沟通，问清真正原因，主动改正，争取在最短的时间内，让领导看到自己的进步。

2. 撰写职业生涯规划书的误区

在现实中，一些大学生没有把职业生涯规划当作事关自己人生质量的事情来看待，而是把它看作一个简单的课程作业，应付了事，常存在以下误区。

（1）抄袭、重形式、轻内涵。在现实中，有少部分大学生不愿意从内部环境去分析自己，更不愿意从外部环境去分析职业机会，他们或是直接复制别人写好的职业生涯规划书，换上自己的名字和专业；或是东拼西凑、敷衍了事，以应付就业指导老师或辅导员的检查，最终不可避免地出现“千篇一律”“千人一面”的可笑现象。

职业生涯规划书不是一叠打满字的纸张或表格，而是关系到个人发展的一项严肃的工作；是一份对自己的职业生涯、对自己的生活质量负责的“人生责任书”；是一份为自己量身定制、有自己个性的可执行的计划。一些大学生不重视通过撰写职业生涯规划书去理解、体会、实施自己的职业生涯规划，而是把别人的东西套在自己身上，结果是要么不去实施，要么实施起来“水土不服”“半途而废”。他们毕业时或是无法顺利地找到适合自己的工作；或是历尽“千辛万苦”找到一份工作，很快又“稀里糊涂”被用人单位“炒鱿鱼”。因为他们不知道自己对职业的需要，不知道为未来的职业做什么准备，更没有为自己的职业生涯做好规划。这样的结局不仅仅是职业生涯规划书不合格这么简单，更严重的是导致自己虚度年华、学无所成、学无所用，最后惨败职场，过着暗淡的生活。

（2）只说不做、“热”得快、“冷”得更快。一些大学生在撰写自己的职业生涯规划书时，非常兴奋、激动、热情高涨，这是件好事。但是令人遗憾的是，这些学生不能持之以恒，不到一个月，“心血来潮”过后，或是找不到自己的职业生涯规划书，不知把它放到哪里去了；或是把职业生涯规划书的内容和要求抛到“九霄云外”，忘得一干二净，更不用说对照职业生涯规划书去实施和评价、动态调整里面的内容了。

（3）高估自己、目标定得过高。大多数人对“不想当将军的士兵不是好士兵”的理解过于盲目、绝对。现实生活中的真实情况是，“将军”的位置很少，如果大家的目标都是当“将军”，那么这种主观愿望就会与客观条件产生差距，容易使个人在执行计划时遭遇挫折。有些人认为，只要把本职工作做好就可以升任主管。其实不然，优秀的运动员不一定是好教练，一些表现优异的工程师、销售人员等升任主管后却表现不佳，很可能由于缺乏专业能力以外的能力，如领导决策能力、协调组织能力等。

一些大学生也容易犯此类错误，在撰写个人职业生涯规划书时，其没有从实际出发，过高估计自己的能力，对目标，尤其是短期目标定得过高，结果造成在实施过程中因“难度系数”过高而处处碰壁，形成畏难情绪，对职业生涯规划的执行失去信心。因此，大学生要注意在撰写职业生涯规划书时不要过高估计自己的实力，要从实际出发。

单元三　职业生涯规划的控制

一般来说，职业生涯规划的控制是通过职业生涯规划的反馈、评估与调整实现的。

一、职业生涯规划的反馈

职业生涯规划的制定实际上是一个动态的过程。现实社会中存在着许多不确定因素，新的情况也会不断涌现，使大学生制定好的职业生涯规划与现实情况产生偏差，这就要求大学生不断反省，并对目标和行动计划做出相应的修正或调整，从而保证最终实现人生理想。因此，在职业生涯规划的过程中，必须进行信息反馈。反馈是一个再认识、再发现的过程。这就要求大学生时刻注意周围环境的变化、不断地审视自我、不断地调整自我、不断地修正策略和目标，从而确保个人职业生涯规划的有效性。

职业生涯规划的反馈包括以下 4 种类型。

1. 正式反馈

正式反馈通过程序化的过程进行，大学生职业生涯规划的正式反馈通常使用其综合素质反馈登记表。从教育学的角度，素质可划分为思想道德素质、智育素质、体育素质、文化素质和心理素质 5 个部分。虽然不同大学、不同专业对学生素质结构的要求不同，但在进行必要的单位换算和加权处理后，这 5 个部分的分值可以形成一个综合素质评价值。正式反馈包括自评、互评、班评及综评 4 个评价阶段，能满足大学生对综合素质评价的科学性的需求，可以使大学生知道自己的哪些能力需要提高，从而改进其学习、工作表现和行为。

2. 非正式反馈

非正式反馈即大学生在日常学习、工作、交流中互相提供的反馈信息，其可以是老师、同学、朋友对自己存在的缺点或错误提出的意见，也可以是通过感谢信、当众表扬或老师当面赞许等方式传递的正面的反馈信息。通过日常交流中的非正式反馈，大学生可以建立重要的人际交流渠道，为职业生涯规划中的正式反馈做好准备。

3. 绩效考评

绩效考评可采用多种形式，有的大学生把通过“专升本”考试当作自己近期最主要的目标；有的大学生想节省时间，争取第二学位成了他们最好的选择；有的大学生准备毕业后踏入社会，为了给自己积累资本，各种职业资格考试成了他们要攻克的“难关”；

有的大学生想加入学生会，并将其作为大学阶段必不可少的一门“实践课”。大学生可以根据自己的职业目标，寻求正确的信息反馈，采取不同的管理方式，提高自身素质。

4. 全方位反馈

在职业生涯规划的反馈中，通常采用全方位反馈。全方位反馈也称 360° 反馈，由被誉为“美国力量象征”的典范企业英特尔首先提出并加以实施。在全方位反馈中，评价者不仅包括被评价者的上级主管，也包括其他与其密切接触的人员（如同事、下属、客户等），同时还包括自评。可以说，全方位反馈是一种通过上级、同事、下级和客户等搜集信息、评价绩效并提供反馈的方法。

大学生职业生涯规划的全方位反馈应包含学校领导、老师、同学和自身等主体。大学生实施全方位反馈要重点做好以下工作。

（1）做好同学间评价。同学间提供评价意见可以借助同学们的智慧与经验，让被评价的学生更清醒地认识到自身的优势和不足，明确其努力的方向。

（2）做深自我评价。自我评价有利于大学生进行自我反思，由被动接受评价转变为主动反省和总结学习、工作的得失。同时，自我评价要求大学生用有限的字数总结核心创新点，使自我评价成为自我认识、自我改进、自我管理、自我完善的有效途径，并成为大学生专业发展的“助推器”。

（3）做实评价反馈。全方位反馈能否改善大学生的职业生涯规划，在很大程度上取决于评价结果的反馈。因此，大学生应通过选择合适的时间、地点和反馈途径，对各方面的评价信息进行实际分析，并进行反馈，从而评价和调整职业生涯规划的目标和行动计划，增强全方位反馈的效能。

二、职业生涯规划的评估

1. 评估的意义和目的

（1）评估是改进职业生涯规划的重要环节。只有完成了评估，实现短期目标的过程才是完整的。无论短期目标是成功实现还是失败，其经验或教训都可以成为对下一个职业目标进行改进和完善的依据。在实施职业生涯规划的过程中，自觉地总结经验和教训、评估职业生涯规划，可以修正对自我的认知的误差、完善个人早期职业生涯规划、减少最终职业目标与分阶段职业目标的偏差。

（2）评估是完成职业生涯规划的必要前提。职业生涯规划包含着一系列的短期、中期规划，彼此之间都不是孤立存在的，任何一个新的目标都是以以前完成的目标的效果为背景和基础的，如果前一个目标的问题没有被发现和解决，必然会对新的目标造成不良影响。

（3）评估是激励自己继续前进的动力。评估与修正可以极大地增强大学生实现职业目标的信心。通过评估，大学生可以看到短期或中期目标顺利完成的效果，甚至享受成功的喜悦，从而提高其自信心，为完成下一阶段的目标创造良好的心理条件。

2. 评估的程序

（1）回顾职业目标。

第一，经常回顾自己的职业目标和行动计划。有的人虽有计划，但总不将计划放在心上，不知道自己努力的方向在哪里。

第二，把自己的职业目标和行动计划存入电脑，或贴在床头等可经常看见的地方，时刻提醒自己。

第三，当做出一个对生活和工作极其重要的决定时，考虑一下自己的职业目标和行动计划，并确保自己正在仔细考虑的决策与自己的本意相符。

第四，常常问一问自己："你正在做的是最想做的事吗？""你真的适合做这个职业吗？""你能如期完成既定目标吗？""你是否将重心放在了最重要的地方？"

（2）分析当前的实际情况与职业目标的差距。

第一，进行精确的定位，判断行为的实际效果与期望的偏差。

第二，探究导致失败结果的根本原因。

（3）根据结果修正、完善职业目标。

第一，采取及时、适当的纠正措施。

第二，调整策略，改变行动。

经常自省是必要的，而过程监督也十分重要。应保证至少三个月检查一次自己的工作进度，有意识地回顾得失，检验前期行动计划执行效果，有针对性地提出解决方案，纠正分阶段职业目标中出现的偏差。

3. 评估的要点

一般来说，任何形式的评估都是对自我素质和现实环境的适应性判断。大学生应分析自己的现状，特别是针对变化的环境，找出职业生涯规划的偏差所在，并做出修正。职业生涯规划的评估有以下要点。

（1）抓住最重要的内容。

（2）发掘最新的需求。针对变化了的内外环境，大学生要善于发掘最新的趋势及其影响，根据新的变化和需求，思考怎样的策略才是最有效而且最有新意的。

（3）找到突破方向。有时候，在某一点上取得突破性的进展将使整个局面发生意想不到的改变。例如，对于先前规划中的策略和方案，哪一条对于目标的达成应该有突破性的影响？如何寻求新的突破？

（4）关注最弱点。管理学中有个著名的木桶理论，即一个边缘不齐的木桶，其容量的大小，不取决于最长的那块木板，而取决于最短的那块木板。在反馈和评估过程中，我们当然要肯定自己取得的成绩与长处，但更重要的是根据变化的环境，发现自己的素质与策略的“短木板”，然后想办法修正，或者把这块“短木板”换掉，唯有如此，我们的“职业生涯桶”才能有更大的容量。

一般来说，“短木板”可能存在于下列方面。

①观念差距。观念陈旧往往会造成策略的失误，导致行动失效。

②知识差距。我们可以经常反思：实施规划所积累的知识是否充足？方向是否正确？

③能力差距。环境在变化，其对人的能力的要求也是在不断变化的。在某一个时期，我们通过种种努力提高了某些能力，但在另一时期可能又会出现新的差距。另外，我们在前一阶段是否坚持按计划提高能力、提高了多少、遇到过什么困难等，对后一阶段的职业生涯都有重要的启发。

④心理素质差距。很多时候，我们没有取得预期的进步，并不是规划得不够好，或者措施不够得当，而是心理素质不够。一个人职业生涯的发展，首先是心理素质的成长过程。

三、职业生涯规划的调整

1. 调整职业生涯规划的必要性

（1）职业生涯规划是一个动态的过程，是需要不断地根据内部和外部环境进行调整的。社会是动态变化的，职业依附于社会环境，由社会分工不断细化而产生。社会发展取决于生产力的不断进步，这就决定了职业生涯的发展是一个动态的过程。大学生要根据外部的环境，包括经济发展趋势和行业发展趋势，以及自身特点和优势、劣势，不断调整自己的职业生涯规划。大学生正处于对自己和社会的认识过程之中，价值观处于形成时期，加上现实中种种不确定因素的存在，原先制定的职业生涯规划有时候会与现实情况有所偏差，这时就需要对规划做出调整，保证职业生涯规划的顺利实施，从而实现职业理想。

（2）职业生涯中的不同阶段，大学生会面临不同挑战和机遇，灵活调整可以让特定目标更现实、可行。职业生涯发展过程中，大学生会遇到难以预估的挑战和不可控的因素，自身和外部环境的变化可能带动职业生涯的变化，因此需要对职业生涯规划进行调整。个人的兴趣和计划的改变、家庭的情况，如婚姻状况的改变、孩子的出生、孩子读大学、配偶的发展趋势等都会让人们改变和调整自己的规划。灵活的调整是为了更好地适应这些变化。

（3）职业生涯规划的调整有利于实现职业目标。随着一个人年龄和阅历的增长，以及自己不断突破自己，取得一个又一个成绩，对自己的期望会越来越高。例如，当一个人达到主管级别，他就会不满足现状，向经理级别努力。职业生涯规划是一个循序渐进的过程，目的是实现个人的职业理想，达到职业目标。大学生刚毕业时，所有条件都不成熟，10 年后或 20 年后，其实际情况会发生改变，职业生涯规划也会不断调整，最终实现自己的职业目标，实现自我价值的最大化。

2. 调整职业生涯规划的时机

职业生涯发展是一个不断调整的过程，在我们的职业生涯中会出现这样或那样的问题，当遇到以下问题时，就是我们调整自己的职业生涯规划的时机。

（1）怀疑自己不合格。如果我们感到工作痛苦，可能的原因是自己工作表现不佳而不愿意正视这个问题。所以我们要反思自己到底做得如何。我们可以请上司对自己的表现做一个评价，以确定自己的表现是否符合他的要求，或者请教一位信得过的同事帮自己做一个客观的评估。

（2）与上司不合拍。我们可以问自己：自己在上司身边时感觉如何？是自在、放松还是紧张不安，是否存在敌对情绪？

（3）与周围同事不合拍。我们可以问自己：当自己与周围同事交往时，是否觉得格格不入？是否对引起他们兴趣的话题感到乏味和无聊？如果是这样，我们可能已经陷入一个无法展现自己的环境中。

（4）工作过于轻松。如果我们“闭着眼睛”都能工作时，这可能表明自己的能力已经远远超过这个职位而自己却不知道。我们可以问自己：自己能够从工作中学习到别的东西吗？我们想进一步发展自己正在使用的技巧吗？

（5）对行业不感兴趣。我们可以问自己：如果让我们重新选择，还会选择同一职业吗？我们有兴趣阅读这一领域有名人物的自传吗？

对于刚毕业的大学生来讲，调整职业生涯规划的最佳时间有两个：一个是毕业前，大学生有了求职的实践经验，可以根据新的就业信息和社会需求，在求职过程中调整职业生涯规划；另一个是工作 3～5 年后，有了工作实践，可以根据工作过程中对自身条件的检验结果，以及周围环境和自身素质的变化，及时调整职业生涯规划。职业生涯规划多是在学校时期，以学生的视角来规划的，通过 3 年以上的工作，我们会更了解社会和企业的需求，更能够从社会实际的角度来看待自己的职业发展。这种重新审视自己的过程，以及及时调整自己的职业发展方向，对职业生涯发展有着非常重要的意义。

3. 调整职业生涯规划的方法

（1）重新认识自己。重新认识自己就是掌握个人条件的变化，以及根据实际工作中的经验积累，更清晰地认识自己，明白自己想要什么、能做什么。在个人条件变化的基础上调整自己的职业生涯规划具有现实意义和长远的发展意义。

（2）重新评估自己的职业生涯规划。通过对社会环境，如目前的经济发展趋势、行业发展趋势，以及自己在本行业是否有更多的发展空间、自己的工作现状和人际关系、工作环境等进行综合而全面的分析，可以进一步确定自己适合做什么、能做什么。

（3）调整职业目标。根据外部情况和自身条件发生的变化，可以适当地调整自己设定的职业生涯长期目标和中期目标。

（4）调整和落实行动计划。要根据每个阶段不同的外部环境和内部环境，调整自己的职业生涯规划。

调整并不是放弃以前的规划，而是使其更符合当前的社会发展环境，而且调整的过程也是自我提升的一个重要过程。

课堂案例

“骑驴找马”的困惑

小黄自2017年踏入某大学机电工程专业的门槛起，便牢记学校教师的谆谆教诲和父母的殷殷期盼，日夜苦读，最终成绩斐然，各科成绩皆优秀。然而，他对未来的职业道路却始终缺乏明确的规划。四年的大学生活如白驹过隙，转眼间毕业在即。尽管已有数家企业向小黄抛出橄榄枝，但他仍在职业选择的十字路口徘徊不决。眼见同学们纷纷签约，小黄心中焦虑。

在父母的劝导下，小黄勉强进入了一家日资企业，然而不到一年，他便因不适应而辞职。此后，他又在一家民营企业担任技术员，却仅坚持了七个月。随后短短九个月内，他频繁跳槽，涉足市场营销、计算机、机电工程等多个领域，但最后一份工作仅维持了一个星期。如今，小黄再次踏入熟悉的人才市场，重复着投简历、面试的循环。他感到十分迷茫和困惑，不知道自己究竟适合何种职业。

其实，小黄对机电工程专业并无浓厚兴趣，当初选择这个专业只是顺应家人的期望。就业时，他选择从事技术型工作也是出于无奈，希望能在职场中“骑驴找马”。然而几年过去了，他仍未找到心仪的“马”，反而骑着一头自己并不喜欢的“驴”。小黄在职场上的遭遇并非个例，许多大学生都面对着类似的困惑。

那么，为何小黄的“马”始终没有出现呢？为何他在步入职业生涯的初始阶段时会感到茫然失措呢？这很大程度上源于小黄在大学四年中，没有从职业生涯发展的角度来规划自己的生活，更未在就业准备和指导阶段做出科学的职业决策。他的经历值得我们深思：在追求学业的同时，如何更好地规划自己的职业生涯，才能为自己的未来铺设坚实的基石。

技能实训

1. 实训名称

职业生涯规划实施与控制实践。

2. 实训内容

本实训旨在帮助参与者全面理解和掌握职业生涯规划的实施与控制技巧，通过实际操作，提升个人在职业生涯规划中的策略制定、执行监控和调整优化能力。

3. 实训步骤

（1）目标设定与计划制订：先根据个人兴趣、专业背景和市场需求，设定明确的短期和长期目标；再制订行动计划，包括具体的行动步骤、时间表和资源需求。

（2）行动执行与监控：按照计划，逐步实施各项行动。同时，可以建立监控机制，定期评估进度，确保行动与计划保持一致。对于实际执行中出现的问题和挑战，应及时进行分析和调整计划。

（3）风险预测与应对：在职业生涯规划实施过程中，要预测可能遇到的风险和挑战，并制定相应的应对策略。当风险发生时，要能够迅速响应，调整计划，确保职业生涯规划的顺利实施。

（4）反馈收集与持续改进：通过收集来自自身、同事、导师等多方面的反馈，了解自己在职业生涯规划实施过程中的优势和不足；基于反馈，持续改进自己的职业生涯规划，提升实施效果。

4. 实训评价。

通过本实训，参与者能够按步骤进行职业生涯规划并撰写职业生涯规划书。同时，实训将帮助参与者提升自我认知、明确职业方向，为未来的职业发展奠定坚实基础。

项目七 职业生涯决策

开篇导航

人生宛如一幅不断绘就的画卷，其中的每一道笔触，都是我们做出的选择。如今身处的学府、专攻的领域，都是我们过往选择的结晶；我们现今的选择，又在潜移默化中塑造着未来。职业生涯的决策，宛如航海者寻找星辰，是事业航程中的指南针，决定着我们是否能够顺利抵达理想的彼岸。唯有找到真正契合的职业、充分发挥个人的天赋与优势，才能牢牢握住命运的舵，书写出熠熠生辉的人生篇章。

学习目标

知识目标：全面理解职业生涯决策的基本内容，掌握职业生涯目标设定的内容。

技能目标：学会根据实际情况灵活调整计划，以便在职业生涯中不断追求卓越。

素养目标：提升个人职业发展的自我认知和规划意识，培养良好的职业素养和团队合作精神，为未来的职业生涯奠定坚实基础。

单元一　职业生涯决策的基本内容

职业生涯决策是指对职业生涯事件做出选择和决定的过程。做决定是人成长过程中的重要环节，一些重要决定甚至可能成为一生的“里程碑”。职业生涯方向、目标定位以及道路选择对职业生涯发展起着决定作用，因此职业生涯决策能力就显得十分重要。

一、职业生涯决策的概述

1. 职业生涯决策的含义

职业生涯决策是指个人根据各种条件，并经过一系列活动，进行的目标决定，以及为实现目标而制定的个人行动方案。职业生涯决策是一个复杂的认知过程，通过此过程，个人组织有关自我和职业环境的信息，仔细考虑各种可供选择的职业的前景，做出职业行为的公开承诺。从这个概念我们可以看出：职业生涯决策是一个过程，而不仅是一种结果。

2. 职业生涯决策风格

美国职业生涯专家斯科特（S.Scott）和布鲁斯（R.Bruce）认为，职业生涯决策风格是在后天的学习中逐渐形成的，其将职业生涯决策风格划分为五种类型：理智型、直觉型、依赖型、回避型和自发型。

（1）理智型。这种类型的人以周全的探求和对选择进行具有逻辑性的评估为特征。理智型的人具有深思熟虑、善于分析、有逻辑性的特点，会评估决策的长期效用并以事实为基础做出决策。理智型职业生涯决策风格是比较受到推崇的决策风格，强调综合和全面地收集信息、理智的思考和冷静的分析判断，这是其他决策风格的个体需要培养的一种良好的思考习惯。但理智型职业生涯决策风格也并不是理想的、完美的决策风格，即使个人采用系统的、逻辑的方式，也会出现因为害怕承担决策的后果而不能整合自己和重要他人的观点的困扰。

（2）直觉型。这种类型的人以依赖直觉和感觉为特征，比较关注内心的感受。直觉型的职业生涯决策风格以自我判断为导向，在信息有限时能够快速做出决策，当发现错误时能迅速改变决策。由于以个人直觉而不是理性分析为基础，这种类型的人进行决策时发生错误的可能性较大，易造成决策的不确定性，容易使他人丧失对其的信心。

（3）依赖型。这种类型的人以寻求他人的指导和建议为特征，往往不能够承担自己做决策的责任，允许他人参与决策并共同分享决策成果，会受到他人的正面评价，但也可能因为简单地模仿他人的行为导致负面的结果。这种类型的人需要控制生活中的重要他人对自己的影响程度。

（4）回避型。这种类型的人以试图回避做出决策为特征。回避型的职业生涯决策风格是一种拖延、不果断的方式。面对决策会产生焦虑的人，往往因为害怕做出错误决策而采取这样的风格。这往往是由于其不能够承担做决策的责任，因此倾向于不考虑未来的方向、不去做准备、不知道自己的目标；不思考，更不寻求帮助。这种类型的人容易受到学校等支持系统的忽略，因此其需要意识到自身的决策风格及其可能造成的危害，努力调整，增强职业生涯规划的意识和动机，才能从根本上产生改变。

（5）自发型。这种类型的人以渴望即刻、尽快完成决策为特征，往往不能够容忍决策的不确定性以及由此带来的焦虑情绪，其决策具有强烈的即时性。这种类型的人常会基于一时的冲动，在缺乏深思熟虑的情况下做出决策，通常会给人果断或过于冲动的感觉。

3. 职业生涯决策的工具和方法

（1）决策平衡单。决策平衡单（decision-making balance sheet）经常被应用于问题解决模式咨询和职业咨询中，用以协助咨询者系统地分析每一个可能的选项，分别判断执行各选项的利弊得失，然后依据其在利弊得失上的加权计分确定各个选项的优先顺序，以执行最优先或偏好的选项。

决策平衡单主体框架包括自我物质方面的得失（utilitarian gains or losses for self）、重要他人物质方面的得失（utilitarian gains or losses for significant others）、自我赞许与否（self approval or disapproval）和社会赞许与否（social approval or disapproval）。

实际应用时，由于认为“自我赞许与否”和“社会赞许与否”仍显得笼统，所以生涯辅导专家金树人将最后两项改为“自我精神方面的得失”与“他人精神方面的得失”，即从由“自我 - 他人”以及“物质 - 精神”所构成的四个范围来考虑。

使用决策平衡单进行职业生涯决策的步骤如下。

①列出可能的职业选项。个人首先在决策平衡单中列出有待深入评价的 3～5 个潜在职业选项。

②判断各个职业选项的利弊得失。决策平衡单中提供个人思考的重要得失，集中于四个方面，分别是：自我物质方面的得失、他人物质方面的得失、自我精神方面的得失、他人精神方面的得失。个人可根据这些方面的内容，逐一检视各个职业选项，并以“+5”至“−5”的十一点量表（+5，+4，+3，+2，+1，0，−1，−2，−3，−4，−5）来评价各个职业选项。

③各项职业选项的加权计分。个人在各个方面的利弊得失上，会因身处于不同情境

而有不同的考量。因此，在详细评价各项职业选项之后，必须再进行加权计分，即将当时对个人而言重要的考虑因素评价分数乘 2～5。

④计算出各个职业选项的得分。加权计分后，需要逐一计算各个职业选项在“得”（正分）和“失”（负分）上的加权计分与累加结果，并计算各个职业选项的总分。

⑤确定各个职业选项的优先顺序。个人可依据各职业选项在总分上的高低，确定优先顺序。职业选项的优先顺序即可作为个人职业生涯决策的依据。

（2）决策树法。决策树法运用了概率论的原理，并且利用一种树形图作为分析工具。其基本原理是用决策点代表决策问题，用方案分枝代表可供选择的方案，用概率分枝代表方案可能出现的各种结果，通过对各种方案在各种结果条件下损益值的比较，为个人提供决策依据。

决策树法是常用的风险分析决策方法。该方法使用树形图来描述各方案在未来收益的计算结果，从而进行比较以及选择，这种决策方法是以期望值为标准的。人们在未来可能会遇到好几种不同的情况，每种情况均有出现的可能性，人们无法确定，但是可以根据以前的资料来推断各种情况在自然状态下出现的概率。在这样的条件下，人们计算的各种方案在未来的经济效果只能是考虑到各种情况在自然状态出现的概率的期望值，与未来的实际收益不会完全相等。

如果决策树只在树的根部有一决策点，则称为单级决策；若不仅在树的根部有决策点，在树的中间也有决策点，则称为多级决策。

4. 影响职业生涯决策的因素

（1）影响职业生涯决策的因素分类。克朗伯兹（J.Krumboltz）的生涯决定社会学习理论兼顾心理与社会的作用，认为两者对个人职业生涯决策均有影响。20 世纪六七十年代，克朗伯兹和同事们一起对高中学生做了一系列的研究，并于 1979 年出版《职业选择的社会学习理论》一书，书中阐述了他的主要观点。

克朗伯兹认为，以下四类因素影响个人的职业生涯决策。

①遗传因素和特殊能力。个人通过遗传获得的一些特质，在某种程度上限制了个人对职业或学校教育选择的自由。这些特质包括种族、性别、外表和特征等。

某些特殊能力也会影响个人在环境中的学习经验。伴随这些学习经验而来的兴趣与技能，对个人未来的职业生涯决策等也有较大影响。特殊能力包括智力、音乐能力、美术能力、动作协调能力等。

②环境状况和事件。克朗伯兹认为，影响教育和职业生涯决策的因素中，有许多属于外部的环境状况和事件，并非个人所能控制。这些环境状况和事件可能来源于人类活动（如社会、文化、政治或经济活动），也可能由自然力量（如自然资源的分布情况或灾害）引起。这些因素的影响包括：工作机会的数量和性质；训练机会的数量和性

质；用人单位选择工作人员的过程和社会政策；不同职业的投资回报率；劳动基准法和工会的规定；自然资源的开发；科技的发展；社会组织的改变；家庭、教育系统和社区等。

③学习经验。克朗伯兹认为，每个人独特的学习经验，在决定其职业生涯路径（career path）时扮演重要的角色。

日常生活中，个体受到的刺激与强化的类型、性质以及两者配合出现的时机常常错综复杂，没有一个理论能够很好地解释这些变量究竟是如何影响个人职业生涯偏好和职业技能发展，又是如何影响职业生涯决策的。以下两种学习经验是克朗伯兹的理论中最主要的形式，可在一定程度上说明学习经验对职业生涯决策的影响。

a. 工具式学习经验（instrumental learning experiences）。工具式学习经验的获得与学习心理学中工具制约学习的过程有类似之处。工具式学习经验主要有以下三部分内容。

第一，前因。前因包括了前面提到的各种环境状况和事件，以及个人在生活中遇到的刺激。

第二，内隐与外显的行为。内隐与外显的行为包括内在的认知和情绪反应，以及外在的行动。

第三，后果。后果包含了直接由行动所造成的影响，以及当个体体验到这些影响时的认知与情感反应。

克朗伯兹认为，凡是成功的职业生涯规划或职业生涯发展所需的技能，均属于能够通过连续学习获得的工具式学习经验。

b. 联结式学习经验（associative learning experiences）。联结式学习经验是指某些环境的刺激引起的个人情绪上积极或消极的反应。如果原来属于中性的刺激与社会上使个体产生积极或消极情绪反应的刺激同时出现，这种伴随在一起的联结关系，会使中性的刺激也具有积极或消极的情绪作用。克朗伯兹指出，一些对职业的刻板印象都是通过这种联结学习习得的。在个体成长过程中，这种联结式学习经验也许一生都难以改变，对其职业生涯决策也有着深远的影响。

④工作取向的技能。前面提到的各种因素，如遗传因素和特殊能力、环境状况和事件以及学习经验，会以一种交互影响的方式使个人形成特有的工作取向的技能，这些工作取向的技能包括解决问题的技能、工作习惯、工作的标准与价值、情绪反应、知觉和认知（如选择、注意、保留、符号知觉等心理技能）等。

（2）影响职业生涯决策的因素之间的交互作用。按照克朗伯兹的理论，上述四类因素在不断地产生交互作用，其结果是个体形成自我观察的推论、世界观的推论、工作取向的技能和行动。

①自我观察的推论。以过去的学习经验为基准，个人会对自己的表现做出评估与推论。评估的参照对象，可能是自己以往的成就，也可能是其他人的表现。克朗伯兹认为，心理学家所测量的个人兴趣、工作价值，都属于自我观察的推论。在职业生涯决策方面，自我观察的推论最重要的内容之一是“爱好”(preferences)，如喜欢教书而不喜欢做生意，或喜欢走在人群里而不喜欢坐在办公室等，这些爱好是学习经验的重要结果，也是职业生涯决策的衡量标准。

②世界观的推论。基于自己的学习经验，个人会对环境及未来的事物做出评估与推论，特别是在职业的前途方面。世界观的推论和自我观察的推论一样，不一定完全正确，而与个人学习经验的丰富程度有关。

③工作取向的技能。工作取向的技能既是“因”，又是“果”。在这里，工作取向的技能是指个人所习得的各种认知与表现的能力，可应用在职业生涯决策的过程中。

④行动。个人的实际行动是综合个人以前所有的学习经验、自我观察的推论与世界观的推论以及具备的各种技能，并将这些引入到未来事业发展的途径。克朗伯兹的理论所重视与关心的正是行动，它包括初步选定一种工作、选择一个特定的专业、接受一次职业训练、接受升迁的职位、改变主修科目等。

二、职业生涯决策的阻碍

不是每个人都能成功地做出职业生涯决策，一些阻碍因素不利于我们做出决策，或是导致我们职业选择不顺利，或是造成职业生涯发展困境，长久无法突破。

1. 职业生涯决策的阻碍因素

职业生涯决策的阻碍因素主要包括以下八个因素。

（1）意志薄弱。个人职业生涯决策受到父母、他人影响的情形相当常见，大学生往往会忽略真正适合自己的选择。虽有少数能立定志向的大学生，但其却往往因为不能持之以恒或失去毅力而放弃了想要发展的方向。大学生该多想一想：“我的理想是什么？”“我的生涯目标是否投射了他人的期待？”“真正适合我发展的方向在哪里？”“哪些因素影响着我做适当的决策？”“我应该坚持哪些理想？”可在充分考虑这些问题后，朝自己确定的方向去努力。

（2）行动犹豫。许多人虽然有着自己的想法与目标，但可能因为担心、害怕或缺乏信心等而迟迟无法展开实际行动。像这类只想、只计划却不能行动的人，就属于“行动犹豫”。这类人可通过建立信心或利用一些策略进行自我监督进行改善。

（3）信息探索不足。对目前社会或工作环境的信息了解太过缺乏，或不了解信息取得渠道的人，属于“信息探索不足”。这类人应强化信息的收集与了解，因为有丰富的信息才能有效率地做职业探索。

（4）特质表现不佳。个性积极、有主见的人在职业生涯发展路上较容易为自己铺一条适当的路。但有些人个性过于被动且缺乏主见，或没有规划的习惯，持有“船到桥头自然直”的态度，这些特质极不利于自己的职业探索。这类人属于“特质表现不佳”，只有积极地面对问题并进行调整，才有机会改变现状。

（5）方向选择未定。有些人受制于未来发展的方向模糊而无法明确地进行规划，也无法为将来做出预期的努力，属于“方向选择未定”。这类人应先多花时间去探索自己的兴趣、能力，以及社会现状等，只有先找出方向才不会做错选择。

（6）专业选择不当。个人所学的专业如果能与未来的职业生涯有所契合，将有助于其进入专业领域的职业生涯发展中。然而许多大学生常因某些因素进入非原先所期待的专业就读，属于“专业选择不当”。这类人应先给自己一些时间沉淀，再通过其他方法（如做兴趣测验、与师长讨论等），寻找适合自己的专业，考虑转系、转学等。

（7）学习状况不佳。在大学中，学习是最重要的一件事。如果大学生对自己所处的学习环境不满意，或学习心态不适当，则无法有好的学习态度，使自己为未来发展做的准备受到负面的影响，就属于“学习状况不佳”。这类人需要发掘这种现象背后的原因，从而在认知与行动上有所调整，才能投入到学习中去。

（8）学习困扰。许多大学生会因为与同学、老师互动状况不佳或异性交往问题而影响其个人状态，从而无法全心投入学习。这种恶性循环的结果可能使其无法达到自己理想的成绩，这类人属于“学习困扰”。这类人亟须回到根源处寻找困扰的来源或调整学习习惯，才不会错过适当的学习时机。

2. 职业生涯决策的阻碍因素省察

我们每个人在一生中，都可能因为一些阻碍因素而使自己的职业生涯停滞在较不好的发展状态。若能给自己一个机会去接触、觉察这些因素，那么对自己的未来发展将会有很大帮助。我们可以问自己以下问题，以省察这些阻碍因素。

（1）在我们个人成长或学习过程中曾经出现或目前出现了哪些阻碍因素？

（2）哪些因素对目前所学的专业或从事的工作有负面的影响？

（3）这些因素存在了多久？

（4）我们曾想过要改变或克服这些阻碍吗？

（5）若这些因素一直保持下去，未来将会如何？

（6）如果我们改变了，周遭人的看法、感觉将是如何，其可能会有哪些反应？

通过省察职业生涯阻碍因素，我们可以了解阻碍自己生涯发展的潜在因素，从而进一步突破自己的困境，开创新局面。

职场提示

职业生涯决策的注意事项

1. 职业生涯决策需要结合自己的性格、特长和兴趣

职业生涯能够成功发展的核心，就在于个人所从事的工作正是自己所擅长的。如果一个人性格内向、不善与人沟通、没有很好的交际意识，那么这个人就很难成为一名成功的管理人员。因此，制定职业生涯规划一定要认真分析自己的优点和缺点。从事一项自己擅长并喜欢的工作，工作会很愉快，个人也容易脱颖而出。这正是成功的职业生涯决策的核心所在。

2. 要考虑到实际情况，并具有可执行性

很多人刚开始工作时雄心壮志，一心想着出人头地。但是社会实际的工作更多的是一种积累的过程，包括资历的积累、经验的积累、知识的积累，所以职业生涯决策不能好高骛远，而要根据自己的实际情况和社会情况，一步一个脚印，层层晋升，最终才能成就梦想。

3. 职业生涯决策必须有可持续发展性

职业生涯决策不能仅是一个阶段性的目标，而应该是一连串的、可以贯穿自己整个职业生涯的远景展望。如果职业生涯决策过于短浅，而又没有后续决策的支撑，会使人丧失奋斗的热情，且不利于个人的长远发展。

单元二　职业生涯的目标设定与路线选择

一个人事业的成败，很大程度上取决于有无正确、适当的目标。没有目标，就如同驶入大海的孤舟，不知道自己走向何方。目标，犹如海洋中的灯塔，引导我们避开生活中的险礁暗石，走向成功。

一、职业生涯的目标设定

1. 职业生涯目标的内容

所谓目标，就是指一个人的行动方向。职业生涯目标，表面上是大学生对未来职业

发展所设立的具体职业类型和方向，以及职业发展所要达到的高度；从深层次看，其不仅是单纯的职业方向，更是人生发展的方向。

职业生涯目标可以通过很多方式影响个人的行为和表现：它可以刺激个人提高努力的水平，并给这种努力固定方向；可以提高个人朝向目标努力的坚持性，有助于其形成实现目标的战略；可以衡量行为结果的有效性，向个人提供积极的反馈。

大学生的职业生涯目标包括人生目标、长期目标、中期目标与短期目标，它们分别与人生规划、长期规划、中期规划和短期规划相对应。大学生要先根据自己的专业、性格、气质和价值观以及社会的发展趋势确定自己的人生目标和长期目标，再把人生目标和长期目标进行分化，根据个人的经历和所处的组织环境制定相应的中期目标和短期目标。人生目标对应整个职业生涯的规划，时间长至 40 年左右，是整个人生的发展目标；长期目标对应 5～10 年的规划，主要是较长远的目标；中期目标一般为 2～5 年内的目标与任务；短期目标对应 2 年以内的规划，主要是近期目标，即近期要完成的任务，如对专业知识的学习、需要掌握的技能等。

2. 职业生涯目标的重要性

职业生涯目标是个人一生职业发展的方向和理想归宿。一个人事业的成败，很大程度上取决于有无正确的职业生涯目标，其在职业生涯发展与规划中具有以下意义。

（1）方向作用。职业生涯目标是个人在充分认识自己、了解职业的基础上做出的选择，对个体职业生涯发展具有导向作用，它规定和引领着个体职业生涯发展的未来趋势。

（2）激励作用。职业生涯目标是个人职业发展的动力，它能够激励人们克服困难、排除干扰，勇往直前地向着明确的方向前进。

（3）约束作用。职业生涯目标的设定是职业生涯规划的核心，它约束和规定着个体该做什么、不该做什么，直到实现既定目标。

3. 设定职业生涯目标的注意事项

设定职业生涯目标是一个极其复杂的过程，有以下几个注意事项。

（1）职业生涯目标必须有具体的量化。对于没有量化的职业生涯目标，无论如何都很难估算出个人需要投入的努力，也很难检验目标完成的好坏。最简单的量化方法是：用具体的数字来描述自己的目标，即使目标数字化。例如，一个想改变自己英语学习落后状况的大一学生给自己制定了这样的学习目标：我一定要在英语四级考试中取得好成绩。这个目标就比较含糊、不够具体。例如，什么是好成绩？什么时候实现目标？不具体、无法量化的目标是不好检验的。如果改为“我要在大学二年级第一学期的英语四级考试中取得 610 分的成绩”，这个“610 分”就很具体、简单而直接。量化不需要过多的语言描述，也不需过多解释，量化目标的完成与否能很容易判断出来。

有时，为了能准确描述一个职业生涯目标，我们还需要用一系列数字并结合具体的文字进行描述。例如，一个软件工程专业的大学生的职业生涯目标是要成为软件业的领军人物，年收入要达到100万元以上。其阶段性的目标是：毕业5年后，成为一名专业化的软件工程师；毕业10年后，成为一名高级人才；毕业15年后，具有一定的影响力，成为领军人物。

（2）职业生涯目标应该有相应的时间期限。没有时间期限的职业生涯目标，即使量化得很具体，也是不现实的，因为职业生涯目标在什么时候完成仍是模糊的。没有时间期限，就很难估计要投入多少精力去实现目标。

如果完成目标需要较长的时间，而我们也有充足的时间去努力，那么为了保持始终如一的努力状态，可以为目标设定一个或几个“子期限”，如“这个学期要完成目标65%的工作任务，而剩下的35%的工作任务在下个学期完成。”这样我们的潜能很有可能会被设定的“子期限”激发出来。

（3）职业生涯目标需要写在纸上。一些人虽然有了职业生涯目标，却没有把它写下来，忽略了“白纸黑字”的力量。事实上，设定职业生涯目标的一个关键，就是把它写下来。因为当我们把职业生涯目标写下来之后，在我们的脑海中，已经把这个目标“清晰化”了。“清晰化”意味着目标是可衡量的。如果有必要，可将要完成的职业生涯目标清单写在一张纸上，并根据目标进展的情况不断补充这张清单，直到完成所有目标为止。可以在纸的顶端写下总目标，然后认真思考：我该怎样去实现这个目标。这时，我们面前会呈现一个清晰可见的“金字塔”，“塔尖”是总目标，中部是各种各样的具体的分目标，底部是行动计划。这样做的好处是能使我们集中精力做事，创造出更高的效率，从而走向成功的职业生涯。

（4）职业生涯目标要有重点。设定职业生涯目标时，要突出重点，避免出现“面面俱到”的求全情况。目标过多而没有重点，往往会在不知不觉中消耗我们的精力，不但会使效率变低，还会使自己变得犹豫不决。如果每个目标都是重点，那么每个目标也都不是重点。因此，为了突出重点，我们需要严格控制职业生涯目标的数量。这如同用放大镜将阳光聚焦到一个明确的点上，集中的光线会很快使几张厚厚的纸烤出一个洞来。如果阳光没有集中到一个点上，即使照上一年，也不会把这些纸烤出一个洞来。可见，重点就像我们职业生涯目标中的一个发力点，我们需要集中力量投入到关键性的目标上，从而顺利实现既定的目标。

（5）职业生涯目标要有挑战性，但也要有可行性。制定职业生涯目标时，要有一定的实现难度，而这个难度是我们通过努力能够克服的。这不但会激发我们努力，还会促使我们挑战面临的困难，实现自己的目标。如果所定的目标难度太高，甚至经过努力都没有方法完成，最终我们会因为看不到实现的希望而选择放弃。

所以，只有所努力的目标是可实现的，我们才能继续坚持下去。

二、职业生涯发展路线的选择

1. 职业生涯发展路线的类型

职业生涯发展路线是指一个人未来的职业生涯发展方向。不同的职业生涯发展路线对个人的素质要求有所不同，其也会影响日后的职业发展阶梯。职业生涯发展路线呈现为一个自下而上的职业发展阶梯，如大学教师的职业生涯发展路线是助教—讲师—副教授—教授，企业财务人员的职业生涯发展路线是会计员—主管会计师—财务部经理—公司财务总监。

具有不同素质的个体所适合的职业生涯发展路线有所不同。例如，有些人适合从事研究工作，可在科学技术领域获得突破；有些人适合管理岗位，能成为优秀的管理者或领导者。职业生涯发展路线的类型有以下几种。

（1）专业技术型发展路线。专业技术型发展路线是指工程技术、工程管理、技术经济等职能性专业方向的职业生涯发展路线。如果个人具备一定的专业技术知识、技能，对专业技术及相关活动感兴趣，并追求这方面的提高和成就，不喜欢与人打交道，则专业技术型发展路线是最好的选择。相应的职业发展阶梯是技术职位的晋升。

（2）行政管理型发展路线。如果个人热爱管理工作、稳重、老练、善于与人打交道、协调能力强、不喜欢做具体技术工作，或者自己所学专业的技术方向职业发展前景不佳，行政管理型发展路线便是其最佳选择。一般来说，管理工作需要从基层职能部门开始。如果个人的管理才能、业绩得以展现和被认可，其行政管理职位就可以逐步向高层提升。管理工作做久后改做技术工作会有许多困难，社会上的许多技术部门和单位不乏技术型的“双肩挑”干部，但是两方面工作都做好很不容易，个人要付出超出常人的努力。

行政管理型发展路线与专业技术型发展路线之间可以互换，但要看主客观条件，换得不好对组织、单位和个人都是一种损失。“双肩挑”的工作在基层相对容易，层次越高、年龄越大则越难。

如果我们选择了专业技术方向，对管理也感兴趣，也可以在管理岗位上做出成绩。在当今社会中，由技术工作转为管理工作的情况屡见不鲜。很多公司经理、部门经理甚至各级行政领导原先都是从事技术工作的，他们在晋升之后多数不再从事一线技术工作。

（3）自主创业型发展路线。国家鼓励和支持大学生自主创业，现在有不少大学生选择了自主创业的道路。自主创业对人生是一个挑战，有艰辛、有快乐、有失败、有成功。自主创业与其他参与性岗位的工作不同，对个人的素质要求较高。个人要结合自己的专业特长，特别要善于把握机遇、勇于创新，且心理素质要好，能够承受风险和挫折，还要善于学习。

近年来，大量行政干部和技术干部“下海”创业，说明了个人在不同职业生涯发展路线之间进行转换的现实可能性。有些人先到外资企业或合资企业工作一段时间，学习其运行模式和先进的管理经验，然后再自己创业。

2. 职业生涯发展路线的选择方法

职业生涯发展路线选择是人生发展的重要环节之一，对人的一生有着重要的影响。我们往往要经过一番努力才能找到适合自己的发展路线，思考以下问题能够帮助我们在尚未“步入歧途”之前发现适合自己的方向。

（1）我有什么才能？我们可以将自己的才能全部列出来，选择三种最重要的才能，然后用一两个词来表达这些才能，如“我最重要的三个才能是我的理解力、创造力和表达能力”。

（2）我的追求是什么？什么是我梦寐以求的，能使我希望为之付出更多的精力？哪些事情上，我愿意一展才华？我愿意在哪些主要领域投资自己的精力？其答案可以是“我的追求是帮助人们发现自己的生活目标。”

（3）什么环境让我感到如鱼得水？什么样的工作和生活环境最适合我发挥自己的才能？其答案可以是“我经常在轻松的学习环境或与别人一起游览自然风景时发挥自己的才能”。

在回答完这些问题后，我们可以把答案列出来，将每个答案中自己认为最重要的因素结合起来，组成一个完整的句子。例如，“我的生活目标是利用我的理解力、创造力和表达能力帮助人们在自然环境中发现他们的生活目标”。

在进行职业生涯路线选择时，我们可以从以下三个方面考虑。

（1）我们希望向哪条路线发展。在这个方面，应主要考虑自己的价值、理想、成就动机，确定自己的目标取向。

（2）我们适合向哪条路线发展。在这个方面，应主要考虑自己的性格、特长、经历、学历等客观条件，确定自己的能力取向。

（3）我们能够向哪条路线发展。在这个方面，应主要考虑自我所处的社会环境、政治与经济环境、组织环境等，确定自己的机会取向。

职业生涯发展路线选择的重点是对职业生涯选择要素进行系统分析，即在对上述三方面的要素进行综合分析的基础上确定自己的职业生涯发展路线。职业生涯发展路线选定后，还要画出职业生涯路线图（见图 7-1）。典型的职业生涯路线图是一个“V”形的图形。例如，如果一个人 22 岁大学毕业后参加工作，那么 V 形图的起点是 22 岁。从起点向上发展，V 形图的左侧是行政管理型发展路线，右侧是专业技术型发展路线。职业生涯路线图可按照年龄或时间划分为若干部分，并将专业技术等级或行政职务等级分别标在路线图上，作为自己的职业生涯目标。当然，职业生涯发展路线也可能出现交叉与转换，这可以根据自身的情况与处境来决定。

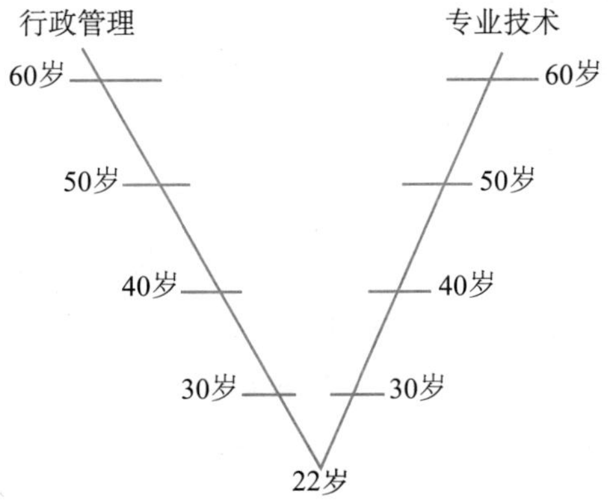

图 7-1　职业生涯路线图

单元三　修正职业发展计划

有一句谚语："对于一只盲目航行的船来说，所有方向的风都是逆风。"这句话告诉我们，要想获得职业生涯的成功，务必事先给自己安上一个"指南针"。有了方向和目标，我们才知道自己驾驶的事业之船该朝哪个方向前进，而不是毫无目的地在汪洋大海上随波逐流，浑噩度日。因此，我们需要制订职业发展计划，并及时修正。

一、职业生涯决策中的常见误区及其影响

在现实生活中，我们经常会听到身边的人谈论其一生的发展时，会感叹"如果当初我选择那份工作，那我现在就不至于这样了"或"如果当初我能早点创业，现在早就成了大老板了"。其实，人生的一些关键点的决策会影响自己的一生，而且这种决策没有回头路可走。可对于年轻人来说，很多人在自己的职业生涯决策过程中陷入了种种误区，使自己后悔莫及。大学生在职业生涯决策中的常见误区主要有以下几点。

1. 认为职业生涯目标没必要太具体

在现实中，人们一般认为"计划赶不上变化"，职业生涯目标没有必要太具体，有个大概的想法就可以了。目标管理理论认为，具体的目标比模糊的目标更有用。具体的目

标可以有效指出奋斗的方向，可以更好地衡量努力的结果。模糊的长期目标比较宽泛，不易于操作，起不到目标的激励作用。因此，职业生涯目标的设定不能只停留于模糊的概念层面，而应该有具体的、可操作的各个阶段的目标。只有这样，制定出来的职业生涯规划才能让人清楚自己下一步的努力方向，并朝着预定的目标不断奋斗，最终实现自己的职业生涯目标。

2. 职业生涯目标太高、不切实际

职业生涯目标的定位不能虚高。有研究表明，主观成功感对个人的发展和工作满意度是非常重要的。主观成功感是指完成有挑战性、有意义的任务后所带来的成就感。目标太容易或太难都不能带来成就感。目标要有足够的挑战性，但又不能太难，因为太难的目标容易导致失败，反而容易使个人产生挫折感和消极心理。合理的目标应该是既有挑战性，又能够通过自身努力实现的目标。要设置这样的目标，我们要具有独特的能力和深刻的洞察力，不但对自身的能力和潜能有足够的了解，而且能识别工作中的机会和障碍。因此，我们要实事求是地设计出有较大难度但通过自己付出一定努力又可以实现的目标，并做出长期的职业生涯规划。当然，如果我们选择了一个困难的目标，就要有承受风险和失败的心理准备。

3. 认为职业生涯决策与自己无关，只看父母、领导怎么想

许多人做职业生涯决策常常是为了取悦他人，如父母、老师、配偶或领导。他们把自己的责任推得一干二净，让别人来判断什么适合自己、以后要做什么。还有些人追逐社会上的“热门职业”，被所谓的“流行”“时尚”“声望”牵着鼻子走。他们常常认为：我自己无所谓、我不知道什么适合自己。这些人不是根据自己的能力、兴趣来选择自己的工作或职业。有研究表明，如果工作不能满足个人的需要、与个人的价值观不一致，或者个人不具备胜任这项工作所要求的能力和素质，那么其工作满意度就会很低，导致个人工作没有激情、缺乏成就感，而且很难有长期的发展。

4. 认为现在无所谓，以后好就可以

具体的工作仅仅是实现职业生涯目标的一个媒介、一种工具。在人生的任何阶段，人们都可能会不满足于自己正在从事的工作，有着自己的下一个目标。然而很多时候，人们狭隘地为下一个目标努力，忽略了眼前所从事的工作，没有厘清短期目标与长期目标之间的辩证关系。其实，我们目前所做的工作应该成为自己职业发展的阶梯。如果我们总是对现实不满、不好好工作，那么，不要说下一个目标，恐怕自己现有的岗位都有可能保不住。职业生涯目标的成功实现靠的是人生漫长的积累。我们要走好每一步路，干好每一个工作，在工作中提高自己，并为实现下一个职业生涯目标积累必要的能力。只有这样，当机会来临的时候，我们才能把握住。

5. 认为只要事业成功就可以，没必要考虑太多

很多人在追求职业发展时，忽略了对家庭和其他方面的考虑。人们常常在经过了挫折之后，才能真正意识到工作和生活之间的联系。很多人到职业生涯中期，才意识到由于自己只关心事业的发展，影响了家庭、婚姻的幸福，甚至影响到自己的身体健康。有时，工作角色与家庭角色之间的矛盾会导致工作与家庭之间的冲突。一方面，同事们总是期望个人在工作中情绪稳定，有自信心、判断力、独立性和逻辑性；另一方面，家庭成员希望个人在生活中是温和的、体贴的、感性的。如果个人不能调适自己的行为使之符合不同角色的期望，就可能体验到角色之间的冲突。其实，工作角色与家庭角色的相互作用贯穿人生的每一个阶段，工作和生活都是人生的重要目标，而且家庭幸福、婚姻幸福、身体健康有利于事业的成功。有效的职业生涯目标和个人所渴望的生活方式是结合在一起的。职业生涯规划应该是在个人人生目标的基础上制定的，它应该包含对生活方式、生活风格的考虑。这些道理说起来容易，但人们往往更多地注意工作的挑战、奖赏、声誉，而忽略了生活中的角色。

6. 一条路走到黑

我们在设定职业生涯目标时应强调灵活性，但在实践中却容易忘掉这一点。人们往往难以放弃自己已经投入的时间和精力。职业转换对于大多数人来说是一个困难的过程，但工作环境和人都会不断地随着时间变化。例如，随着时间变化，个人对自身的认识会产生改变，兴趣会发生转变，原先所掌握的技术也会被淘汰；自己原先所从事的行业可能会转变成“夕阳行业”；雇佣关系变得不确定，个人可能被解雇。因此，我们必须动态地审视自身和职业，及时转变职业定位，以更灵活、更积极的态度去面对职业生涯决策。

二、职业发展计划的评估和修正

1. 职业发展计划的评估

（1）评估的内容。

①职业生涯目标评估。如果一直无法找到我们所希望的学习机会和工作，那么我们应根据现实情况重新选择职业生涯目标；如果一直无法达到我们设立的职业生涯目标，在学习、工作中得不到应有的发展，导致我们长期压抑、不愉快，那么我们应考虑修正和调整职业生涯目标；如果结婚后，我们的职业给家庭造成极多的不便，或者家人反对自己所从事的职业，那么我们应考虑修正和调整职业生涯目标。

②职业生涯方向评估。当出现更适合自身发展和职业生涯发展的机会或选择，而原定发展方向前景不佳的时候，我们就应尝试调整职业生涯方向。

③实施策略评估。如果在其他地方可以找到一份令自己和家人都十分满意的工作，

我们就可以前往该地；如果家人无法在自己工作的地方定居、工作，在征询父母意见后，我们可以考虑改变已定计划；如果在目前的区域和职业上实在得不到发展，我们可以考虑改变实施策略。

④其他因素评估。其他因素评估包括对身体、家庭、经济状况以及机遇、意外情况的及时评估。例如，如果家庭需要更多的照顾，我们可以把更多的精力放在家庭上，甚至暂时放下工作；如果身体条件出现问题，我们可以放低对自己的职业要求；如果有意外发生，我们需要调整职业发展计划。

（2）评估的方法。

①反思法。反思法即对职业发展计划实施情况进行回顾。例如，职业发展计划中计划的学习时间是否达到？学习上有什么收获？还有哪些问题？方法上有何体会？

②调查法。在职业发展计划的每一个近期目标实现后，我们都应对下一步的主客观环境、条件做调查、分析。例如，条件是否变化？哪些变好？哪些变坏？我们需要对情况的变化心中有数，然后根据变化了的情况，恰当地修改下一步的计划。

③对比法。每个人有自己追求目标的方法，所以在制订职业发展计划时应多比较、多思考、多学习别人科学的方法。对别人职业发展计划的分析，往往有助于我们自己对职业发展计划进行修改。

④求教法。我们可以把职业发展计划告诉知己的同学、朋友，让他们帮助自己进行思考。自我反思往往十分困难，但别人能从旁观者的角度清楚地看到自己的弱点。虚心、主动、积极、经常地征求别人对自己职业发展计划的看法及修改意见，往往能使我们受益匪浅。

（3）评估时应注意的问题。评估可以参照各类短期目标、中期目标和实际结果比较而行，可以用来判断自我素质和行为对现实环境的适应性。在评估中，需要对自身进行分析，结合环境变化因素，找出评估中的偏差所在，对评估结果做出修正。

①抓住最重要的内容。在职业生涯的某一阶段，总有一个最重要的目标，其他目标都指向这个核心目标，我们应优先排序，重点评估那些为了达到这个核心目标执行的主要策略的效果。

②分离出最新的需求。针对变化的内外环境，我们要善于发掘最新的趋势和影响，寻找最有效且最有新意的策略。

③找到突破方向。有时，在某领域取得突破性的进展将对整个职业生涯产生重大影响。我们应反思之前的策略，看哪一种方案会对目标的达成有突破性的影响；如果目标没达到，原因是什么，如何寻求新的突破。

④关注弱点。管理学中有个著名的木桶理论，即一只沿口不齐的木桶，其容量的大小，不取决于最长的那块木板，而取决于最短的那块木板。了解自己的弱点和不足之处

是进行职业发展计划评估的重要一环。根据木桶理论，一个人的职业成就不仅仅取决于其最擅长的部分，更取决于其短板部分。所以，我们要找出自己在观念、知识、能力、心理素质等方面的短板，然后设法进行改进或调整。

2. 职业发展计划的修正

在进行职业发展计划评估后，我们要根据评估的结果进行目标、策略和方案的修正。所谓修正是指改正、修改，使其正确。职业发展计划修正的内容包括：职业的重新选择、职业生涯发展路线的修正、阶段目标的修正、实施措施与行动计划的变更，等等。

（1）职业发展计划修正的目的。进行职业发展计划修正，应该达到下列目的：对自己的强项充满自信；对自己的发展机会有一个清楚的了解；找出关键的有待改进之处；为这些有待改进之处制订详细的行为改变计划；实施自己的行动改变计划，确保能取得显著的进步和成就。

（2）职业发展计划修正的时机。实施职业生涯规划时，必须为日后可能的计划修正预留余地，修正的依据是每次评估得到的信息。对于计划修正的时机，必须考虑以下 3 点。

①预定目标的达成进度。

②每一阶段目标达成的实际效果。

③客观环境改变对计划执行的影响。

（3）职业发展计划修正应考虑的因素。

①环境因素。环境因素包括社会环境、政治环境、经济环境、科技环境、自然环境、法律环境等。个人要从宏观层面认识到职业生涯发展的局限和可能性，个人只能适应环境因素而不可改变。

②组织因素。组织因素包括组织规模、组织结构、组织文化、组织发展状况、人力资源规划、人力资源管理系统类型、晋升政策、人际关系等一切与职业生涯发展有关的组织因素。要改变组织因素非常困难，但个人可以选择组织，到最适合自己发展的组织中工作。

③个人因素。个人因素包括年龄、性别、学历、工作经历、家庭背景、人格等。一方面，我们要正确认识自己；另一方面，我们要不断完善自己。

组织和个人只能适应环境因素，正确认识和分析组织与个人因素，寻求个人发展和组织发展的最佳匹配。

课堂案例

一个大学毕业生的就业之旅

2014 年 7 月，小李毕业了，加入了找工作的“大军”中。离开学校，他没有回家，怀着对大城市的向往，拿着一学期省吃俭用省下来的 2 000 元，直接踏上了北上的列车，来到了计算机专业大学生心中的圣地——中关村。对于这个农村孩子来说，北京的一切都是那样新奇，但是，他来不及关注周围的风土人情，便马不停蹄地投入一场又一场的招聘会中。他的理想职业是程序员，来京之前做好了应对困难的思想准备，但残酷的现实还是令他始料未及。招聘会上名校毕业生的简历堆积如山，他的简历就像“沧海一粟”。他感到前所未有的压力，并开始怀疑自己选择的职业目标。

在短暂的彷徨过后，小李冷静下来重新定位：当前需要解决的首要问题是生存，是在这个大城市生存下来。他重新回到招聘会中，不再问招聘单位是否在中关村，也不再问工资待遇是否超过了他原定的底线。经过一次次失望，当身上仅剩 200 元的时候，一所高校的下属公司被他的真诚态度和对计算机网络的独特认识打动，向他敞开了大门，并向他提供了 4 000 元的月薪，小李不假思索地答应了。尽管这是一个高消费的城市，但 4 000 元却能够解决他的燃眉之急。第二天，小李就上班了。他非常珍惜这来之不易的工作，工作中要比别人多付出几倍的努力。三个月后，他的真诚努力、谦虚好学感动了老板，使老板改变了招聘这个岗位的初衷。本来这是一个维护员的岗位，但老板开始让小李负责公司办公室的工作，包括公司的信息化建设、设备采购、接待业务等，薪酬也提高了好几倍。小李在上班时紧张地工作，业余时间也没有闲着。他是一个不满足于现状的人，利用身处高校的有利环境，下班后经常去学校的各个教室里旁听外语、操作系统、程序设计等课程，只要感到有益就学习。功夫不负有心人，2016 年上半年，公司选派年轻后备人才去国外学习管理课程，小李靠着平时的学习积累，在激烈的竞争中入选。虽然在国外只有短短一个月的学习时间，但这次经历使他开阔了眼界、增长了知识、增强了信心。2016 年下半年，学校成立培训学院，小李凭着自己的实力，顺利通过考核，走上了培训学院国际培训部副主任的岗位，负责培训市场开发。在这个岗位上，小李一干就是五年。尽管工作非常努力，但他还是感到自己知识的不足。因此，在 2021 年，小李考取了某大学的工商管理硕士，再一次进行“充电”，为职业生涯发展做好了新的准备。

技能实训

1. 实训名称

职业生涯决策技能实训。

2. 实训内容

本次实训旨在帮助参与者深入了解职业生涯决策的过程与技巧，掌握自我分析、职业探索、目标设定及行动计划制订等核心技能，提高职业生涯决策能力与职业生涯规划水平。

3. 实训步骤

（1）自我探索与分析：通过填写个人情况问卷、进行自我评估与兴趣测试，深入了解自身性格、优势、价值观及职业倾向。

（2）职业环境与机会分析：研究行业趋势、职业发展路径与市场需求，明确潜在的职业机会与挑战。

（3）目标设定与优先级排序：基于自我分析与职业环境分析，设定短期与长期的目标，并依据重要性进行优先级排序。

（4）行动计划制订：针对每个目标，制订具体的行动计划，包括学习、培训、实践等方面的计划。

（5）决策模拟与实践：通过模拟决策场景实践决策技巧，并反思总结，不断优化决策策略。

4. 实训评价

本次职业生涯决策技能实训采用多维评价体系，包括个人参与度、任务完成度、决策质量及行动计划的可操作性等。通过实训，参与者能够全面掌握职业生涯决策的核心技能，为未来的职业发展奠定坚实的基础。

项目八 管理你的时间

开篇导航

成功的人生，并非仅仅依靠天资与运气，更依靠我们对自身的把握。通过高效的时间管理，我们能够在短暂的人生岁月中开拓无尽的未来可能，拓宽生命的广度和深度，提升生命的质量。因此，学习并掌握时间管理，将其灵活应用于日常生活，无疑是通往成功的不二法门。

学习目标

知识目标：深入理解时间管理的基本含义及其在大学学习生活中的重要性。

技能目标：掌握实用的时间管理方法与技巧，能够自主规划并高效利用时间，提升学习效率和生活质量。

素养目标：培养良好的时间管理习惯，增强自我管理与自律能力，为未来职业生涯奠定坚实基础。

单元一　时间观念与时间管理

“一寸光阴一寸金，寸金难买寸光阴。”时间对于每个人来说都是非常宝贵的。然而，时间管理意识不足，或不会把握时间是大多数人的共同问题。

一、时间观念的概述

1. 时间的特点

时间看不见、摸不着，是物质运动的顺序性和持续性。法国思想家伏尔泰编了一个谜语：“世界上哪样东西是最长的又是最短的，是最快的又是最慢的，是最能分割的又是最广大的，是最不受重视的又是最受惋惜的？没有它，什么事都做不成；它使一切渺小的东西归于消灭，使一切伟大的东西生命不绝。”谜底就是“时间”。

时间的主要特点如下。

（1）不可回溯。时光的隧道是单向的，只有前进，没有后退。逝去的时间永远不会回来。

（2）绝对公平。时间对任何人来说都是公平的，每个人的一天都是 24 小时。它不能买、不能卖、不能租、不能借，不论是富翁还是乞丐，都不能改变这个事实。

（3）供给量毫无弹性。时间的供给量是固定不变的，在任何情况下都不会增加，也不会减少，每天都是 24 小时，所以我们无法对时间“开源”。

（4）无法积蓄。时间不像人力、财力、物力和技术那样能被积蓄、储藏。不论愿意还是不愿意，我们都必须消费时间，所以我们无法对时间“节流”。

（5）无法暂停。对于时间，我们无法像操纵机器那样操纵它，决定何时“开”，何时“关”，没有人可以阻挡它的前进。它不会像火车到站那样，为了让旅客上下车，可以暂停。时间就像自由落体，没有暂停，只有“终止”。对于时间，我们毫无选择的余地，只能被迫以每天 24 小时消耗它。

（6）无法取代。时间是任何活动都不可缺少的基本资源。因此，时间是无法取代的。

2. 时间观念的定义

时间观念来自人类观察、感知到的自然时间或物理时间。人类的时间观念主要来源于观察到的自然运动（如天体运动）和人文运动（如社会活动）的有序性、节律性或律动性。

大学时期的时间观念，主要是指大学生对待大学时光的态度及其采取的规划方法。“一寸光阴一寸金，寸金难买寸光阴。”这句俗语提醒我们，在成长的过程中，应树立起正确的时间观念。

3. 时间观念的转变

大学生活与高中生活最根本的区别在于，大学生活中，个人有更多由自己支配的时间。高中阶段，所有学生都在一样的环境里、一样的模式下学习；每天有固定的作息时间，忙碌在教室、食堂、宿舍这“三点一线”。学生们已经习惯于遵循这种固定模式，不需要花费太多精力，甚至根本不需要花费精力来规划自己的时间。在高中阶段，学生的时间观念还处于萌芽状态。

进入大学以后，短期的入学教育，并不能使学生完全融入大学生活。高中时期的思想和时间上的双重禁锢，让刚刚走进“象牙塔”里的广大学子迫不及待地摆脱原有的生活方式，而大学恰恰给了他们这样一个空间。在这种情况下，因为学生们没有树立起正确的时间观念，大部分学生开始了“摸着石头过河”的生活方式，导致“迟到”“旷课”“早退”等高中时期不曾出现的现象频繁发生，学生对自由的向往演变成放纵，体验不到真正意义上的大学生活。

所以，我们要充分意识到从高中到大学的时间观念转变的重要性。进入大学，大学生们由高中时期的“被动者”转变为主动掌控时间的“支配者”。这就需要大学生端正自己对大学生活的态度，培养自己规划大学生活的能力，树立属于自己的正确的时间观念。

4. 培养正确时间观念的方法

（1）确立奋斗目标。计划都是为实现某一目的或目标而制订的。只有确立了自身的奋斗目标，才会促使自己充分利用现有的时光，通过自己的实际行动来实现目标。所以，培养时间观念的首要任务就是确立自己的奋斗目标。这个目标应该是多个阶段性目标支撑起来的一个最终目标。例如，一个学生毕业后想进入一家知名的外企，那么他要保证自己能够顺利毕业、通过大学英语四级考试，还要了解企业文化等。随着时代的发展，企业的需求也会随之改变，这就要求我们在努力的过程中不断地调整自己的阶段性目标。除此之外，我们还要制定阶段性目标，这是因为大学生的信念不够坚强、对未来的把握具有局限性。如果一个大学生整日幻想毕业后要怎么样，却不知明天该做什么，那么这样的梦想只能成为一个“梦”，永远无法实现。

所以，确立奋斗目标是培养时间观念的首要前提，只有确立了奋斗目标才能做到有的放矢地划分自己的时间使用区域，使时间观念实体化。

（2）坚定信念。摆脱了高中生活的禁锢，绝大多数学生会觉得大学生活很安逸。随着时间的推移，能够保持和高中一样学习劲头的学生越来越少。几乎所有学生在大学入学时都会听到这样一句话：“如果你能保持将高中一半的努力投入大学生活中，那么你毕业时一定能有出色的成绩。”可是当这些学生毕业时重新审视这句话，却又觉得是那么的不容易。每个学生在写下自己最初梦想的时候，都是信心百倍的，认为自己有足够的决心来实现这个梦想。可是，由于人的惰性，能够坚持拼搏的人很少，这就对仍在坚持拼搏的人提出了严峻的考验。这种考验一方面是志同道合的人越来越少，让自己感觉很无助；另一方面是前方无法预知的重重困难，不知是坚持还是放弃。这是考验一个人信念是否足够坚定的时候。信念的坚定，源于自身对目标义无反顾地追逐。困难与挑战会不断地出现，而一个人的心理承受能力是有限的。当困难累积到无法承受时，个人的信念便会开始动摇。

当我们的信念开始动摇时，可以采用以下方法坚定信念。首先，我们可以让自己停下来，缓解一下身体和精神的疲劳，稍做休息后再继续奋斗。其次，可以将目标的“诱惑”扩大化。这里的“诱惑”是指实现目标可以带来的物质和精神财富。我们可以憧憬一下目标实现后的收获，想象一下美好的未来。当这种“诱惑”大于我们所遇到的困难时，我们的信念便会巩固和坚定。最后，我们可以从成功者的经历中获得启示与激励。在学习的过程中，我们可以多阅读一些励志的书籍、一些成功人士的传记。例如，鲁迅的成功，有一个重要的“秘诀”，就是珍惜时间。他说：“时间就像海绵里的水，只要愿挤，总还是有的。”“时间就是性命。无端的空耗别人的时间，其实是无异于谋财害命的。”鲁迅惜时如命，他把别人喝咖啡、谈天说地的时间都用在了工作和学习上。所有的成功人士对时间的认识和理解都值得我们去学习，以帮助我们激励自己。

（3）增强对时间流逝的敏感性。我们常常会有这样一种感觉，就是当我们专注或沉溺于某一件事物时，总会觉得时间过得很快。但有时候，我们又会觉得度日如年，这就是因为我们不愿做这件事情。同时，我们又深知，无论我们快乐还是悲伤，时间都不会因为我们而停下。因此，我们要不断地审视自己，定期总结自己在过去某一阶段的行为以及这些行为带来的结果，我们会发现有很多事情不尽如人意。只有这样，我们才会意识到时间的流逝毫无意义，我们还有很多事情没有做或者没有做好。人们都是在追忆过去的时候，才会有所顿悟。只要我们学会定期总结自己在前一阶段的行动，不断地提醒自己，培养自己对时间流逝的敏感性，我们的时间观念就会不断加强。

（4）制定严格的时间表。“千里之行，始于足下。”任何目标的实现都离不开实际行动。在时间观念还不成熟的情况下，必要的制度约定是养成时间观念最直接的办法。对于初入大学的新生来说，合理、严格的作息时间不仅可以使其保持高中时期的良好习惯，更是其探索大学生活最简单的办法。制定时间表，是为了让自己在规定的时间内完成相应的事情。只有时刻提醒自己，不同的时间里有不同的事情要做，自己才会有时间观念。时间观念的最初养成离不开具体行动。

时间观念的培养，是一个长期持续的过程，每个人成长的环境不同，理想与愿望也千差万别。时间观念可以描述成一种习惯，当“习惯成自然”的时候，一个人的时间观念基本也就养成了。我们会发现，在大学生活中，同一个班级的学生，有些从来不迟到，而有些总是迟到，甚至每次迟到的时间都出奇相近。影响个人时间观念的因素有很多，其中家庭因素占相当大的比例。但是进入大学后，家庭因素已成为不可控因素，我们可以掌握的因素有个人目标、价值观、学习环境、意志力等。只有这些因素达到了某一程度，并有机地结合到一起，才会促使我们形成正确的时间观念。时间观念的外在体现就是一种习惯，一种不浪费生命的习惯。

二、时间管理的概述

1. 时间管理的含义

所谓时间管理，是指为了提高时间的利用率和有效性，而对时间进行合理的计划、控制、有效安排与运用的管理过程。由于时间所具有的特性，时间管理的对象并不是时间，而是与时间息息相关的“自我管理”，也就是我们学会如何应对单位时间内发生的事件，使这些事件沿着最理想的方向或目标发展。我们必须抛弃陋习，引进新的工作或学习方式以及生活习惯，订立目标、妥善计划、分配时间、权衡轻重，加上自我约束、持之以恒等才能提高效率，达到事半功倍的效果。

对于时间管理的方法，西方发达国家管理学界对此研究很多，我国的心理学界也对学生时间管理倾向进行了多年的研究，但很少有对大学生的职业生涯规划进行具体的时间管理方法辅导和良好习惯的训练。在当前日益严峻的就业压力下，引导大学生尽早地进行职业生涯规划，以时间为单位，确定不同时期的奋斗目标，有目标地进行时间管理，一步步地按计划采取有效的行动，就能使其在竞争中取得成功。无论是在职场还是在学校，每个顶尖的成功者首先是顶尖的时间管理者。

2. 时间管理方法的发展阶段

时间管理方法的发展经历了四个阶段，人们从认识到时间管理的重要性，到开始进行时间管理，经历了管理方式和管理重点的转移，其发展的过程是一个逐渐优化的过程。

（1）第一代时间管理。第一代时间管理是一种“备忘录型”时间管理，其特点是用一个详细的备忘录或便条列出任务清单，完成一件，就在这件事打对勾，然后按照任务清单一件一件地做完任务，以这种方式进行时间的分配和管理。如果一天结束时，个人完成了大部分任务，就可以在备忘录上打对勾；否则就要将剩余任务增列到明天的备忘录上。时间的增加是指当时间不够用，而工作任务比较多的时候，就单纯地加班加点，延长工作时间。

这种方法的优点是：每做一件事情就做一个记录，可以知道自己做了哪些工作；存有备忘录，可以防止“挂一漏万”；顺应事实发展，没有压力或压力比较小。

这种方法的缺点是：没有主动的计划，丝毫没有“优先”的概念；只是简单地对感觉到明显需要做的事情做出反应，个人的活动被各种各样的事件控制，不是“人控制事件”而是“事件控制人”。

（2）第二代时间管理。第二代时间管理是一种“未雨绸缪型”时间管理，强调“规划与准备”，即在所有要做的工作任务开始之前，把清单列出来，并在每一项任务之前定一个时间的期限。其特点是制定时间表，记录应该做的事情，标明完成任务的期限。例如，8：00—9：00 做什么，9：00—10：00 做什么，13：00—14：00 做什么。每一项任务都有开始和结束的时间，个人在这个时间段中完成规定的某项任务。

这种方法的优点是：对任务有了更多控制，而不是随波逐流；事先有计划，按照计划办事；具有追求效率的意识，效率能明显提高。

这种方法的缺点是：依然没有解决对事情轻重缓急的划分问题；虽有计划，但计划没有目的性；对于为什么工作、工作的价值，并没有衡量过；虽然效率高，但效益不明显。

（3）第三代时间管理。第三代时间管理是一种“明确目标型”时间管理，主旨是“规划、制定优先顺序”。其特点是明确自我的价值观及个人的人生目标，再按照价值观和人生目标确定哪些事情是重要的，哪些事情是不重要的。当工作任务越来越多，多到在规定的时间里没有办法彻底做完的时候，我们就要对时间管理的内容进行一定的更改。一方面，对工作任务要做一些取舍；另一方面，对工作任务要按优先级排序。例如，先做哪件，后做哪件；重点做哪件，非重点做哪件；主要做哪件，次要做哪件；做哪件，不做哪件；等等。我们可以通过象限法描述这种取舍和优先级排序。

这种方法的优点是：依据个人目标，判断事情的轻重缓急；强调将有限的时间、精力加以分配，争取最高的效率目标。

这种方法的缺点是：并未以平衡的方式管理各种角色；有时缺乏现实性，过于死板和拘束，从而导致失望和挫折感。

（4）第四代时间管理。第四代时间管理是一种“自我管理型”时间管理，强调既要有一个人生规划，又要使个人的人生规划和整个社会的发展以及自己的社会公德心融为一体，相辅相成。

这种方法的优点是：主张人比事更重要，强调应进行个人管理，取得生活、事业、健康、家庭等重要人生层面的平衡；以原则为中心，结合对自己独特使命的认识，兼顾重要性和急迫性；将重心放在不紧迫却极重要的事情上；能变通，即能随个人需要、环境改变而调整，而不是“朽木一块”。

这种方法的缺点是：每个人的时间管理与个人认知、经验等密切相关，不易把握。

虽然时间管理经历了四个阶段的发展，但后一个阶段的时间管理并不是对前一个阶段时间管理的否定，而是进一步完善和发展。从时间管理的发展过程可以看出，时间本身不能被管理，能被管理的是个人和个人的选择，时间管理其实就是自我管理。时间管理的关键在于如何选择、支配、调整、驾驭在单位时间内所做的事情。或者说，时间管理的核心是如何分配时间，在每一分每一秒完成最有生产力的事情，在更短的时间达成更多目标。

3. 时间管理的意义

在许多组织中会有这样一类员工：他们永远准时工作，从不会忘记要办的事；能够按事先计划的步骤，如期甚至提前完成工作；事事办妥，轻松无比。他们并非拥有异于常人的超能力，而是懂得时间管理。

不会管理时间的人永远不会成为一名成功人士。对于员工而言，一个不会管理时间的人，永远不可能成为一名优秀的员工，也永远没有机会成长为一名管理者。

一名员工要很好地完成工作，就必须善于有效管理自己的时间。对时间的有效管理直接关系到员工工作效率的高低。工作任务很多，时间却是有限的。时间是最宝贵的财富，不会合理地利用时间，计划得再好、目标再高、能力再强，也不会产生好的结果。想要成为一名优秀的员工，就必须养成严格遵守时间的习惯，按时完成任务、改变对时间的漠视态度。我们不应该被动地被时间牵着鼻子走，而应主动把握时间、规划时间、管理时间，让有限的时间发挥更大的效用。

时间管理可以使工作时间得以“延长”。在这里，延长的含义不是绝对的延长工作时间，而是通过管理时间提高效率。举例来说，要起草三份文件，我们一般有两种方法，一种是先尽快把所有文件都起草出来，再进行不断的修改完善；另一种是精心地一次性把一份文件起草好，然后起草下一份文件。前一种方式一般需要几个修改周期，而后一种方式只需要一个周期就可以完成了。由此可见，降低工作反复性，可以使我们在同样的时间里完成几件不同的工作任务，增加了单位时间的利用率，就相当于延长了工作时间。

4. 时间管理的前提

时间管理只是一种方法和手段，这种方法和手段能不能被运用，主要取决于行为当事人对时间的态度以及心理建设水平。

（1）珍惜时间。时间如空气一样，每个人都可以免费得到。然而，没有花费成本的东西，人们往往不知道珍惜。

“一寸光阴一寸金，寸金难买寸光阴。”时间也是一种资源，如果任其白白浪费，也就减少了我们能得到的收益。因此，我们要将时间看成一种资源，改变对时间的态度。

（2）做好心理建设。做好心理建设是时间管理的第二个前提。心理建设包括：有时间管理的愿望，愿望是进行时间管理的关键；明确价值，确定长期、中期、短期目标，价值和目标是时间管理的“宪法”；有行动力，让时间管理方案能够切实执行；有自控能力，因为时间管理的过程其实就是自我管理的过程。

5. 时间管理的法则

（1）取舍法则。个人的时间和精力是有限的，不可能做到面面俱到、有求必应。因此，取舍法则是时间管理的第一个法则。“有舍才有得。”我们要在明确价值观和人生目标的基础上，知道哪些事情是不能舍弃的、哪些事情是必须舍弃的。

（2）帕累托法则。对于取舍，我们需要遵循时间管理的第二法则——帕累托法则，即我们通常所说的“二八法则”。其核心思想是生活中 80% 的结果源于 20% 的关键事情，所以我们要把注意力放在 20% 的关键事情上。

（3）主次法则。即使是最重要的 20% 的关键事情，也有主次之分。我们要先将焦点集中在主要矛盾上，解决了主要矛盾之后，再逐步解决相对次要的矛盾。

职场提示

时间管理的十一条“金律”

1. 时间管理要和自己的价值观相符合

我们一定要确立个人的价值观。假如价值观不明确，我们就很难知道什么对自己最重要。价值观不明确，时间管理一定不好。时间管理的重点不在于管理时间，而在于分配时间。我们没有时间做每件事，但永远有时间做对自己来说最重要的事。

2. 设立明确的目标

时间管理的目的是让我们在最短时间内实现更多想要实现的目标。我们可以把今年的 4 ～ 10 个目标写出来，找出一个核心目标，并按重要性依次排列其余的目标，然后依照自己的目标设定详细的计划，并依照计划行动。

3. 改变自己的想法

美国心理学家詹姆斯（W.James）在对时间行为学的研究中发现两种对待时间的态度：“这件工作必须完成，但它实在讨厌，所以我能拖便尽量拖”和“这不是件令人愉快的工作，但它必须完成，所以我得马上动手，好让自己能早些摆脱它”。当我们有了动机，迅速踏出第一步是很重要的。不要想立刻推翻自己的所有习惯，我们只需强迫自己现在就去做自己所拖延的某件事，然后从明早开始，每天都从任务清单中选出最不想做的事情先做。

4. 遵循帕累托法则

生活中肯定会有一些突发和迫切需要解决的问题，如果我们发现自己天天都在处理这些事情，那表示我们的时间管理并不理想。成功者花最多的时间做最重要的事，而不是最紧急的事，然而一般人都是做紧急但不重要的事。

5. 安排“不被干扰”的时间

每天至少要有半小时到一小时的“不被干扰”的时间。假如我们能有一个小时完全不受任何人干扰，把自己关在自己的空间里面思考或者工作，那么这一个小时的工作效果可以抵上一天的工作效果，甚至有时这一小时的工作效果比三天还要好。

6. 严格规定完成期限

帕金森（C. Parkinson）在其所著的《帕金森法则》中，写下这段话：“你有多少时间完成工作，工作就会自动变成需要那么多时间。”如果你有一整天的时间可以做某项工作，你就会花一天的时间去完成；而如果你只有一小时的时间可以做这项工作，你就会更迅速、有效地在一小时内完成。

7. 做好时间日志

我们可以记录自己花了多少时间做哪些事情，如早上出门（包括洗漱、换衣、早餐等）花了多少时间，搭车花了多少时间，出去拜访客户花了多少时间……把每件事情花的时间一一记录下来，我们就能清晰地发现浪费了哪些时间，这和记账是一个道理。当我们找到浪费时间的根源，才有办法改变。

8. 理解“时间大于金钱”

我们可以用自己的金钱去换取别人的成功经验，一定要抓住一切机会向顶尖人士学习。我们要仔细选择自己接触的对象，这样可以节省很多时间。

9. 学会列清单

我们可以把自己要做的每一件事情都写下来，这样做能让自己随时都明确手头上的任务。不要轻信自己可以把每件事情都记住，但当我们看到自己长长的任务清单时，就会产生紧迫感。

10. 同一类的事情最好一次做完

假如我们在做作业，那段时间最好都做作业；假如我们在思考，可以用一段时间只进行思考；如果打电话，最好把电话累积到某一时间，一次打完。当我们重复做一件事情时，就会熟能生巧，使效率得到提高。

11. 做最有效率的事情

我们必须思考一下，要做好一份工作，到底哪几件事情对自己来说是最有效率的。我们可以将其列下来，分配时间将其做好。

单元二　大学生进行时间管理的方法

时间是一种特殊的资源，对于不同的人有不同的价值。“时间就是生命”“时间就是金钱”。学会高效管理时间，以有价值的活动充实有限的时间，而不是任由时间流逝，是大学生应该具备的一项基本技能。

一、大学生时间管理的现状和重要性

1. 大学生时间管理的现状

目前，很多大学生存在严重的时间浪费倾向，主要表现在显性浪费时间和隐性浪费时间两个方面。

（1）显性浪费时间。显性浪费时间如漫无边际地上网、逛街、聊天、发呆等，几乎不创造任何价值。其原因有以下几点。

①缺乏时间观念。一些大学生认为，上大学就是为了混文凭；还有一些大学生认为，凭父母的权力和地位，即使不学习，毕业后也能找到一份很好的工作，所以他们缺乏时间观念，常常上网、聊天，浪费时间。

②缺乏计划性。一些大学生没有时间管理意识，每天按照事情发生的先后顺序来做事，没有明确的职业生涯目标，过一天算一天，没有长远的打算。

③缺少主动意识。一些大学生不会合理分配时间，问题来了就解决问题，完全是被动地等待问题，而不是主动地、积极地面对生活。

（2）隐性浪费时间。如上课走神、看书、听音乐、做其他课程的作业等，似乎在专心从事手头的事情，实际上并非如此。隐性浪费时间有时甚至比什么都不做还要糟糕，因为人的认知资源是有限的。在重要的事情上一心二用是一种敷衍行为，它很可能会让重要的事情在不经意间“悄悄溜走”，而自己并不知道。

2. 大学生时间管理的重要性

对大学生而言，时间管理的重要性体现在以下三个方面。

（1）时间管理有助于大学生进行职业生涯规划。今天的社会为人们提供了更多的机会，并且相应的机制也变得富有弹性。人们可以根据自己的兴趣、能力和机遇，更换职业或职位，以追求多彩的人生经历。人的职业生涯发展是由时间片段组成的，也就是说，时间是职业生涯的单位。目前，职业生涯规划越来越受重视，为了掌握职业生涯发展的各个阶段，追求成功的人生和事业，大学生必须学会有效地管理时间。

（2）时间管理有助于大学生安排休闲活动。在物质环境匮乏的时代，所有的人必须每天勤劳工作，以改善生活。随着生活水平的提高、工作压力的剧增，休闲时间的安排越来越重要。而要安排休闲活动，就必须对时间做更有效的利用，从而空出时间用于休闲。许多大学生由于压力大，一直埋头学习，不仅学习效率不高，而且影响心理健康。因此，休闲活动时间对当代大学生尤为重要。

（3）时间管理有助于大学生实现完满生活的愿望。除了工作，人生还有爱情、婚姻、亲情等。成功的人生，并非只是事业有所成就，而是生活各个层面的完美结合。因此，合理分配时间，做到各面兼顾，需要大学生进行有效的时间管理。

大学时期正是个人为今后工作打基础的时期。对时间进行有效的管理，可以使自己掌握更多的本领、培养更多的能力，为今后自己的工作增加一些机会。时间管理是一种习惯，如果我们有好的时间管理习惯，就会在以后的工作和生活中游刃有余，生命就会更精彩。

二、时间管理的方法

1. 计划管理

计划有日计划、周计划、月计划、季度计划、年度计划。计划管理的重点是待办单。

（1）待办单的制作方法。我们可以将每天要做的一些工作列出一份清单，排出工作的优先次序，确认完成时间，突出工作重点，这个清单就是待办单。

（2）待办单的主要内容。待办单主要包括非日常工作、特殊事项、行动计划中的工作、昨日未完成的事项等。

（3）使用待办单的注意事项。每天应在固定时间制定待办单（如一上班就做）；应只制定一张待办单；完成一项工作就要划掉一项；要为应付紧急情况留出时间。最关键的一项是每天坚持使用待办单。

此外，每年年末，我们可以做出下一年度的工作计划；每季季末，可以做出下季度的工作计划；每月月末可以做出下月的工作计划；每周周末可以做出下周的工作计划。

2. 使用“时间四象限”

著名管理学家柯维（S.Covey）提出了一种时间管理的方法，即把工作按照重要和紧急两个不同的维度进行划分，基本上可以分为四个象限，即“时间四象限”（见图 8-1）。

根据“时间四象限”，工作可分为以下四类。

（1）紧急又重要的工作，如处理人事危机、客户投诉、即将到期的任务、财务危机等。

（2）重要但不紧急的工作，如建立人际关系、寻求新的机会、人员培训、制定防范措施等。

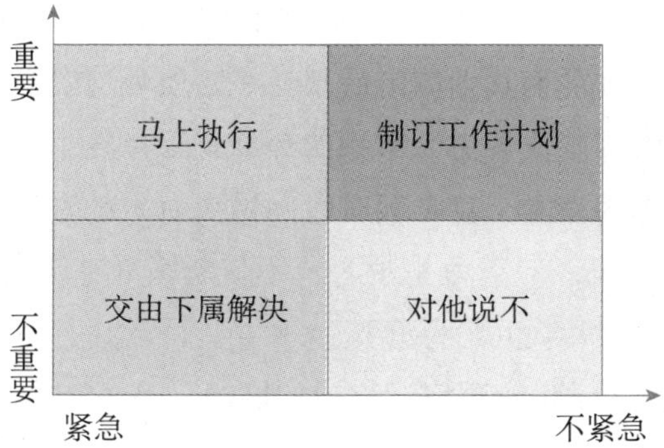

图 8-1 “时间四象限”

（3）紧急但不重要的工作，如行政检查、主管部门会议等。

（4）既不紧急也不重要的工作，如客套的闲谈、无聊的信件、个人的爱好等。

在人们的日常工作中，很多时候有机会很好地计划和完成一件事，但常常没有及时去做，导致工作质量下降。因此，该方法的一个重要观念是个人应有重点地把主要的精力和时间集中地放在处理那些重要但不紧急的工作上，这样可以做到未雨绸缪、防患于未然。这就需要我们很好地安排时间，如采取预约的方法。通过预约，自己的时间不会被别人所占据，从而可以有效地开展工作。

3. 掌握有效的时间管理技巧

美国管理学家德鲁克（P. Drucker）认为，有效的时间管理技巧包括：记录自己的时间，以认清时间消耗在什么地方；管理自己的时间，设法减少非生产性工作的时间；集中自己的时间，使零星的时间成为连续性的时间段。

4. 掌握时间 abc 分类法

首先，将自己的工作按轻重缓急分为 a（紧急且重要）、b（次要）、c（一般）三类。其次，安排各项工作优先顺序，粗略估计完成各项工作的时间。再次，在工作中记录实际消耗时间，将每日计划的时间安排与消耗时间对比，分析时间运用效率。最后，重新调整自己的时间安排，从而更有效地进行工作。

5. 掌握 GTD 时间管理法

GTD 是 getting things done（完成每一件事）的缩写，该方法来自艾伦（D.Allen）的一本畅销书《尽管去做》。GTD 时间管理法可以分成收集、整理、组织、回顾与执行五个步骤。

（1）收集。收集就是将自己能够想到的所有的“未尽事宜”罗列出来，放入“收件箱”中，这个“收件箱”既可以是用来放置各种实物的实际的文件夹或者文件篮，也可以是用来记录各种事项的纸张或电子文档。收集的关键在于把一切“赶出”你的大脑，记录下所有的工作。

（2）整理。将“未尽事宜”放入“收件箱”之后，就需要定期或不定期地进行整理，清空“收件箱”。可将这些“未尽事宜”按是否可以付诸行动进行区分和整理，对于不能付诸行动的内容，可以进一步分为“参考资料”“日后可能需要处理的事务”以及“垃圾”，而对可行动的内容应再考虑是否可在两分钟内完成，如果可以则应立即行动，如果不能，可对下一步行动进行组织。

（3）组织。组织是GTD时间管理法中最核心的步骤，组织主要分成对“参考资料”的组织与对下一步行动的组织。对“参考资料”的组织主要是建立一个文档管理系统，而对下一步行动的组织则可分为下一步行动清单、等待清单和未来/某天清单。

等待清单主要记录那些委派他人去做的工作；未来/某天清单则记录延迟处理且没有具体的完成日期的未来计划等；下一步清单记录具体的下一步工作，如果一个项目涉及多步骤的工作，那么需要将其细化成具体的工作。

GTD时间管理法对下一步清单的处理与一般的任务清单最大的不同在于，其做了进一步的细化，如按照地点（电脑旁、办公室、电话旁、家里、超市等）分别记录只有在这些地方才可以执行的行动，而当我们到这些地点后就能够一目了然地知道应该做哪些工作。

（4）回顾。回顾也是GTD时间管理法中的一个重要步骤。我们一般需要每周进行回顾，通过回顾检查所有清单并进行更新，在回顾时可能还需要计划未来一周的工作。

（5）执行。在进行完上述步骤后，我们就可以按照每份清单行动了。在具体行动中，可以根据所处的环境、时间的多少、精力的情况以及工作的重要性来选择清单以及清单上的事项来执行。

此外，在时间管理的过程中，我们还需应对意外事件。因为计划没有变化快，所以我们必须为意外事件留时间。可参考以下四种方法：第一，为每件工作都留有预备时间；第二，努力使自己在不留余地、受到干扰的情况下，完成预计的工作；第三，准备一套应变计划；第四，可以在不忙的时候，解决一般的、必要的工作。

要很好地完成工作，我们就必须善于利用自己的工作时间。工作是无限的，时间却是有限的。时间是最宝贵的财富。没有时间，计划再好、目标再高、能力再强，也是“空”的。时间十分宝贵，但它又是最有伸缩性的，它可以一瞬即逝，也可以发挥最大的效力，时间是潜在的资本。我们应该充分、合理地利用每段可利用的时间，压缩工作的流程，使时间价值最大化。

单元三 有效利用时间的技巧

现代人的生活节奏越来越快，许多人都感叹时间不够用，许多紧急的事情处理不完，没有时间去做许多重要的事。但是，鲁迅先生说："时间就像海绵里的水，只要愿挤，总还是有的。"

一、时间管理的要求

1. 重视零碎时间

有人算过这样一笔账：如果一个普通读者阅读一本书的速度是每分钟读 300 字，其每天临睡前挤出 15 分钟看书，就能读 4 500 字，一个月最少能读 126 000 字，一年的阅读量可以达到 1 642 500 字，大约相当于 10 本书。这个数字远远超过全球人均年阅读量，而且不难实现。

我们要善于利用零碎时间。例如，乘车时、等待时的零碎时间，都可以用于学习、思考、计划和总结。用零碎时间处理零碎事务，可以最大限度地提高效率。没有利用不了的时间，只有我们不会利用的时间。

2. 今日事，今日毕

时间管理的一项重要法则是"今日事，今日毕"。成功者往往把"今天"看作生命中的最后一天，从而在每一个"今天"里让生命更加充实和完满。

从心理学的角度来讲，本来可以很愉快、很容易地做好的事，拖延了几天，甚至几个星期之后，就会令人厌恶，而且完成起来会更加困难。做到"今日事，今日毕"，能使我们不仅可以检查工作任务的完成情况，而且通过对当天情况进行回顾与反思，我们可以知道一天中哪些方面做得好、哪些是可以改进的，因为一个只会"低头拉车"，而不会"抬头看路"的人，一辈子会有"拉不完的车"。

如果你希望自己成为一名行动者，那么请把自己人生字典里的"明天开始"换成"现在行动"。切勿依赖明天，如果你总是把事情留到明天，那么你将"一事无成"。做到"今日事，今日毕"，能使你在职场中将自己的行动力、执行力和胜任力完美体现，这些是所有组织在招聘时最看重的能力。

3. 恪守时间

对于现代人来说，守时是一种美德，也是一种信誉。浪费他人的时间，无异于"谋财害命”。因此，当你决定参加一个活动后，首先应明确活动的具体时间和地点，然后估计到达活动地点所需要的时间，并将堵车或其他偶然事件可能耗费的时间考虑进去。在招聘面试中，求职者因为迟到而使自己错过机会的例子比比皆是。因此，无论我们要参加公务活动还是与人有约，都应该养成恪守时间的好习惯。

恪守时间，是工作的灵魂和精髓，也代表了你的品德与信用。职场中，现代组织对时间的要求越来越严格，一个称职的员工必须养成守时的好习惯。守时看似是一件极其简单的事情，有人认为它实在微不足道。但是，“细节决定成败”，因为你根本无法预料，在你迟到的时间内会发生什么，也许一个重要客户会打来电话，也许一个重要人物会来访，也许一个紧急会议要召开，等等。因此，从现在开始，请恪守自己的时间，而且要特别珍惜他人的时间，这才是真正的有效利用时间之道。

4. 做好时间规划

时间规划可以确保我们获得一生中最宝贵的财富——时间经济效益。也就是说，我们可以把所有的时间都用在最有成果和成效的活动上，或者用尽可能少的时间来达到所追求的目标。时间规划得越好，就越能成就我们个人的生活和职业目标。从时间管理的意义上讲，时间规划意味着为实现目标做准备以及进行时间的结构化。

在现实生活中，我们每天所做的各种选择或决定，都有两种可能的结果：一种是使自己离目标越来越近；另一种是使自己离目标越来越远。因此，时间规划是以目标为导向的，是把“终点”当作“起点”的。时间规划中，我们首先要把人生最重要的总体目标放在首位，其次把总体目标分解成可实现的阶段性目标，并给这些目标加上时间坐标和成功的标准，最后制订行动计划，并按照计划行动。

二、高效利用时间的方法

1. 提前做好计划

在工作中，我们应至少提前一天对工作做好计划，把待办事项按重要性和紧急性综合排序，并随手记下临时事项。这样做既可以提升你的效能，也能降低你忘记某件事情的风险。对于提前多日的计划，可以在日历、预约簿或手机提醒事项上做出标记。

2. 专注于能够控制的事情

不要浪费时间去担忧或思考你无法掌控的事情，把你的精力花费在消极的活动上是浪费时间。

3. 确定你的效能曲线图

一天之中，什么时候你的效能最高？在这些时间段内全神贯注地做最重要的任务，你将会发现，你能够在更少的时间内完成更多的工作，这必将给你一种成就感和充实感，坚持下去，你的自我效能感也会随之提升。

4. 利用低效能时间

低效能时间应当被花费在一些不需要很多脑力和创造力的事情上，如打些问候或致意的电话、接收电子邮件、复印材料等。

5. 一次性完成事务

在处理每项事务时，你都应设定这样一个目标：能够一次完成的事情，绝不要浪费时间分两次去做。例如，你正在阅读一份邮件，就应该立刻回复，这样你就不需要重新处理这件事。

现代职场所需要的员工，最起码要具备两个素质：一个是要做应该做的事；另一个是要把应该做的事做成、做好。只有个人的努力方向是对的，才能把有限的时间转化为最大的价值。我们只有成为一个高效利用时间的人，才能在不同的时间抓住机遇，实现我们的价值。

课堂案例

生命中的鹅卵石

在一堂时间管理课上，教授在桌上放置了一个装满清水的透明罐子。随后，他从桌下拿出一块鹅卵石，大小恰好能完美放入罐中。鹅卵石被轻轻放入罐子后，教授询问他的学生："请看，这罐子是否已经满了？"学生们毫不犹豫，齐声回应："满了！"

教授又从桌下取出一袋碎石块，细心地将碎石块从罐口倒入，边倒边摇晃，似乎在寻找每一个空隙。随后，他再次提问："现在，你们认为这罐子是否满了？"这次，学生们犹豫了。有一个学生试探地回答："或许还没有。"

"很好！"教授赞赏地点点头，紧接着从桌下拿出一袋细沙，轻轻地将其倒入罐子，直至罐口。他再次询问学生："现在，你们是否能告诉我，这罐子究竟是满了还是没满？"学生们吸取了之前的教训，信心满满地回应："没满！"

教授很满意，再次从桌下拿出一瓶清水，缓缓倒入看似已被鹅卵石、碎石块、细沙填满的罐子。最后，教授问道："我们从这些看似平凡的事物中，能够学到什么深刻的道理？"

课堂上一片寂静，一位学生打破沉默，自信地回答道："无论我们的事务多么繁忙、日程安排得多么紧凑，只要努力，总还能挤出更多的时间和空间。"

然而，教授微笑着摇了摇头，轻声说："你的答案虽然富有启示，但并非我真正想要表达的意思。"说到这里，教授故意停顿片刻，目光在全班学生脸上扫过。他缓缓开口："我要告诉你们的是，如果不先将那些代表重要事务的鹅卵石放入罐子，那么在未来，你们可能永远没有机会再将它们放入。因此，要时刻记得，在安排时间时，首先要确保把最重要的事情放在首位。"

技能实训

1. 实训名称

时间管理实训。

2. 实训内容

在这个快节奏的社会里，时间显得尤为宝贵。掌握时间管理技巧，如同握住了一把锐利的剑，能助你披荆斩棘，成就更高远的目标。本次实训将使参与者学会科学地管理时间，优化生活与工作的效率。

3. 实训步骤

（1）分析现状：审视当前的时间使用情况，找出时间浪费的源头。

（2）设定目标：明确想要达到的目标，并根据目标的紧急程度和重要性进行排序。

（3）制订计划：为每个目标设定具体的时间表，确保时间表既有弹性又不失严谨。

（4）执行与调整：按照时间表行动，同时保持灵活性，根据实际情况进行调整。

（5）回顾与总结：在每个阶段结束后，回顾时间使用情况，总结经验教训，持续改进。

4. 实训评价

通过本次实训，参与者将学会如何高效管理时间，将琐碎的任务转化为有序的日程。参与者能够体验到时间管理带来的成就感，并感受到生活与工作效率的提升。不仅如此，参与者还会在不断实践中，逐渐培养出自律和坚持的品质，为未来的成功奠定坚实的基础。

项目九 现代职业观念

开篇导航

在这个世界上，职业的多样性为我们的生活赋予了丰富的色彩。大学生作为即将步入社会的新鲜血液，其对职业的评价、选择意向以及对待就业的态度，形成了独特的职业观念。这一观念不仅体现了大学生在思想层面对职业的倾向和选择，更是他们未来就业行为的先导。职业观念的形成并非一蹴而就，它深受大学生所处环境的多重影响。政治背景、经济状况、文化传统、教育经历以及家庭氛围等因素，都在潜移默化地塑造着大学生的职业观念。而这种观念，又会在很大程度上决定他们对职业的取舍和从事各种职业的态度。职业观念的重要性不言而喻，它关乎大学生未来的职业道路和人生发展。

学习目标

知识目标：系统掌握职业观念的含义和职业精神的深刻内涵，对现代职业观念的新特点有深入的认识。

技能目标：提升自我创新意识和实践能力，能够在现代职场中灵活运用所学的技能。

素养目标：培养良好的职业道德和职场素养，成为具有现代职业观念的高素质职场人。

单元一　职业观念概述

相当多的成年人抱怨自己的生活如“一潭死水”，没有生趣、没有意思，所从事的工作不是自己愿意做的；还有不少的成年人，工作换来换去，却仍然没有找到自己喜爱的工作，“干一行，怨一行”，这是很可怕的事情。俗话说“男怕入错行”，树立正确的职业观念，选择适合自己的职业，至关重要。

一、职业观念的含义

职业观念即对职业生涯的理解、设想和规划。职业观念是大学生选择工作的理念基础，强烈影响着其工作的动机。因此，现代企业越来越注重大学生的职业生涯规划与开发，以正确引导其职业观念发展。

二、职业观念的发展

原始社会，人们“上山采果，下河摸鱼”，共同劳动，共同生活，没有职业之分。人类的三次社会大分工，促使职业逐渐产生。畜牧业与农业分离，有了农民与牧民之分；手工业与农业分离，产生了百工（各种手工业者）；商业的产生，更促进了职业的“繁衍”。

当人们开始对工作进行职业划分，并加以价值判断，职业观念就形成了。不同的时代，职业在演化，职业观念也随之改变。

1. 奴隶社会：奴隶主鄙视劳动，以不劳而获为荣

原始社会末期，随着贫富分化的加剧，部落首领以其财富和权力逐渐脱离劳动，成为不劳而获的阶层。“不稼不穑，胡取禾三百廛兮？”而那些沦为奴隶的人成了耕作者，没日没夜地劳动，换得的仅是吃不饱、穿不暖、没有自由的生活。战争中的俘虏为了活命，也不得不从事繁重的劳动。奴隶在辛勤劳作的间隙，会被戴上脚链、手铐以防其逃跑，甚至被杀以祭祀或活埋殉葬，劳动者连基本的人身保障也没有。奴隶被异化为别人获取财富的工具，劳动者的唯一追求就是“不劳动”，根本没有职业观念的分野。

平民处于奴隶和奴隶主之间，有的上升为奴隶主，甚至成为后来的封建主；而有的沦为奴隶。在这个阶段，平民不在乎职业的好坏，只在乎地位的升降，其追求的也只是“不劳而获”。

2. 封建社会："学而优则仕"，出现体力劳动和脑力劳动的分工

在奴隶社会向封建社会过渡的战国时期，出现百家争鸣的局面，各行各业得到发展，职业也丰富起来。传授技艺的鲁班被尊为土木工匠的"祖师爷"，而伟大的思想家墨子善造守城器械。

科举制度对体力劳动和脑力劳动的分工起到了一定的促进作用。在科举制度实行的约 1 300 年间，其影响了一代又一代人的人生观和职业观。科举制度对经义、辞赋的重视使得莘莘学子"两耳不闻窗外事，一心只读圣贤书"，只推崇脑力劳动，视体力劳动为末流，体力劳动和脑力劳动的分工也就成为必然。

3. 近代：职业观开始多元化

清末，积极的洋务派人士把各种科学技术列入学校的课程，创建实业教育，传统的书院退出了历史舞台，人们的职业观也随之多元化。

洋务派开办新式学堂，开设医学、算学、物理学、化学、机器制造等课程，给成绩优异者相应的职位。

鲁迅于 1898 年到江南水师学堂读书，后转到江南陆师学堂附设的矿务铁路学堂，不走科举入仕之路。在当时的大多数人看来，那是"走异路，逃异地"。可见，多元化的职业观，在 19 世纪末 20 世纪初的中国，尚处于萌芽状态。

近代生产力的发展，迫切需要各种人才。1913 年至 1920 年，全国纺织、食品、印刷、机械、五金等 10 个行业的机器工厂数与工人数大量增加，职业种类丰富起来，职业观也随之多元化。

4. 中华人民共和国成立后：劳动人民翻身作主，职业不再有高下和尊卑之分

中华人民共和国成立后，废除了人剥削人的社会制度，劳动人民翻身作主，职业不再分尊卑。在旧社会被视为低贱的职业，被人们重新认识，恢复它应有的价值；相反，高高在上的官员变成了人民的公仆，不再凌驾于百姓之上。职业不再有地位高下之分，不同的职业只是实现人生价值的不同途径。

三、树立正确的职业观

劳动是谋生的手段，职业是一个人安身立命、实现人生价值的重要途径。面对纷繁复杂的现代职业，我们应该树立正确的职业观。正确的职业观包括以下方面。

1. 职无尊卑的职业观

在现代社会，每一种职业都是社会中重要的一环。职业只有分工不同，没有尊卑之别。特别是现代社会产业结构的变化，使第三产业尤其是服务业的职位大幅度增加。如果轻视服务业的工作，很多机会将与你失之交臂。第三产业就业人数的比重越来越大，是现代社会不同国家发展的共同特征。

资料表明，美国第三产业的就业人数，从20世纪50年代起就已经超过了第一产业和第二产业就业人数的总和。中国与之相比，第三产业的就业人数所占比重虽然要小得多，但增长幅度非常大，大大高于第一产业和第二产业就业人数的增长幅度。第三产业成为带动经济增长、吸纳就业人员的主要力量。

我们的职业生涯规划中不应忽视服务业。服务类职业是现代社会最普遍的职业，“我为人人、人人为我”，社会成员是在相互服务中发展的。如果我们真正进入了服务行业，哪怕是层次较低的职业，也应该重视它、热爱它。

2. 一专多能的职业观

“从一而终”的职业观已经过时了。一方面，终身依托于一个单位的想法不再现实，有一天，也许你会发现现在的职业不合你的口味，也许是单位即将倒闭。另一方面，随着改革开放和市场经济的发展，旧体制下的劳动就业政策和用工制度被打破，形成了以“面向社会、自愿报名、双向选择、择优录用”为特点的用工制度，为职业的流动提供了可能性。

目前，许多人在立足本职工作的同时，有了改行易职的打算。作为未来的从业者，我们应该在学好一门专业的同时，注重全面发展，争取一专多能，做好适应多种职业的准备。

3. 创业就业的职业观

就业有两种方式：一种方式是掌握了技能后适应职业的要求；另一种方式是动用储备的知识和技能先创业，再在创业的过程中寻找适合自己的就业机会。第一种就业方式虽然能对社会做出积极的贡献，但相对被动；后一种方式在就业前先开始了创业，而创业能推动职业的延伸甚至催生出新的职业，对社会发展做出很大贡献，个人的就业也主动得多。

美国的许多大学生拥有属于自己的创业梦，在创业中致富和在创业中就业已成为时尚。近年来，我国清华大学、北京大学等高等院校也相继出台政策，允许和扶持大学生在读书期间创业。有些高校的科技园不但提供与高新技术开发区同等的优惠政策，还给创业的顶尖人才提供优厚的生活配套设施。这些在高新技术方面卓有建树的大学生们极有可能推动新兴产业的发展，从而带动一系列行业的发展。

此外，对于职业的理解，我们应该避免走入一些习惯性的误区，如“国有企业比私营企业好”的思想、“一步到位”的思想、“贪图舒适”的思想、“学什么就干什么”的思想等。这些想法也许会让我们在就业时遇上麻烦。我们只有进行辩证的思考，才能树立起正确的职业观。

职场提示

“合格职场人”的四个职场习惯

1. 控制情绪

职场新人应该学会控制情绪，尊重领导和同事，即使有不满，也应控制自己的情绪，学习他的长处。职场老人也应控制好情绪，面对新人的请教，应该耐心地教导。只有这样，才能营造良好的职场环境。

2. 随手记录

在职场中，我们应随身携带纸和笔进行记录。在职场中，遇到任何自己觉得正确、没有想到的地方，都应该记录下来。在见客户之前，也可以拿出纸和笔，分析一下客户的喜好、性格特征、可能问到的问题以及回答。只有这样，见客户的时候，我们才不至于不知所措。见完客户后，也应该第一时间拿出纸和笔，把和客户见面的感受、客户所说的话记录下来，并把自己在谈话出现的失误记录下来，经常翻看，以确保不会再犯。这样坚持记录下去，我们就能慢慢地发现自己的进步。

3. 整理资料

不管每天工作多忙，我们都应把当天的资料、客户信息等，分门别类地整理出来。坚持一段时间，我们就会发现自己的工作效率明显提升了。我们还可以将随手记录的内容做一个整理，专门制作一个表格，把所有的客户信息整理出来。这样，在分析客户的时候，我们就能一目了然。我们准备得越充分，见客户就越胸有成竹，成功的可能性也就越大。

4. 持续学习

“一招吃天下”的时代已经过去，只有学习才是我们职业生涯中最核心的竞争力来源。工作中，遇到不懂的问题，我们应该马上学习；对于公司的设备革新等，应该马上学习；对于客户所处的行业中自己不懂的内容，也应该马上学习，从而与对方寻找共同话题。我们会发现，随着职位的升高，自己需要学习的东西越来越多。

单元二　现代职业精神

职业精神是与人们的职业活动紧密联系、具有自身职业特征的精神，是从业者职业观念的外在表现。社会主义职业精神是社会主义精神体系的重要组成部分，其本质是为人民服务。

一、职业精神概述

社会发展的进程表明，人类的职业生活是一个历史范畴。一般来说，所谓职业，就是人们由于社会分工和生产内部的劳动分工而长期从事的具有专门业务和特定职责，并以此作为主要生活来源的社会活动。人们在一定的职业生活中能动地表现自己，就形成了一定的职业精神。

职业作为社会关系的一个重要方面，对社会成员的精神生活和精神传统产生着重要影响。第一，从事不同职业的人们对社会所承担的责任不同，影响着人们对生活目标的确立和对人生道路的选择，也在很大程度上影响着人们的人生观、价值观和职业观。第二，人们的职业活动方式及其对职业利益和义务的认识，对职业精神的形成有着决定性作用。个人一旦从事特定的职业，就直接承担着一定的职业责任，并与自己所从事的职业的利益紧密地联系在一起。个人对一定职业的整体利益的认识，促进了其形成对具体社会义务的文化自觉。这种文化自觉，可以逐步形成职业道德，并进而升华为职业精神。第三，职业活动的环境、内容和方式，以及职业内部的相互作用，强烈影响着人们的情趣、爱好以及性格和作风，其中包含着特定的精神涵养和精神情操，反映着个人在职业品质和境界上的特殊性。因此，所谓职业精神，就是与人们的职业活动紧密联系、具有自身职业特征的精神。

职业精神具有以下一般特征。

第一，在内容方面，职业精神总是鲜明地表达职业根本利益，以及职业责任、职业行为上的精神要求。也就是说，职业精神不是一般地反映社会精神的要求，而是着重反映本职业特殊的利益和要求；不是在普遍的社会实践之中产生的，而是在特定的职业实践基础上形成的。它鲜明地表现为某一职业特有的精神传统和从业者特定的心理和素质。

第二，在表现形式方面，职业精神比较具体、灵活、多样。各种职业对从业者的精神要求，总是从本职业的活动和交往的内容与方式出发，适应本职业活动的客观环境和具体条件。因此，它不仅提出原则性的要求，而且力求具体、有可操作性，如企业精神、职业誓词等。

第三，在调整范围上，职业精神主要调整两方面的关系，一方面是同一职业从业者的内部关系；另一方面是从业者与所接触的对象之间的关系。从历史上来看，各种职业集团为了维护自己的利益，为了维护自己的职业信誉和职业尊严，不但要设法制定和巩固体现职业精神的规范，以调整本职业集团内部的相互关系，而且会注意满足社会各个方面对本职业的要求，调整本职业同社会各方面的关系。

第四，在功效上，职业精神一方面使社会的精神原则“职业化”；另一方面又使个人精神“成熟化”。职业精神与社会精神之间的关系，就是特殊性与一般性、个性与共性的关系。任何形式的职业精神都在不同程度上体现着社会精神的要求。同样，社会精神在很大程度上又是通过具体的职业精神表现出来的。社会精神寓于职业精神之中，职业精神体现或包含着社会精神。职业精神与职业生活相结合，具有较强的稳定性和连续性，形成具有导向性的职业心理和职业习惯，在很大程度上改善了从业者在学校和家庭生活中所形成的品行，影响其精神风貌。

二、社会主义职业精神的基本要素

社会主义职业精神是由多种要素构成的，这些要素分别从特定方面反映了社会主义职业精神的特定本质和基础，同时又相互配合，形成严谨的职业精神模式。

（1）职业理想。社会主义职业精神所提倡的职业理想，主张各行各业的从业者，放眼社会利益，努力做好本职工作，全心全意为人民服务、为社会主义服务。这种职业理想，是社会主义职业精神的灵魂。一般来说，从业者对职业的要求可以概括为三个方面：维持生活、完善自我和服务社会。社会主义社会中，个人在选择职业时应该把服务社会放在首位。因为人们只有从社会的整体利益出发，分别从事社会所需要的各种职业，社会才能顺利地前进和发展。也只有在这个基础上，广大社会成员包括从业者自身，才能过上幸福的生活。

（2）职业态度。树立正确的职业态度是从业者做好本职工作的前提。职业态度具有经济学和伦理学的双重意义，它不仅揭示了从业者在职业生活中的客观状况、参与社会生产的方式，同时也揭示了他们的主观态度。其中，与职业有关的价值观念对职业态度有着特殊的影响。一个从业者积极性的高低和完成工作的好坏，在很大程度上取决于他的职业态度。职业伦理学研究表明，先进生产者的职业态度指标最高。因此，改善职业态度对于培育社会主义职业精神有着十分重要的意义。

（3）职业责任。职业责任包括职业团体责任和从业者个体责任两个方面。例如，企业是拥有生产经营所必需的责、权、利的经济实体。在国家与企业的责、权、利关系中，责是主导方面。现代企业制度不仅正确划分了国家与企业的责、权、利，将三者有机地结合起来，而且规定了企业与从业者的责、权、利，并使三者有机地结合起来。这里的关键在于，要促进从业者把客观的职业责任变成自觉履行的道德义务，这是社会主义职业精神的一个重要内容。

（4）职业技能。在社会主义现代化建设中，职业对职业技能的要求越来越高，不但需要科学技术专家，而且迫切需要千百万受过良好职业技术教育的中、初级技术人员，以及管理人员、技工和其他具有一定科学文化知识和技能的熟练从业者。没有这样一支劳动者大军，先进的科学技术和先进的设备就不能成为现实的社会生产力。我国经济建设的实践证明，各级科技人员之间以及科技人员和工人之间都应有恰当的比例，生产建设才能顺利进行。良好的职业技能具有深刻的职业精神价值。

（5）职业纪律。社会主义职业纪律是从业者在利益、信念、目标基本一致的基础上所形成的高度自觉的新型纪律。从业者理解了这个道理，就能够把职业纪律由外在的强制力转化为内在的约束力。从根本上说，社会主义职业纪律可以保障从业者的利益，保障从业者发挥主动性和创造性。因此，职业纪律虽然有强制性的一面，但更有为从业者的内心信念所支持的一面，而且这是主要的一面，具有丰富的精神内涵。自觉的意志表现和服从职业的要求，这两种因素的统一构成了社会主义职业纪律的基础。这种职业纪律是社会主义法规性和道德性的统一。

（6）职业良心。职业良心是从业者对职业责任的自觉意识，在人们的职业生活中有着巨大的作用，贯穿于职业行为过程的各个阶段，成为从业者重要的精神支柱。职业良心能使从业者依据履行责任的要求，对行为的动机进行自我检查，对行为活动进行自我监督。在职业行为之后，能够对行为的结果和影响进行评价。对于履行了职业责任的良好后果和影响，从业者会得到内心的满足和欣慰；反之，则进行内心的谴责，表现出内疚、不安和悔恨。

（7）职业信誉。职业信誉是职业责任和职业良心的价值尺度，包括对职业行为的社会价值所做出的客观评价和正确的认识。从主观方面看，职业信誉是职业良心中知耻心、自尊心、自爱心的表现。职业良心中的这些方面，能使一个人自觉地按照客观要求的尺度去履行义务，宁愿做出自我牺牲也不愿违背职业良心，做出可耻、毁誉和损害职业精神的事情。在这个意义上，职业信誉鲜明地体现着“全心全意为人民服务”的职业理想和主人翁的职业态度。从客观方面说，职业信誉是社会对职业集团和从业者的肯定性评价，是职业行为的价值体现或价值尺度。同时，职业信誉又要求从业者提高职业技能，遵守职业纪律。社会主义职业精神强调职业信誉，更重视把社会的客观评价转化为从业者的自我评价，促使从业者自觉发扬社会主义职业精神。

（8）职业作风。职业作风是从业者在其职业实践中所表现的一贯态度。从总体上看，职业作风是职业精神在从业者职业生活中的习惯性表现。社会主义职业作风具有潜移默化的教育作用。它好比一个大熔炉，能把新的成员锻炼成坚强的从业者，使老的成员永远保持优良的职业品质。职业集体有了优良的职业作风，就可以互相教育，互为榜样，形成良好的职业风尚。

三、现代职业精神的实践内涵

1. 敬业

敬业是现代职业精神的首要实践内涵，即社会成员特别是从业者对适应社会发展需要的各类职业特别是自己所从事的职业的尊敬和热爱。敬业本质上是一种文化精神，是职业道德的集中体现；是从业者希望通过自身的职业实践，去实现自身的文化价值追求和职业伦理观念。敬业与人的存在方式、人的本质、人的全面发展都有着直接的联系，并与其共同构成现代职业精神的完整价值系统。从事职业活动，既是对社会承担职责和义务，又是对自我价值的肯定和完善。职业精神所要求的敬业，承载着强烈的主观需求和明确的价值取向，这种主观需求和价值取向构成从业者实践活动的内在尺度，规定着职业实践活动的价值目标。

马克思在其中学毕业论文《青年在选择职业时的考虑》中写道："在选择职业时，我们应该遵循的主要指针是人类的幸福和我们自身的完美。不应认为，这两种利益是敌对的，互相冲突的，一种利益必须消灭另一种的；人类的天性本来就是这样，人们只有为同时代人的完美、为他们的幸福而工作，才能使自己也达到完善。""如果我们选择了最能为人类服务的职业，我们就不会为任何沉重负担所压倒，因为这是为全人类做出牺牲；那时我们得到的将不是可怜的、有限的和自私自利的快乐，我们的幸福将属于亿万人，我们的事业虽然并不显赫一时，但将永远发挥作用，当我们离开人世之后，高尚的人将在我们的骨灰上洒下热泪。"马克思在青年时期就树立了为全人类服务的崇高敬业精神，为我们树立了光辉的榜样。

2. 勤业

古人说"业精于勤"。职业精神必须落实到勤业上。毛泽东在《纪念白求恩》一文中对"勤业"给予了充分的肯定和高度的评价。他指出："白求恩同志毫不利己专门利人的精神，表现在他对工作的极端的负责任，对同志对人民的极端的热忱。""白求恩同志是个医生，他以医疗为职业，对技术精益求精；在整个八路军医务系统中，他的医术是很高明的。这对于一班见异思迁的人，对于一班鄙薄技术工作以为不足道、以为无出路的人，也是一个极好的教训。"

为了做到勤业，我们不仅要强化职业责任，端正态度，还需要努力提高职业能力。在新世纪新阶段的今天，提高职业能力，就要在推进改革开放和社会主义现代化建设的实践中去提高，在社会主义市场经济的实践中去提高，在解决复杂矛盾和突出问题的实践中去提高，在应对各种挑战和风险的实践中去提高。

3. 创业

全面建成小康社会是中国式现代化的全新起点。在这个意义上，我们仍处在持续不断的创业进程之中，需要继续发扬创业精神。“创新是一个民族进步的灵魂，是一个国家兴旺发达的不竭动力，也是中华民族最深沉的民族禀赋。”职业发展的动力在于创新。面对世界科技进步日新月异的挑战，面对我国现代化建设提出的巨大需求，我们的职业活动必须开阔眼界，紧跟世界潮流，抓住那些对经济、科技、国防和社会发展具有战略性、基础性、关键性作用的重大课题，抓紧攻关，自主创新，不断有所发现、有所发明、有所创造、有所前进。

历史反复证明，推进职业发展，关键要敢于和善于创新。有没有创新能力，能不能进行创新，是当今世界范围内经济和职业竞争的决定性因素。我们要坚持解放思想、实事求是，一切从实际出发，主观与客观相一致，理论与实践相统一，及时提出适应职业实践发展要求的方针政策，及时调整生产关系中不适应生产力发展、上层建筑中不适应经济基础发展的部分，不断从人民群众实践创造的新鲜经验中汲取营养，改进和完善我们的工作。

4. 立业

在今天，实现中华民族伟大复兴中国梦是我们所要“立”的根本大业。各行各业的职业精神必须服从和服务于这个大业。我们需要清醒地看到，我国正处于并将长期处于社会主义初级阶段，人民日益增长的美好生活需要和不平衡不充分的发展之间的矛盾是我国社会的主要矛盾。要实现中华民族伟大复兴中国梦，还需要进行长期的艰苦奋斗。

我们一定要高扬社会主义职业精神，集中力量，使经济更加发展、民主更加健全、科教更加进步、文化更加繁荣、社会更加和谐、人民生活更加殷实。我们核心的职业任务就是用中国特色社会主义理论体系指导职业实践，全面推进社会主义物质文明、政治文明、精神文明、社会文明和生态文明协调发展，努力开创中国特色社会主义事业新局面。

单元三　现代职业观念的新特点

我们的地球已经变成了一个“地球村”，人们的职业观念深刻地变化着，人们的择业观也发生了深刻变化。职业不仅仅是一份工作，也是一种生活方式、一种实现自己价值的手段。我们应该通过职业的成功与失败经验，认识自己的优势与不足，不断地充实自己、完善自己，寻找适合自己的事业，让我们的生命大放光芒。

一、现代职业观念的概述

1. 现代职业观念的产生背景

改革开放以来，整个中国大地呈现出欣欣向荣的美好景象，各种行业得到了前所未有的发展，人们有了自主择业的条件。特别是在社会主义市场经济体制下，各种行业都在市场经济这根杠杆的作用下，迅猛地发展起来。农业发展为现代化立体农业，工业、第三产业迅猛发展，使中国的职业发展和世界职业发展成功接轨。单是第三产业就出现了大量新职业：家庭保姆、钟点工、推销员、批发商、咨询员……各种职业的出现，使人们择业的视野大为开阔，择业的可能性变得更为丰富。“人才交流中心”“职业介绍所”等机构为人们择业提供了极大的方便。人们在选择职业的时候，职业也在选择人。例如，当我们走进人才交流中心，既可以看见招聘单位人员对应聘人员的认真挑选，也可以看到应聘人员的积极询问。人们可以自由地、充分地展现自己的才能，选择自己喜欢的职业。大学生只要做好充分的准备，在职业道德、职业心理、职业能力等方面具备现代的职业观念，就能在职业选择中处于主动的地位。

2. 现代职业观念的含义

随着科技日益进步，知识经济对劳动者的素质提出了越来越高的要求。大学生毕业后，不管是进一步提升学历，还是直接走向社会，最后都必须面向就业，面对择业的问题。面对激烈的竞争，大学生没有现代职业观念，是不可能在择业中成功的。

现代职业观念主要有以下几个方面。

（1）社会责任观念。社会责任观念是指个人对工作、生活的社会所承担的任务、应尽的义务的自觉态度。人们从事职业活动，既获得权利，也承担义务和责任。只有当一个人能够积极地行使自己的权利、履行自己的责任和义务时，才能成为健康发展的人。大学生对未来的职业生活都有着美好的憧憬，希望在自己未来从事的职业岗位上有所建树。但是，即使在同样的条件下，有的人能在自己的岗位上建功立业，有的人却碌碌无为；有的人从事的职业虽然平凡，却能受到社会的尊重和人们的赞扬，有的人虽名噪一时，却最终遭到人们的唾弃。造成这种截然不同的结果的原因固然是多方面的，但最根本的原因是一个人有无正确的世界观、人生观和价值观，有无全心全意为人民服务的思想，也就是有无通过实践为党、为国家、为人民做贡献的社会责任观念。要建立良好的社会责任观念，大学生应做到以下几点。

①大学生应树立崇高的人生理想。不同的时代，对人有不同的要求，当代大学生首先必须有理想。理想是人的精神支柱，是一种强大的精神动力。理想、信念是人们的世界观、人生观和价值观在奋斗目标上的集中体现，决定着人的发展方向，也孕育着职业发展的成功。当代大学生要挑起实现中华民族伟大复兴中国梦的重担，就必须把建设富

强民主文明和谐美丽的社会主义现代化强国作为自己的人生理想，树立对国家、对民族的责任感和使命感。职业活动是实现人生理想的重要途径，一个具有崇高人生理想的人，总是把造福人类、造福社会作为自己职业奋斗的根本目的。

首先，造福人类、造福社会的理想与态度是由职业的本质决定的。职业的形成与发展是人类社会发展的缩影。职业本身就是为了协调社会生活，为了社会发展而存在的。它在本质上是从属于社会的，而不是从属于个人的。因此，在人们有限的职业生活中，最重要的是发扬为社会、为他人献身的精神。同时，社会上不管从事何种职业的人，其生活、工作条件都依赖于社会，来源于他人的劳动。所以，用自己的劳动来造福人类、造福社会是非常自然的。大学生应该把造福人类、造福社会作为自己崇高的职业理想。

其次，造福人类、造福社会的理想与态度是由科学的人生观所决定的。当代大学生都十分重视自己人生价值的实现。在马克思主义看来，人生价值在于事业上的成就和对社会的贡献。凡是为促进社会进步和为人类幸福做出贡献的人们，他们的人生就是有价值的；相反，阻碍人类的进步与发展，给社会带来损失和痛苦的人，他们的人生是缺乏价值的。因此，大学生要追求自己的人生价值，使自己的一生过得有意义，就必须立足本职岗位，具有高度的社会责任感，通过自己的辛勤劳动为社会和他人做出应有的贡献。

最后，造福人类、造福社会的理想与态度是大学生自身发展完善的力量源泉。马克思写道："在选择职业时，我们应该遵循的主要指针是人类的幸福和我们自身的完美。"人们在职业劳动中为人类服务和完善自身是一致的，个人在对社会的贡献中将逐步实现自身的发展和完善。这不仅因为造福人类的崇高理想会激起个人强烈的事业心和责任感，还因为它能铸造坚韧不拔、百折不挠的顽强意志。职业理想形成职业观念以后，就会使人们在行动中产生一种强烈的意志和感情，这种意志和感情来自对职业的信心。

②大学生要树立强烈的进取精神和敬业精神。所谓进取精神是指人类为了生存和发展所产生的一种不畏艰险、百折不挠、不达目的誓不罢休的精神，表现为极强的自信心、意志力和征服力。大学生要树立强烈的进取精神，应做到以下几点。

首先，要有自信自强的品质。人生的道路并不平坦，可能有高山的阻隔，也可能有峡谷的考验，还可能遇到狂风的袭击……面对曲折多变的人生道路，要成为强者，就必须有自信自强的品质。自信是一个人安身立命、开拓创造的支点；而自强则是自信的基础，坚定的自信需要靠自强不息的努力来支持和巩固。自信自强是人生发展和建功立业的基本条件。

其次，要有开拓创造的精神。所谓开拓创造的精神就是指为社会的进步和事业的发展，锐意进取、学习不止、开拓不止的思想、性格和品质。具有这种精神的人，不满足于已有的结论和现状，总是要百般求索，发现新的问题、提出新的思想、找到新的方法。开拓创造是进取者的典型特征，开拓创造的精神是现代职业观念的必然要求。在开拓创造的素质结构中，首要的是开拓创造的热情和激情。

最后，要有坚韧不拔的意志。意志是人们为了达到一定目的，自觉地组织自己的行为，并与克服困难相联系的心理过程。在现代职业活动中，困难和挫折是不可避免的，但以什么样的态度对待困难和挫折，往往是职业成功的关键。职业成功者的经验告诉我们：只有以坚韧不拔、一往无前的毅力和精神对待困难和挫折的人，才能成为职业的成功者。坚韧不拔的意志包括自觉性、果断性、坚韧性和自制性等。自觉性是指能把自己的职业活动置于崇高目标的指导下，能约束自己的行为，不受内外环境的干扰和诱惑，并保持清醒的头脑，能正确地对待别人、正确地评价自己；果断性是指当机立断，敢于决策，办事不犹豫、不拖泥带水；坚韧性是指能承受困难和挫折的考验，持之以恒、锲而不舍；自制性是指能够为达到预定目的而自觉控制和调整自身心理状态和行为，表现为善于促使自己去执行已做出的决定，并能控制自己的消极情绪和冲动行为。坚韧不拔的意志是适应职业并取得成功的必要条件。当代大学生要使自己的人生更加壮丽，首先要做一个勇敢、坚强的人。

敬业精神要求人们热爱自己的工作岗位，对待工作兢兢业业，为其贡献自己的全部才智。敬业精神是当代大学生取得成就的重要条件。实践证明，职业成功者仅仅具有知识和能力是不够的，还需要有敬业精神。

一方面，敬业精神使人们坚定地投入到祖国的现代化建设中去，以社会需要来确定自己的职业目标。大学生只有具备了敬业精神，才能认识到自己所学的专业或所从事的职业的社会意义，领悟到自己肩负的使命，才能把职业活动视为人生的第一需要，进而爆发出强烈的工作动机和热情。

另一方面，敬业精神使大学生具有坚定的事业心，表现出强烈的进取精神。社会和科技的发展是无止境的，知识的海洋也是无边无际的，因而社会对人的要求也是不断发展的。大学生只有具备了事业心和责任感，才能锐意进取、不断进步。现代社会需要大学生具有强烈的敬业精神。这一精神的有无和强弱，直接关系到工作成就的高低。敬业精神虽然是道德因素，但不是游离于职业活动之外的，而是职业活动的重要条件。敬业精神是防御和抵制职业不正之风的有力屏障。在现实职业生活中，各种各样的不良风气都是缺乏和丧失敬业精神的表现，具有敬业精神的人，无时无刻不关心自己的行业、职业的发展和前途，尊重、珍视自己的职业形象，痛恨那些玷污行业和职业风气的现象和行为。因此，敬业精神是社会主义市场经济条件下从业者职业观念的重要方面。

③大学生要具有现代职业道德责任感。社会生产每前进一步，都对人们提出新的和更高的职业道德责任要求。从质的方面看，其表现在职业道德责任中的价值意义的更新、变化和扩展；从量的方面看，新的责任要求和新的责任领域不断出现。职业道德责任的不断扩大，根本原因在于人类实践的发展。人们在实践中所创造的选择范围越大，人类

的选择能力越强，道德责任也就越大。现代社会所产生的职业道德责任要求，可概括为以下几个方面。

首先，现代社会的发展，要求人们对未来承担责任。在小农经济的社会里，四季轮作的劳动方式和“日出而作，日入而息”的生活方式，使人们没有未来的观念，由此形成的道德观念是重视经验、遵守古制、对过去负责。工业的发展冲破了因循守旧的小农经济，在广阔的职业领域中建立了自己的物质文明，其道德观念的核心是争取现在的成功，实际上是鼓励人们只对自己的现在负责，既无须顾及过去，也无须顾及未来。然而，在新技术广泛应用的今天，未来的问题则占有突出的地位。未来成为一个人们主动创造和选择的发展阶段。人们的每一个现实决策，都影响着未来。因此，选择和创造未来成为现代从业者的重大责任。

其次，现代社会的发展，要求人们对自然界承担责任。我们知道，近代工业的发展，使人类在征服自然界方面取得了丰富的成就。但是，它也带来了一系列消极的后果，人类对自然资源的消耗速度大大超过了自然资源的再生速度；过度开发造成的环境污染、能源危机、土壤流失、物种灭绝等问题，对人类的进一步发展构成巨大的威胁。因此，保护自然、保护生态环境也就成为现代从业者应有的道德责任。

最后，现代社会的发展，要求人们对人类整体的和平与发展承担责任。科学技术的进步促进了世界一体化，世界相对“变小”了，人们的联系日益频繁，人类的利益和命运休戚与共，谁也不能指望损害别人而自己不受损害。所以，现代职业活动中，从业者必须怀有对人类命运的高度同情心，寻求全人类的理解与合作，也就是要对全人类负责。

人类历史赋予了当代从业者无比重大的责任，实现过去与未来的统一、人与自然的统一、人与人的统一，每一项都关系到人类的存亡。社会越发展，职业活动越现代化，从业者所承担的职业道德责任也就越大。

（2）自主观念。社会主义市场经济条件下，大学生的就业是一种个人行为，想去什么单位、想做什么工作，是由自己决定的。英国哲学家罗素说：“选择职业就是选择将来的你自己。”因此，大学生树立自主观念显得尤为重要。

①正确认识大学生的就业地位。随着我国劳动关系和就业制度的巨大变化，大学生的职业观念也发生了巨大的转变，其特点是自主性与危机感、失落感并存。危机感来自就业制度的改革，特别是劳动力买方市场的形成，大学生之间的就业竞争以及对失业的担忧，使大学生体验到了前所未有的危机感；失落感来自“天之骄子”地位的丧失。计划经济体制下，大学生享受着“皇帝的女儿不愁嫁”以及“国家干部”的优越就业地位。而在市场经济条件下，他们首先要作为一名普通的劳动者，与其他人一样要参与就业竞争。

②破除“等”“靠”“要”的依赖思想。“等”“靠”“要”是统招统分体制下的一种陈

旧思想。“双向选择”“自主择业”的重大改革，打破了过去“学非所用、用非所好”的局面，为大学生发挥自己的特长，做到“人尽其才、才尽其用”创造了广阔的选择空间。然而，面对纷繁复杂、竞争和机遇并存的就业环境，一些大学生不是激流勇进，而是等待他人、社会替自己找到合适的工作，反映出对现代社会就业竞争的不适应。

③正确处理与父母和亲友的关系。近几年，有相当一部分大学生的工作岗位是由父母或亲友安排的。这种现象一方面反映了大学生就业市场的不健全；另一方面也反映出部分学生存在依赖思想。大学生应看到，过分依赖父母或亲友，会产生许多消极因素。一方面，年长者，特别是大学生的父母，其社会经验中带有较深的传统烙印，再加上浓厚的情感因素干扰，其对子女的就业指导未必符合社会发展的需要。他们考虑的或许是环境，或许是待遇，或许是社会名利和地位，但很少考虑大学生自身的兴趣和“学有所用”等问题。另一方面，父母所能提供的帮助是有限的，他们常常局限在狭小的地域，通过少数熟人关系获得职业信息，限制了大学生就业的空间，具有“错配”的弊病。因此，对父母和亲友的意见，大学生不可盲目听从。

④选择符合自己个性特点的职业。选择符合自身个性特点的职业是适应职业和在职业岗位上有所建树的重要条件。个性特点包括兴趣、爱好、价值观、气质、性格、能力等多方面的内容。以兴趣为例，相关研究发现，当一个人对某项工作具有浓厚的兴趣时，他就会把苦、累、脏及荣誉、地位、金钱等置之度外、不予计较，全身心地投入工作，从而极大地提高工作效率和创造性。

有研究资料表明，如果一个人对某项工作有兴趣，就能够发挥他全部才能的80%～90%，并且能在较长时间保持高效率而不感到疲劳；而对工作缺乏兴趣的人只能发挥其全部才能的20%～30%，也容易筋疲力尽。一项社会学的研究发现，选择了与自身兴趣相符的职业的劳动者，其工作效率比职业与自身兴趣不符的劳动者的工作效率高40%。大学生能否选择到符合自己个性特点的职业，是与其对职业的自主观念密切相关的。

（3）竞争观念。竞争是人类社会发展的“催化剂”。所谓竞争，就是战胜对手或众人而成为胜利者。社会生活的各个领域中都存在竞争，竞争机制已深入到社会生活的各个领域和人生的整个过程。可以说，竞争无处不在、无时不有。学习，是知识与智力的竞争；就业，是素质与能力的竞争。正是这种竞争，使人们开阔了眼界、启迪了智慧、激发了斗志、增强了勇气。列宁曾说过：“竞争在相当广阔的范围内培植进取心、毅力和大胆首创精神。”竞争必然给人造成巨大的压力，任何置身于竞争环境中的人，总要争取“优胜”，避免“劣汰”，正是由此产生的危机感，推动人们永远进取、永不懈怠。竞争推动了人员的优化，使参与竞争的个体相互学习、取长补短。竞争观念是个体积极进行职业准备、自觉提高自身素质的重要推动力。培养竞争观念，大学生要做到以下几点。

①树立竞争意识。由于受小生产狭隘观念的限制，在我们的传统文化中，竞争意识并不突出，一些人的生存方式呈现出一种“植物性生存状态”。也就是说，人像植物一样无须思虑劳心，无知无欲，默默地生存，被动地接受环境的支配。但我们知道，人的生命和社会进化的历史是竞争的历史。因此，要树立竞争意识，就必须抛弃“植物性生存状态”。社会主义市场经济条件下，竞争是不可避免的。平等的竞争给每个人同等的取胜机会，既给强者奖赏，也给弱者鞭策，符合大多数人的利益。因此，竞争观念是现代人所推崇的观念。我们无论做什么工作，都不应安于现状、无所作为，而应积极进取、勇于竞争。竞争意识的培养、竞争能力的提高，都需要我们投身于竞争环境之中，面对每一个就业与创业机会，而不应放弃竞争。

②积累竞争资本。大学生要适应职业竞争，就要具备多种技能，这是在竞争中取胜的资本。职业竞争，归根结底是知识、能力和水平的竞争。作为大学生，要增强自身的职业竞争力，除了具备外语能力、计算机能力和扎实的专业知识与职业技能等基本职业能力，以下三种能力也是应高度重视的。

第一，自我推销能力。就业是一个双向选择的过程，在有限的时间内使用人单位认识到求职者的真实能力，并不是一件容易的事情。因此，求职者往往要不断地推销自己。自我推销能力不仅仅是简单的求职技巧，也是一个人综合素质的反映。提高自我推销能力，对大学生参与就业竞争是十分必要的。

第二，心理承受能力。在竞争中暂时处于劣势或在职业竞争中失败是十分常见的事情。大学生必须具有承受挫折的心理准备，甚至要承受暂时失业的痛苦。对许多在父母的呵护下从小学读到大学的独生子女们来说，其心理比较脆弱，往往缺少这种心理准备，一旦面临失业的打击，他们就不知所措、悲观消极，甚至绝望。因此，具有较强的心理承受能力，能够正确地对待挫折和战胜挫折，迅速摆脱因挫折造成的消极状态，以新的精神面貌迎接新的竞争，应该成为当代大学生的重要品质。

第三，合作共处能力。市场经济不仅需要人们具备竞争精神，也需要人们的合作态度和合作共处能力。在学校，个人可以凭借自己的努力取得好成绩，但在工作岗位上，却需要与其他人密切配合才能完成任务。越是现代的职业，越要求人们具备合作共处能力。个人如果不能与同事、同行密切合作，即使能够得到一个理想的职位，也不能保持这个职位，或在工作上取得成就。当然，其也不可能获得工作的乐趣。任何用人单位都不会容忍一个没有合作共处能力的人长期在本单位工作。

③掌握竞争原则。就业并不是无序的竞争，相反，其必须有完善的竞争规则和管理机制。一般认为，就业竞争要遵守以下原则。

第一，平等原则。平等原则是指任何人在相同的条件下都应有同样的竞争机会，它突出表现在社会平等和条件平等上。以个人才能为基础，是实现平等原则的重要条件。

第二，公开原则。只有符合公开竞争的标准和程序，才能保证竞争的平等性。

第三，合法原则。竞争并不是不受限制地你争我夺，国家为了保证正常的择业与就业秩序、规范就业市场，制定了许多有关的程序和法律。参与竞争必须遵守一定的道德规范和法律规范，任何违法的竞争都是不允许的。

第四，自由原则。所谓自由竞争是指竞争的内容、对象和途径都是自由的，没有自由就没有真正的竞争。竞争的自由原则为人们参与竞争提供了更多的机会。

（4）创业观念。所谓创业观念，是指创办新事业、开拓新领域的观念。创业有两层含义：第一层含义是“从没有道路的地方践踏出来、开辟出来”一条新的发展道路；第二层含义是大胆、独立、勇于牺牲的精神。我们可以把创业概括为立足职业岗位的创业和开拓新的职业岗位两种类型。

①立足职业岗位的创业。有些大学生虽有远大抱负，但不能脚踏实地地工作，见异思迁、这山望着那山高，结果一事无成。因此，以本职工作为基础构建自己事业的“大厦”应该是当代大学生获得事业成功的重要思想基础。

首先，立足职业岗位的创业有利于确定自己的奋斗目标。一般来说，人们从事某项专业工作时，会逐渐熟悉和理解该工作的意义、内容、要求和程序，容易发现工作中的问题和不足，且容易找到解决问题的新方法，因此容易找到自己的奋斗目标。实践证明，人们的目标越明确、越有针对性和具体性，人们的创业动机就越强烈，在事业上取得成功的可能性也就越大。不仅如此，立足职业岗位的创业还有利于工作环境的优化，使个人容易得到领导、同事的支持与配合。在现代社会中，个人要在工作上取得成就越来越依赖于团体的力量和他人的支持。立足职业岗位的创业有助于把个人的目标与群体的目标结合起来，为事业成功获得更大范围的支持。

其次，立足职业岗位的创业可以缩短获得社会认可的时间。个人通过自己的奋斗取得成功，但迟迟得不到社会的认可，是一种常见的社会现象。立足职业岗位的创业有利于缩短事业成功到获得社会认可的时间。因为立足职业岗位的创业者所从事的活动是岗位分工的有机组成部分，所解决的问题也是人们熟悉和普遍关注的问题，所以容易引起人们的注意和重视。立足职业岗位进行创业，个人的工作成绩可以通过正常的、业已存在的运行环节和沟通渠道扩大到整个组织和社会，从而缩短获得社会认可的时间。

最后，立足职业岗位的创业可以使个人珍惜劳动岗位。目前“跳槽”成为人们使用频率最高的词汇之一。“人往高处走，水往低处流。”“跳槽”一是为了提高待遇，二是为了发挥特长，三是为了改善人际关系。“跳槽”确实是一部分人实现自己人生价值的重要途径。但是，也有一些人盲目“跳槽”，甚至是出于好逸恶劳、唯利是图、逃避困难、随波逐流、好高骛远等原因，频繁转换工作，结果使自己在事业上一无所成。在现代社会，人们受到各种思想观念的冲击，树立立足职业岗位创业的观念，有助于人们培养敬业精神，使其行为不会为不同观念所左右，也不为社会舆论所影响，能够珍惜自己的每次选择，做到干一行，爱一行，在平凡的岗位上做出不平凡的贡献。

②开拓新的职业岗位。当今社会，大学生失业已不是什么新鲜事。在这种情况下，大学生是应单纯依赖国家或他人安置就业、消极等待，还是应发挥自己的主动性、创造性，自己创造出一番事业？无数事实证明，创业是大学生为社会做出贡献的一条重要途径。纵观职业发展史，许多职业从无到有，都是由开拓者创立的。

大学生要培养创业的观念，首先要破除依赖思想。依赖思想是一种缺乏进取精神的不良心态。具有依赖思想的人，习惯于等待社会为自己提供就业机会，或依靠父母、亲友的安排；习惯于被动选择职业，胸无大志、安于现状，难以接受新思想和新观念。因此，大学生要从日常生活的每一件小事做起，摆脱对他人的依赖，学会独立地思考问题和解决问题，逐渐树立远大的理想，激发创业的兴趣和动机。

其次，要树立冒险观念。所谓冒险观念，就是不怕风险，勇于开拓新生活的观念。在人生的旅途上，风险处处存在。敢冒风险就是敢于探索未知，能勇敢地面对失败。在小农经济的条件下，人们追求的理想是“日图三餐，夜图一宿”，生活只求稳定，不敢冒风险。久而久之，人们的心理形成了巨大的惰性。这种思想在当前的大学生就业中的表现为：择业的依赖性强、主动性和自主性弱，羡慕“铁饭碗”，缺乏创业精神等。冒险观念的缺乏，不仅限制了个人的发展机会，也阻碍了社会的健康发展。只有敢于冒险，才能开拓新的职业领域，发现新的工作机会。例如，一位女大学生，毕业后不在城里工作，自愿回乡当“猪倌”，扩建了家里的破猪圈，利用所学的知识，进行科学养殖。几年后，其使家乡的养猪事业得到了很大的发展，自己的价值也得到了实现。如果她当初害怕失败，就不可能开辟出属于她自己的事业。她在成功的过程中经受了失业的风险，也顶住了舆论的压力。在企业改制和社会转型过程中，很多人自愿丢掉“铁饭碗”，不给自己“留后路”，自己把自己“逼上梁山”。这体现的就是一种敢冒险的创业精神。

最后，要消除畏难心理。任何创造性的劳动都会遇到各种意想不到的困难，在创业者的背后，都有说不清的坎坷和曲折。害怕困难、遇难而退、缺乏与困难做斗争的信心和勇气是与创业品质格格不入的。现在的大学生大部分是独生子女，从小受到家长的特殊保护，很少经受困难和挫折。因此，其在困难和挫折面前，往往束手无策，进入就业市场容易产生畏难心理。创业的路要靠我们自己走。因此，大学生要正确地对待困难，在克服困难的过程中自觉地培养战胜困难和创业的勇气。

创业观念是创造性劳动的思想基础，表现在学习过程中，就是敢于提出新问题、创造新方法；表现在职业活动中，就是引进新技术、开发新产品、开辟新的职业领域。创业不是少数人的事，而是每个人职业活动的组成部分。各种各样的创业活动汇集成创业的潮流，才能推动社会的进步。

二、现代职业的基本特征

现代职业具有同一性、差异性、层次性、时代性的基本特征。

1. 同一性

所谓职业的同一性，是指某一类别的职业内部，其劳动条件、工作对象、生产工具、操作内容等相同或相近。现代职业之所以具有同一性特征，是因为人们所处的环境类似，因此形成同一的行为模式、共同的语言习惯和道德规范。正是因为职业具有同一性，才形成如工商业联合会、邮政工会、铁路工会、教育工会等社会组织。现代职业的同一性要求我们的职业理想和职业态度要与职业相符合，不可盲目地选择职业，而要认真审视自己的个性与才智；要充分了解社会、了解职业，把职业和个人理想有机结合起来。

2. 差异性

所谓职业的差异性，是指不同职业有着不同的行为模式和道德规范。这种差异在知识经济时代随技术的进步而不断加剧。“隔行如隔山”，职业的差异性要求我们尊重每一个职业，绝不可低估任何一种职业的科学性。职业的差异性也告诉我们，盲目“跳槽”进行职业流动是错误的。

3. 层次性

所谓职业的层次性，既是指各类职业的层次性，也是指各个职业内部的层次性。由于不同职业对人们的素质要求不同，不同职业劳动者的付出、收入水平、工作任务的轻重不同，因此其社会声望、权利等因素不同，人们对职业的看法或评价也不同，职业也就有了层次之分。职业的层次性导致了社会的层次性，这是构成现代社会多元化的基础。现代社会较难以阶层来划分，而按职业的层次性却可以清楚地划分出若干群体。职业的层次性要求我们择业时要“量体裁衣”“摸着石头过河”，要想从事高层次的工作，就必须在青少年时期提高自身的素质，做好各方面的准备。

4. 时代性

职业的时代性是指不同的历史时期有不同的热门职业。我国曾出现过“当兵热”“从政热”“银行热”“保险热”“考研究生热”“经商热”“出国热”“三资企业热”等。眼下，又兴起了“MBA（master of business administration，工商管理硕士）热”“互联网热”等。这些热门职业的出现，是应特定历史时期的社会需要而产生的。职业的时代性告诉我们，没有永恒的热门职业，也不可盲目地追逐热门职业。

三、大学生职业观念变化的特点

大学生职业观念的变化，一是适应了社会劳动力市场的发展需要；二是印证了大学生作为择业主体的主体意识的觉醒；三是有力地促进了就业制度和用人制度的改革；四是强化了大学生的现代意识，如改革意识、竞争意识、风险意识等。同时，大学生职业观念的变化对其职业价值认识也会产生深刻影响。具体地说，大学生职业观念的变化主要有以下几个显著特点。

1. 自主性

大学生职业观念越来越强调自我价值的实现，增强了自主意识。现代大学生积极主动地择业，在价值取向方面更多地向个人本位方向倾斜，有较强的自我意识和明显的个性倾向，这是其自我意识和独立意识进一步强化的必然结果。大学生普遍崇尚个体自由、个性发展，强调自我价值，推崇个人奋斗，在选择职业时往往注重个人经济利益，把个人成就、自身发展置于一个相当重要的位置。其主要原因既包括个人挣钱的愿望，也包括更好地实现自己的抱负和施展自己才华的愿望。因此，大学生对个人素质、个人奋斗越来越看重。

2. 趋利性

趋利性是指重经济价值、轻社会价值。在市场经济的影响下，现实生活的直观感受以及对物质满足的强烈要求，使得不少大学生择业时，较少考虑全局利益，更多地脱离实际去追求个人利益。很多人青睐收入丰厚的单位，如外资企业、合资企业和效益较好的国有企业，而收入较低及苦、累、脏的行业则遭到冷落，边远、落后地区更是少有人问津。这导致就业市场中，一些岗位“门庭若市”，一些岗位“无人问津”。一些大学生毕业后不急着找工作或者根本就不找工作，却忙着征婚，希望通过这种方法解决自己的前途问题。趋利性是大学生职业观念变化的一个重要特点，他们对未来的工作环境、生活条件等给予了更多的关注，而理想的感召力和驱动力则被弱化。

3. 多元化

多元化是指择业途径多样化，如“先就业，再择业”。劳务市场和人才市场的建立，促进了人才的流动和优化组合，使人才走向市场化的道路。对于实现自我价值的途径和手段，许多大学生相信自己能找到适合自己的职业或岗位，认为只要善于推销自己，就不难找到实现自身价值的机会。同时，也有很多大学生已认识到应抛弃凭着一个专业守到老的传统就业观念，一些冷门专业的学生在择业时，已不再强调专业对口，而是迅速调整自己的专业方向，向着热门、短线、实惠的行业流动，产生了“先就业，后择业”的现象。

总之，现在大学生的择业途径拓宽，选择机会增多，这是市场经济发展的必然结果，也为大学生实现自我价值创造了有利条件。大学生在考虑职业时对社会义务、发展个性、生活条件等各有侧重，对具体的职业岗位选择也比较灵活，适应性增强。

4. 竞争性

现代大学生的市场意识和竞争观念较强。社会主义市场经济是竞争的经济，是一种优胜劣汰、讲求效率的经济。目前，大学生不仅接受竞争观念，而且具备了较强的市场意识。他们经历了高考竞争，在高校不断接受强化竞争意识的教育。在国家政策指导下的“双向选择”“择优录用”的就业政策，使优胜劣汰的竞争原则成为大学生学习、生活的“指挥棒”。

但是，在这场竞争中，也有部分大学生缺乏思想准备，在就业过程中出现一些弄虚作假的现象。例如，一些大学生在填写就业推荐表时，对考试成绩和个人特长采取“鱼目混珠”“夸大其词”的做法，这说明他们忽视了市场竞争的原则和缺乏起码的职业道德品质。

5. 矛盾性

矛盾性是由现实情况确定的。具体而言，大学生在择业时，可能面临正当和不正当竞争的双重风险：既欢迎竞争又害怕竞争；既想有社会关系帮忙，又害怕那些不正之风；既渴望早日工作，又担心难以适应；等等。

四、影响大学生职业观念的因素

影响大学生职业观念的因素主要有以下几个方面。

（1）改革开放和社会主义市场经济体制的建立，已成为影响大学生职业观念的主要因素，也是影响大学生职业观念的现实基础。一方面，市场经济的利益最大化原则影响到社会生活的各个层面时，大学生的职业理想不可能不受到冲击，而职业理想又对择业具有实际的导向作用；另一方面，部分大学生的被动择业心态与市场经济的那种开放性、竞争性和主动性越来越不适应，其自然地把眼光投向了多彩的职业现实，希望进行自主选择，这迫使他们确立自主择业意识、竞争意识和风险意识。

与此同时，大学生的职业观念也表现出强烈的功利特征。不过，我们不能简单地认为这是一种道德意义上的下降，而应将其看成社会发展和现代职业分工所带来的一种必然结果。

（2）大学生就业制度的改革和企事业单位用人制度的改革对大学生的职业观念产生直接作用。大学生就业制度的“供需见面”“双向选择”和国家对企事业单位用人制度的改革，增加了企事业单位的自主权。这无疑为大学生主动择业创造了契机。可以说，上述两项制度的改革为大学生“主动择业”提供了真正的可能。

（3）人才市场的产生加速了大学生职业观念的变迁。人才市场调节和配置着人力资源，大学生可以通过人才市场选择能够发挥自己能力、专长和有发展前途的用人单位，用人单位也可以通过人才市场或其他渠道挑选符合工作需要和技术要求的大学生。就业渠道和就业模式的变化也冲击着大学生“从一而终”的就业观。

（4）利益的驱动促进了当代大学生职业观念的形成。市场经济的发展，使不同地区、不同行业、不同职业之间的收入差距逐渐拉大，使人们对职业的选择有了更深层次的思考。人们收入的高低在很大程度上不是取决于工作的质量和强度，而是取决于地区、行业和职业的差别。这种利益分配的现状促使大学生在择业时不得不考虑不同地区、行业和职业之间的收入差别。

也就是说，利益的驱动促使大学生不断流向沿海开放城市及经济特区、三资企业（在中国境内设立的中外合资经营企业、中外合作经营企业、外商独资经营企业）等。这也说明，在社会主义初级阶段，在生产力还不十分发达的情况下，经济因素在人们的择业中仍然具有相当重要的影响。

（5）高等教育改革的深化，特别是招生、收费制度的变化，成为影响大学生职业观念的又一个因素。过去大学生上学基本上采取由国家包办的做法，“统包统分”。现在，高校招生已实行收费招生，为改变原来的专业与兴趣不符的情况提供了可能；不包分配则使大学生摒弃“等”“靠”“要”的思想，勇敢地面对挑战。而且，学生向学校缴纳一定的学费后，其自主择业的选择性更大。

（6）改革开放对人才的急切需求，对大学生职业观念的变化起了催化作用。大学生面临着众多的职业机会，这自然会影响其择业方向。尤其是一些热门、紧俏专业，毕业生呈现供不应求的局面。许多企业为大学生就业提供了更大的灵活性，而一些长线专业的学生也不再把改行看得那么可怕和痛苦。他们不断学习实用的知识和技能，做好充分的心理准备，以适应形势的发展和社会的需要。

（7）各种社会思潮，包括西方社会的一些错误思潮，如拜金主义、个人主义、享乐主义等影响着大学生的职业观念。社会舆论有时过分地渲染了不正确的金钱观念和生活观念，加上理想教育的弱化，大学生一时对各种社会思潮还难以鉴别，有时甚至呈现出盲目和矛盾的心态。这些都对大学生的职业观念有不可忽视的影响。

课堂案例

王顺友——“马班邮路”上的忠诚信使

王顺友，这位曾驰骋于四川省凉山彝族自治州木里藏族自治县“马班邮路”的传奇乡邮投递员，虽然已经告别了马蹄扬尘的日子，但心中的乡愁与邮路情怀依旧浓烈如初。他曾深情地坦言：“乡亲们需要我，我也离不开他们。”正是这份为民服务的初心，让他在漫长的邮路上，历经风霜雨雪，不畏艰难险阻，将党的关怀和温暖传递给大山深处的每一个家庭。一个人，一匹马，一条路，他的足迹遍布了26万多公里的山川沟壑，搭建起藏区群众与外界沟通的桥梁。

自1984年接过父亲的邮递员使命，年仅19岁的王顺友便踏上了这条不平凡的邮路。他肩负着从木里县城至白碉乡、三桷桠乡、倮波乡、卡拉乡的邮件传递重任。多年来，他始终坚守岗位，没有延误过一个班期，没有丢失过一份邮件，投递准确率高达100%，用实际行动诠释着对邮递事业的忠诚与担当。

随着时代的变迁，2017年，木里县三桷桠乡迎来了通公路的喜讯，王顺友的愿望终于成真。昔日的“马班邮路”逐渐淡出历史舞台，取而代之的是一条条宽敞的通乡公路。如今的王顺友已荣升为木里县邮政公司党支部专职副书记，但他依然心系邮递事业，关注着全国乡镇邮递员的辛勤付出。

他感慨地说：“家乡日新月异，公路畅通无阻，我们的邮递员如今已能骑上摩托车快速传递邮件。人们的生活品质提升了，互联网和手机普及了，但那些坚守在偏远乡镇的邮递员们仍然在路上奔波，为人民服务。他们的付出与奉献，是支撑我们邮政事业发展的基石。”

单元四　现代职场人的创新意识

职场中，越有创新能力的人，往往越有核心竞争力，观点和想法就越多，能力就越强，成功的可能性也就越大。一个职场人，特别是一个领导者，最可怕的是认为万事不变。如果缺乏创新精神，没有创新能力，墨守成规、畏首畏尾，必然影响组织的发展方向，充其量只能是一个“兵”，而不能成为一个“将”，更不能成为一个“帅”。

一、职场人培养创新意识的注意事项

1. 提高自己的职场创新能力

职场创新能力是一种综合能力，包括敏锐的洞察力和预见力、丰富的演绎分析和联想力、良好的实践创造应变力和组织协调沟通力。创新能力是对知识、技能和经验的合理运用与总结。富有创新能力的职场人具有以下特征：一是兴趣广泛，能从平凡中发现奇特，从人人习以为常的现象中找到“异常”之处；二是具有敏锐的洞察力，能及时找出实际状况和理想模式之间的差距，能察觉到别人未注意到的情况，不断地发现人们的需要和本部门的潜力。

2. 突破思维定势和思想禁锢

事实证明，旧的习惯、观念和思维定势，是创新的最大阻力。创新最重要的是发现自己的思想禁锢，能及时地突破思想的“重围”，有所发现、有所发明、有所创造、有所前进，从而走向新的天地。创新者要突破几种常见的思维定势，如权威定势、经验定势、从众定势和书本定势，充分拓展动态开放、逆向求异、高屋建瓴、情理交融、见微知著和聚合归一的思维视角。

3. 搞创新要允许失败

创新和改变必然带来风险。优秀的领导者都能认识到，成就最大的，往往是那种敢于冒险的人。不冒险，虽然不会有犯错的危险，但也会失去成功的机会。既然是冒险，失败就在所难免。要鼓励人们的创新精神，就必须让其知道，失败了也没有关系。鼓励创新，就要允许人们探索，允许人们失误，可以先开放，后引导；先无序，后有序；先发展，后管理；先试验，后创新。

4. 开拓创新也要讲成本

开拓创新的事业是需要胆识和魄力的，是要付出代价的，否则便蹚不出一条新路子，开不出一片新天地，但不能因此就在创新中不讲代价、不计成本。讲代价计成本，不是斤斤计较，不是吝啬抠门，该投入的一定要投，该多投的一定不能少投，该担的风险一定要担，该交的“学费”一定要交，但是成本不能频繁地、重复地、无限度地增加，否则就是“瞎折腾”。所以搞创新，绝不能心中无数，否则就只能增加一些无谓的成本和风险。

二、职场人提高创新能力的方法

职场人的创新能力，是指在工作岗位上进行创新，产生新的思路、方法、措施，从而产生新的工作效果、效益。创新能力的产生在于学习、实践、改进，通过不断地认真努力，逐步产生新的工作感悟，使自己的工作能力进步。一个人创新能力的提高需要创新意识和科学态度的结合，其和人对世界观、人生观、价值观的正确认识和逐步提高、进步有关，和人的教育背景、文化程度、工作环境、学习实践、追求进步的精神等方面也有相关性。提高创新能力，会使我们的工作能力进步、工作做得更好。

以下是常见的提高创新能力的简单方法。

1. 想象可能发生的最糟糕的事情

“如果你失去了最大的客户将会怎样？”“如果你所在的行业衰退了将会怎样？”“如果你的主要竞争对手进入你所在的市场将会怎样？”对这些问题的回答能够让你发现意想不到的机会或者导致你的整体策略发生变化。

2. 玩“为什么”游戏

五个“为什么”是根本原因分析“工具箱”中的一个“标准工具”。通过问至少五次“为什么”，我们能够找到错误真正的原因。

但是你不必等到错误出现才问“为什么”。你可以挑选一个当前的工作或者正在使用的方法，然后问自己为什么这样做，并不断地深入提问。你在每一个答案后问自己“为什么”的次数越多，就越可能以新的方式看待事物。

3. 假设你已经用光了所有的钱

稳固的现金流很好，但是源源不断的收入或者相当多的资本可能隐藏着省钱或者优化流程的机会。“如果你把钱用光了，你将会做什么？”你可以想出尽可能多的解决方案，然后实施最好的方案。当你感觉到别无选择的时候，你会丢掉那些“不可侵犯”的东西，并且专注于真正重要的事情，以及真正会产生重要影响的事情。

4. 假设没有规则存在

每家公司都会有一些成文和不成文的规定，而且我们每个人都会遵守一些自我强加的规则。“如果不允许你使用当前的指导方针去解决问题，你将会做什么？”“如果你不必再问别人得到许可，你将会怎样做？”“如果你的伙伴不能保护你或者不能掩护你，你将会怎样做？”“如果你能改变培训和培养员工的方式将会怎样？”从心里打破一些规则，尤其是在这些规则是你自己的规则的情况下，你会发现，通常一个“规则”根本就不是真实的规则，它只是你一直以来做事情采用的方式而已。

5. 假设你只有五分钟的时间来解决一个问题

“速度是创新之母。”你可以选择一个问题，强迫自己在五分钟内做出决定。例如，想象一下，你只有五分钟的时间去决定如何处理现金流危机，你会做什么？

人们很容易想出多个解决方案，并且迷失在众多方案中。这种情况下，立即做出决定往往是正确的选择，因为这样做容易抓住问题的实质。

6. 想象完美

“如果你的目标是完美，你要怎样做？”“如果某事必须做得完美，那么你需要做什么？”

例如，对于预算周期，机器操作员不是考虑“将生产率提高 3%，有什么办法”。相反，其可以思考：“如果要确保你的机器从不出现意外故障，需要做什么事情？”这样，其可以列出可能使设备关闭的每一个问题，并想出解决每一个问题的方法。随后，他实施了自己的想法，改进了大量的流程，虽然没有达到完美，但是在三个月内将生产率提高了 32%，而且使附加费用的投资回报率超过了 800%。

7. 故意把事情搞砸

你可以挑选一个运转很好的任务或者流程，然后故意把它“搞砸”，看看会发生什么事情（要挑选一些不值钱或者不影响客户关系的事情），并接受其起作用的方式。

例如，你每天做的第一件事情就是查收电子邮件。你可以明天早上等一个小时再去查收邮件，看看会发生什么事情。这样，你至少会发现等待的一个益处，如你有时间主动地做事情，而不是回复电子邮件。

8. 实地考察和借鉴

行业的交叉影响很少发生，因为我们往往待在自己的“筒仓”里。你可以从一次到食品加工厂实地考察的经历中学到比在图书制造厂里执行一年任务更多的东西。而一位律师可以把其“接触”客户的方式建立在从高端零售商那里学到的东西上。

一些重型设备制造商每个月都组织员工去不同的工厂参观，以完善自身的安全程序。我们可以借鉴别人的好方法，因为对于自己的企业而言，借鉴的东西也是一种创新。

技能实训

1. 实训名称

现代职业观念训练。

2. 实训内容

本次实训旨在帮助参与者深入了解现代职业观念，掌握职业技能提升的方法和途径，提升个人职业竞争力。通过本次实训，参与者将学会如何有效培养现代职业观念，掌握实用职业技能，提高团队协作和沟通能力。

3. 实训步骤

（1）职业观念引导：首先探讨现代职业观念的内涵与特点，引导参与者转变传统的职业观念，树立正确的职业价值观。

（2）职业技能分析：分析当前职场对职业技能的需求，帮助参与者明确自身优势与不足，制订个性化的技能提升计划。

（3）团队协作和沟通：通过团队协作和沟通训练，提升参与者的团队协作能力和沟通技巧，增强职业竞争力。

（4）实战模拟：组织实战模拟活动，让参与者在模拟的工作环境中实践所学技能，巩固和提升职业技能。

4. 实训评价

（1）自我评价：参与者将在实训结束后进行自我评价，总结自己在职业观念、职业技能、团队协作和沟通等方面的提升。

（2）教师评价：教师将根据参与者在实训过程中的表现，对其职业观念、职业技能和团队协作能力进行评价。

项目十　职场新人生存法则

开篇导航

大学毕业后，学生角色向职业人员角色的转变，对人生轨迹的影响深远。这一关键时刻，大学生需要更加深刻地认识自我，以积极的态度拥抱社会，实现从学生到职业人员的角色转换。此转变过程中，塑造积极的职业形象、建立稳固和谐的人际关系，将为事业的起步奠定坚实的基础。

学习目标

知识目标：深入理解职场，掌握职场中的注意事项，为未来的职业发展奠定坚实的基础。

技能目标：提升职业技能，包括高效沟通技能、团队协作技能、问题解决技能等，培养职场核心竞争力，为职业生涯的顺利发展保驾护航。

素养目标：培养良好的职业心态与情商，学会调整情绪、面对挑战，保持积极向上的态度，实现个人与团队的共同成长；通过不断提高自身素质，成为职场中的“佼佼者”。

单元一　初入职场

一、认识社会角色转变

1. 充分认识就业前后的社会角色转变

（1）社会活动方式。大学生从学校步入社会，从学生转变为社会职业人员，要完成社会角色的转变。顺利完成转变、尽可能地缩短转变过程，是适应职业环境的关键。因此，每一个即将就业的大学生，必须对这种社会角色的转变有清晰的了解和认识，以便在在校期间就有针对性地做好准备。

（2）社会责任。学生的社会责任，通常体现在学习过程中。教师教育学生要以服务社会为己任，家长引导学生增长才干，以适应日后的社会竞争。此时，社会责任的体现具有潜在性、后续性。而职业人员的社会责任则体现在工作中，工作质量的高低不再是个人范畴的事情，其对社会产生的影响是直接的，因此要从社会的角度加以评判。例如，医务人员由于工作失职，出现医疗事故，人们就会从职业道德的角度加以指责，甚至追究其法律责任，不可能与学生考试不及格同等对待；服务人员对顾客蛮横、冷漠，会引起人们的反感和不满，受到舆论的批评，但人们不会将其与学生上课心不在焉、幼稚、马虎相提并论。可见，社会对职业人员的社会责任有着更高的要求。

（3）独立性。人的独立性归根结底是经济的独立性。人们只有通过劳动取得了报酬，才能承担起社会责任和家庭责任，此时的“人”才能称为真正的“社会人”。这种全面独立的要求，对大学生提出了依靠自身力量、加强自我管理的人生新课题。由于多年来，学生在学业上有教师的指导，在生活上有家长的支撑，始终处于被人扶助、关注的状态之中，因此，一旦被割断依赖，要求其完全独立的时候，就会产生“步履蹒跚”“重心不稳”的感觉，遇事不知从何下手，决策时犹豫不决、无从取舍。尽快适应独立性的要求，无疑是自我发展和事业成功的先决条件。

2. 主动转变社会角色的重要意义

（1）有利于尽快适应职业生活。走上工作岗位是大学生人生征途上的一个重大转折。在这个过程中，谁能够主动地、尽快地从学生角色进入职业角色，实现角色转变，谁就能够迅速适应职业生活，及早在社会上立足。

（2）有利于在竞争中脱颖而出。竞争是市场经济的一个基本特征。竞争是无情的，适者生存、优胜劣汰是不以人的意志为转移的客观规律。人才的竞争归根结底是素质的竞争。在社会主义市场经济条件下，初入职场者必将面临来自各方面的挑战和竞争，只有尽快进入职业角色，尽快熟悉、掌握业务，才能在激烈的人才竞争中稳操胜券、脱颖而出。

（3）为今后的发展打下良好的基础。从学生到职业人员的转变，实质上是从吸纳、储备知识向创造性地运用知识的转变过程。人才的本质特征在于创造性或创新性。能否主动地、尽快地、顺利地实现角色转变，反映出大学生素质和能力的高低。以积极的态度，主动顺应职业工作的需要，投身于职业实践之中，努力完善自己，将会为今后的成才和发展打下坚实的基础。

3. 尽快实现社会角色转变的方法

（1）强化职业角色意识。学生角色与职业角色的主要区别是社会责任不同、社会角色规范不同和社会权利不同。大学生走上工作岗位后，不仅要认识角色差异，更重要的是应该遵守角色规范，正确行使职业角色的权利，忠实履行职业角色的义务，使自己与职业角色的内在要求相适应。

（2）提高社会责任意识。角色规范是社会赋予角色的行为模式，也是社会评价角色的尺度和标准。在校期间，社会对大学生的评价，主要看其学习是否勤奋，品行是否端正，成绩是否优异，而这些通常都被看作“个人的事”。但是，大学生走上工作岗位以后，其工作的质量、效率、贡献等，就不再被简单地看作“个人的事”，而是从其承担的社会责任角度加以评判。因此，大学生走上工作岗位后，必须时刻意识到自己所从事的工作与社会发展的关系，明确自己所承担的社会责任，按照角色规范的要求，履行自己应尽的社会义务。

（3）增强自主意识。学生阶段的学习生活都是在学校、家庭和社会多方面的精心呵护下进行的。学生是在长期处于接受外界给予的条件下成长的，所以，缺乏自主意识和独立自主能力是大学生普遍存在的问题。走上工作岗位以后，社会和家庭很自然地向大学生提出增强自主意识和独立自主能力的要求。因此，增强自主意识，提高独立自主能力、独立工作能力和创造能力，是大学生实现角色转变的客观要求和重要条件。

二、职场中的注意事项

1. 谨慎行事

不要期待在开始工作的几星期就“击出全垒打”。首先，你要“眼观四处、耳听八方”，有选择性地问问题，并且尽量做一个倾听者。其次，保持亲切有礼的态度总是对的，但是不要在初次与人认识后，就勉强自己去发展密切的友谊关系。最后，不要轻易向人吐露心事，也别随便坦述内心深处的想法，一般人对这种行为通常会产生负面的反应，继而对你起疑心；而一个对你的私人问题知之甚详的领导，虽然内心同情你，却不放心让你多负责任，这样将对你的升迁机会有所影响。

2. 和领导建立融洽的关系

你要试图领会领导要的是什么。例如，他喜欢简单明了的说明，还是喜欢长篇大论的解释；他喜欢巨细无遗地报告所有问题，还是只听重点；他是否很在乎守时与工作有没有如期完成；他是早上比较亲切还是下午比较亲切；等等。了解领导的做事模式和爱好，可以使你成为领导心目中的得力助手。

3. 不要好高骛远

你对新工作的兴奋与憧憬，可能很快就会被愤怒、厌烦的情绪所替代。这是司空见惯的事情。毕竟，新的工作已经改变了你原来舒适的生活方式。有了工作以后，私人时间变少了，日常的生活步调也变得难以控制。当你觉得“怀才不遇”时，也许你正处于缺乏安全感与对自我不肯定的状况。面对这段对自我要求高的时期，你对自我本身以及将来应有切合实际的期望。由于你是一个新人，可能被分派最不好的任务，被要求花更长的时间工作，甚至领的薪水还很低。实际上，所有的专业领域都会有新人，这种情况不能算是要求过分或者不公平。实习期间的工作可帮助你快速成长，以此为基础，你将迎来灿烂耀眼的职业生涯。

4. 牢记人名

尽可能在一个人独处时，记下你所遇到的人的姓名和头衔。当你再遇到他们时，直接叫出他们的名字不但能够取悦对方，还有助于你建立良好的人际关系。你还应注意听别人怎么称呼他人。例如，同事们是否彼此只叫名字？称呼领导时要不要加上职称？

5. 了解公司的文化氛围

公司和人一样，有独特、鲜明的性格。每家公司都有它的一套价值制度、可接受与不可接受的行为模式、奖惩办法、喜好、令人崇拜的人物与不为人知的事情。所以，在你准备大展才能之前，不能不对公司的文化与性格有所了解。当然，公司也有其负面的因素。不久，无论喜不喜欢，你都将会听到、看到会议室里的“尔虞我诈”、办公室里的“政治”等。类似的负面信息将逐渐在你眼前、耳边出现。你不妨接受这些信息，从中学习、吸取教训，但是不要介入。你可以以质疑的态度来看待这些事情。如果你能和公司的这些负面信息保持距离，就能够洁身自好，保全个人声誉，当然也能够保住“饭碗”。

6. 从小事做起

刚走出校园的人容易好高骛远，不屑于做日常工作中的琐事。殊不知，领导考察你，正是要从小事开始，所以无论领导交给你的事多么零散，或者根本不是你分内的事，你都要及时地、充满热情地处理好。即使领导不再追问你事情的进度，你也不可不了了之，一定要给一个答复。只有逐渐得到领导的信任和肯定，你才会有“做大事”的希望。

7. 正确对待批评

刚开始工作时犯的错误不会“葬送”你的前途，要积极道歉或主动检讨，并虚心听取批评。总想着掩盖错误或满口辩解之词，不是强调客观问题，就是推罪别人，这种表现比错误本身更糟糕。

8. 适时表现自己

领导在场时，不要缩头缩脑、退到别人后面，而是要适度表现、敢于说话。开会时，可以坐得离领导近一点，当领导让大家发言时，平时积累的合理化建议可以让领导对你刮目相看。当然，你的举止应稳重，不要随便打断领导的发言，更不可夸夸其谈、喧宾夺主。

9. 善于向别人学习

大学生毕竟缺乏实践经验，要想迅速成长，必须善于向同事学习、虚心请教，不要自以为是。另外，近几年，越来越多的公司常提到“团队精神”，就是因为许多人自恃学历高或毕业于名校，不善于与他人合作，过于以自我为中心，公司是绝不欢迎这种人的。所以，青年人应谦虚、善于倾听，常换位思考，不说非建设性的话，脚踏实地。

10. 注重工作中的细节

（1）手脚要勤快，不仅自己的办公桌要井井有条，同事或领导做一些体力活，如打扫办公室卫生时，也一定要主动抢着做。

（2）穿着要干净利落，这样能让人觉得你精神百倍、干劲十足。

（3）不要迟到或早退，有事情应向领导请假，并说明理由。

（4）有必要时，把工作带回家处理，不要对领导说“这事我明天再干行不行”一类的话。

大学生在在校期间如果能去公司实习、在假期去公司打工，或接受专门的职业培训，对进入工作岗位后少犯错误、争取好开端是很有好处的。

11. 不要随便踏入人际关系的“旋涡”

大学生缺乏处世经验，有时上班后会发现办公室里分成几个“帮派”，这时千万别急着给自己“归队”。有时，某些同事会对你讲一大堆某人怎样好、某人怎样坏的话，道听途说、添油加醋，千万不要被轻易误导。最好先对是非保持沉默，对同事全都笑脸相迎，独立观察和思考，看清形势再说。此外，不要讲同事与领导的坏话，这些话多半会很快传到他本人耳朵里，使你不好立足。

12. 做好就职前的准备工作

接到任用信函后应该立刻打电话或者亲自拜访你的新领导，请他指点你该读哪些与工作相关的书籍、资料。这些资料往往与你准备面试时读过的大不相同，如销售报表、组织架构图、盈亏表、企划书、公司的技术资料以及公司的政策与作业程序手册等。这些资料将有助于你获取必要的信息，进而激发你的责任感。如果可能的话，不妨请你的领导介绍你给即将共事的同事认识，这样，你就可以在正式上班前与他们讨论一些问题。

13. 上班第一周要注意的事项

到人事部门填写个人相关资料；询问同事哪里可以吃午餐，调试工作需要使用的设备；向同事做自我介绍，并设法了解你的领导以及领导的顶头上司是什么样的人；搞清楚什么工作可以带回家做。

14. 做好人际关系方面的心理压力调整

心理学家研究发现，初入职场的青年人的心理压力主要来自以下几个方面。

（1）失去依赖关系的空落感。在校园里，同年龄的大学生往往会直率地抒发情感，与同龄人的情感产生共鸣。而在校园外，这种“直率”与“共鸣”不复存在，初入职场的青年人面临的是一个暂时的心灵阻隔、一个无所依赖的处境。对于已习惯于相互依赖的青年人而言，其带来的心理上的压力是很难承受的。

（2）不被重视的自卑感。在校园里，每个大学生都既是“天之骄子”，又是普通学生，大家彼此平等、互相承认。一旦走出校园，走入社会，其面临的将是“资历丰厚”“等级森严”的群体和陌生的新环境，这就形成了一种心理上的压力。初入职场的青年人往往不知所措，而一些性格内向的人又会生出自卑感来。

（3）面对等级压力的沉重感。在校园里，最讲究的是“学者风范”，有学问的人最受人尊重，其他等级很少起作用，而学者又往往平易近人，教师与学生的交流往往是讨论式的。但是，在公司里，常常有“论资排辈”“等级森严”的上下级关系，居高临下的批评方式等使得一些思想保守或个性突出的青年人觉得心目中的理想社会模式与现实世界有着很大的差别。思想上的格格不入与工作中的违心服从使其心情沉重。

（4）初尝“世态炎凉”的孤独感。大学毕业后，朋友、同学都各奔东西，青年人原有的交际圈子消失了。步入新的工作环境，对于每个人而言，或多或少都有种孤独感。对于老职工来说，初入职场的青年人暂时是位“局外人”，一段时间内，青年人还不能从他们那里得到更多的支持、鼓励及关怀。这时，青年人往往会产生孤独感，“世态炎凉”会使其产生一种被遗弃感。应对这种压力、解决困难，不同的人有不同的方法。无论如何，应该遵循两个原则：第一，承认现实，承认环境的变化；第二，接受并适应这个现实。

15. 做好工作方面的心理准备与调整

（1）培养责任感。初入职场的你，在学生时代，或许对责任这个概念，并没有很强的意识和实际感受，多数的情况是别人对你负责。但是，如果以这种没有责任感的心态步入社会，对工作不负责任、作风散漫、工作纪律不严，你就得不到领导与同事的欢迎，会处处碰壁。许多大学生就是因为缺乏责任感而在步入社会后“栽了跟头”。所以，就职后，你必须有强烈的责任感，对工作、对别人、对自己都要负起责任来。这是你初入职场应有的心理准备之一。

（2）努力把工作做得尽善尽美。身为大学生，你一定经历了大大小小无数次的考试。考满分自然是件好事，但大批大学生抱有“及格万岁”的观念。但是，在工作中，如果你的工作达不到“六十分”，说明你还不称职。每一天的工作都好比是学生时代的考试，而且通常要求你要做到“满分”。因此，从现在开始，你要养成力求尽善尽美的习惯，这样不仅你的工作会很快打开良好的局面，以后也将受益终身。

（3）不要挑剔工作。在校园里，从某种意义上讲，你是“自由人”，可以凭自己的兴趣做事，如选择自己喜欢的专业、选修自己喜欢的课程、与自己投缘的人交往、参加自己感兴趣的活动。但是，能够去做自己不喜欢或不感兴趣的事，并且做得很好，才是个人走向成熟的标志。一旦进入社会，你可能必须做许多你不喜欢做的事，所以从现在开始，你要培养自己乐于接受各种工作的习惯，尤其是对那些其他同事不愿意干的工作更应如此。这样，你才能够得到信赖与认可。反之，如果在工作中挑三拣四，凭自己的兴趣干活，对不喜欢的工作马虎应付，总会栽跟头的。

（4）养成守时的习惯。很多大学生认为，迟到或失约不是什么大问题，容易被原谅。在职场中则不同，你必须对时间有一个新的认识。上班时间、谈判时间、会议时间、与客户约见的时间等，都要遵守。不守时的人，既浪费了别人的时间，耽误了工作，又损害了单位的形象，还会失去领导和同事的信任。为了切实做到守时，必须养成凡事提前五分钟的好习惯；出发前必须对影响你准时到达的因素进行考虑，如交通堵塞、碰到突发事件等。

职场提示

什么时候“跳槽”

如果你出现以下五种迹象，你要判断自己是否应该停止“挣扎”而另外去找一份真正喜欢的工作。

1. 怀疑自己不合格

如果你对自己的工作内容感到痛苦，可能是自己工作表现不佳而又不愿正视这个问题。因此，你应该扪心自问：自己到底做得如何？即使没有得到公开的负面反应，你仍然可以发现一些“蛛丝马迹”，表明你的工作并没有达到期望标准。你可以请领导对你的表现做一个综合评价，以确定自己的表现是否符合他的要求，或者请教一位精明且诚实的同事（最好他的级别比你高），让他为你做一个非正式的评估。

如果你从哪一方都得不到建设性的意见，不知缘由地感到自己的工作表现欠佳，那么你可能确实到了该找一个能给你更多支持的工作环境的时候了。

2. 与领导不合拍

如果你的表现非常符合上级的期望，但是你仍感觉不快，这可能是你与领导个人风格不同的缘故。一种较好的测试方法是思考自己在领导身边时感觉如何。例如，是自在放松还是紧张不安？他提供的“帮助”是否更像是批评？他是否希望迅速答复，而你总需要时间来反应？他对任务有明确的指示还是希望你能自己领会？你的领导是否难以相处？如果你发现确实有与领导不合拍的情况，最好向人事部门征求意见，然后直接找你的领导，比较得体地表达你的意见。有许多领导意识不到他们其实可以更有效地与人交流，当然，如果他人的看法是“没什么希望”，那么你就可以考虑着手准备自己的求职简历了。

3. 与同事不合拍

可能你属于直截了当、性格开朗的那种人，而你的同事却是不坦率的人。你的同事不是你要好的朋友，但可能对你的心境有很大的影响。如果想了解你是否与企业文化相适应，可以问问自己：当你与同事交往时，是否觉得格格不入？你是否对引起他们兴趣的话题感到乏味和无聊？你在工作中是否感到有些不自在？如果是这样的话，那你可能已陷入一个无法展现自己的环境。因为在找到适合自己的工作环境之前，你是难以快乐起来的。

4. 工作过于轻松

如果你“闭着眼睛”都能工作时，这可能表明你的能力已远远超越你的职位而自己却不知道。你可以问自己几个问题：你仍然能够从工作中学习别的东西吗？你想进一步发展自己正在使用的技能吗？你有无长远发展的机会？你对自己的产品或服务是否关心，还是仅仅领工资回家？当不能从工作中学到东西时，多数人会感到疲惫、无聊。

5. 对自己的工作感到奇怪

许多人选择职业时多少有些偶然性，可能你能胜任这项工作，却并未发现自己真正的兴趣所在。几个小问题可以帮助你判断自己是否适合目前的工作：如果你可以重新选择，你还会选择同一职业吗？你是迫不及待地阅读与自己工作相关的报刊，还是将它们扔到一边？你有兴趣阅读这一领域有名人物的自传吗？如果不是，你该考虑去寻找一个适合自己的工作。

单元二　职业适应

社会对“学生”身份和“劳动者”身份的要求是不同的，期望也明显不同。毕业后的大学生若不能及时转变身份并调整好自己的心态，会产生巨大的心理反差。大学生在参加工作后需要尽快提高自己的职业适应能力和情感能力，调整职业心态、工作方法、处世方法等，尽早地融入新的集体，顺利完成从“校园人”到“职业人”的转变。

一、职业适应的概述

1. 职业适应的含义

关于适应性的概念，国内学者将其定义为：个体表现在取得自身与环境相互协调的某种身心活动或学习活动中较为稳定的能力特征。

职业适应是指个人与特定的职业环境进行互动、调整，以达到和谐的过程；职业适应水平则是个人某一时间点的职业适应的程度。显然，职业适应是社会适应的非常重要的一个方面，是基于基本社会化之上进行的继续社会化的阶段性成果。

人的社会化理论认为，职业适应是一种个人的社会化活动，是个人继续社会化过程中的一个重要环节。职业适应水平受到个人预期社会化等社会化因素的影响。职业的适应性应从人和职业活动两个方面来看，对人而言，其是指个人的个性特征对其所从事职业的适宜程度；对职业活动而言，是指某一类型的职业活动的特点对个人的个性特征及其发展水平的要求。

总之，职业适应就是个人在职业认知和职业实践的基础上，不断调整和改善自己的观念、态度、习惯、行为和智能结构，以适应职业生活的发展和变化。

2. 职业适应的内容

（1）心理适应。心理适应是指个人的大脑对职业的各种信息引起的各种心理过程，如感觉、知觉、注意、情绪、情感、意志、性格等的适应过程。其中，情感上的适应较为重要。情感是人对外界事物的心理反应。生活环境和生存环境的变化，使大学生必须调整自己的情感与之相适应，对从事的职业保持一种稳定的工作热情和适度的期望。部分大学生在就业初期，不同程度地存在依赖、从众、恋旧、畏惧、攀比、浮躁、空虚、迷惘、苦闷、自卑等不良心理。此时，大学生要及时调整和矫正这些不良心理，避免不良心理影响工作以及个人的成才和发展。

（2）生理适应。生理适应是指个人对工作时间和节奏、劳动强度和紧张程度的适应，其中包括身体各感觉器官与运动器官的适应过程。不同职业的工作节奏、劳动强度和工作压力是不一样的。在从业初期，大学生要打破原来长期的学习生活习惯，渐渐适应一种紧张、有序、高效的工作生活习惯。在此过程中，其难免出现身体疲倦、头昏脑涨、心力交瘁的感觉，这种不适应是普遍的。但是，随着时间的推移、工作熟练程度的提高，再通过科学规划时间、劳逸结合、适当加强身体锻炼，生理上的“不适应”就会很快消失。

（3）角色适应。角色适应就是对工作岗位的主动适应，即对职业的地位、性质、职责的适应，以最大限度地创造“人职适配”的经济效益和社会效益。大学生毕业后走上工作岗位，角色也发生改变，要及时地转换思想观念和行为习惯，及时地调整自己的奋斗目标和人生期望，用职场人的行为规范要求自己，学会运用所掌握的知识和自己的才能来完成任务。只有这样才能很好地履行职责，适应职业的规范和要求。

（4）群体适应。群体适应是指个人在新的协作集体中的适应过程。社会群体是人们通过一定的社会关系结合起来进行共同活动的集体。大学生本身也构成一定形式的“社会群体”，它是以同学关系为基础建立起来的。这个群体呈现出相对的单一性和不稳定性。大学生到工作岗位后，加入新的“社会群体”，交往对象和人际关系发生了新的变化。学生时期的交往对象主要是同学与老师。工作后，交往对象扩展到有着各种经历、各种年龄、各种层次的领导和同事。这些交往与在校期间的交往不同，需要大学生加倍注意协调好各种人际关系，以适应新群体的要求。

（5）智能适应。智能适应是指个人根据职业岗位所要求的知识和能力结构，来调整、改善自身现有的知识和能力结构，使其适应职业要求的过程。大学生在校期间所构建的知识和能力结构，能否与职业岗位相适应，必须经过实践的检验。同时，大学生要把自己的知识和能力转化为生产力，还需要经过主观的努力。更重要的是，在知识经济时代，知识更新的速度越来越快，职业实践的发展和变化更加迫切地需要大学生不断地调整、改善自己的知识结构和能力结构来适应这种形势。

3. 职业适应的过程

职业适应从时间上讲，一般包括以下三个阶段：一是陌生、不适应阶段；二是思考调整阶段，即边工作边思考问题，调整自己的思想、心态以及知识和能力结构，摸索总结适应职业生活的方法；三是协调与适应阶段，即对职业生活及岗位基本适应的阶段。每一位大学生走上工作岗位以后，应努力缩短前两个阶段，尽快进入第三个阶段。当然，职业适应只能是相对的，而不是绝对的。因为事物是不断发展的，职业实践也是不断发展的，旧的问题解决了，新的问题又会涌现。因此，人们对职业生活有一个不断适应的过程，即调整、适应、再调整、再适应，如此循环往复，这就是职业适应的一般规律。

4. 职业适应的基本要求

对于不同的人而言，从学生角色向职业角色的转变是一个需要时间长短不一、付出努力不同的过程。在此过程中，应注意以下几点：面对现实，正确认识自我；主动了解工作，敬业爱岗、虚心学习、勤于思考；勇挑重担、乐于奉献；正确对待他人评价。

二、职业适应的方法

1. 遵守办公室的“游戏规则”

办公室的规则，有的是明文规定的，有的是不成文的，但有些事情又是你不得不面对的。与其将它视为“苦差事”，不如把它想成是“完成任务的方法”。当你必须和一群要求高、反应敏锐、主观意识强烈的人一起工作，这是绝对无法避免的“副作用”。而你的任务，便是找出能让你应付自如、乐在其中的方法。

例如，办公室里有一些人，职位和地位低，却十分“霸道”，似乎所有人都有“求”于他们。之所以这些人“霸气”，是因为办公室里的所有大小事情，均由他们包办。如果他们对你特别有好感，自然大力协助，让你做起事来方便得多，事半功倍。所以，聪明的人永远不会得罪他们，而且与会他们保持一定的良好关系。但也不要忘记自己的身份，和他们完全打成一片。凡事要公私分明，在公事上，有需要的话，尽管吩咐他们去做，但要交代清楚，并表示谢意；至于私事，千万别让他们效劳。

2. 编织你的人际关系网

良好的人际关系会在你意想不到的时候帮上大忙。因此，我们一定要努力拓展自己的人际关系网，多结识一些人，也许在某些特定的时刻，这些人都是你的贵人。

一个真正的人际关系高手，不仅能够识人、认人、通晓人际关系理论，而且能活用这些知识，在日常生活中与人和睦相处。

那些比我们早成功的人很有可能成为我们事业发展的贵人。因此，你和领导的关系越好，你的机会也就越多，要出人头地也就越容易。因此，在工作方面，一定要和领导好好地进行交流、磋商，尽量和领导建立一种私人的友好关系；在工作之余，多向其说一些自己对事情的看法，工作以外的生活等，让其更了解你；还要积极地参加公司举办的各种活动如旅游、宴会等。在这样的场合下，你会发现平时极其严肃的领导变得易于接近，这时的交流比较容易进行，非常有利于和领导建立良好的人际关系。

人生旅途中有两大考验，一是找到可以培养长远关系的对象；二是培养这种关系，使其茁壮成长。建立关系、培养关系，是迈向成功人生的关键。重要的是，你的这份心思要用对人，也就是找到能给你支持和鼓励的好伙伴。他们乐于见你出人头地，愿意帮你实现梦想。这种人才是你真正的朋友。

3. 营造良好的办公室内人际关系

（1）对领导先尊重后磨合。任何一个领导，能做到领导职位上，都有其过人之处。他们丰富的工作经验和待人处世的方略，都是值得我们学习借鉴的，我们应该尊重他们。唯命是从并无必要，要掌握分寸。你应记住，给领导提意见只是本职工作中的一小部分，尽力完善、改进，迈向新的台阶才是最终目的。要让领导接纳你的观点，应在尊重的氛围里，有礼有节、有分寸地磨合。不过，在质疑和提出意见前，一定要拿出详细的、足以说服对方的资料和计划。

（2）对同事多理解、慎支持。你没有理由苛求同事为自己尽忠效力，在发生误解和争执的时候，一定要换个角度，站在对方的立场上想想，理解一下对方的处境，千万别情绪化，更别把其他人的隐私说出来。任何背后议论和指桑骂槐，最终都会在贬低对方的过程中破坏自己的形象，而使自己受到旁人的抵触与诋毁。同时，对工作要热情，对同事要慎重地“支持”。支持意味着接纳，而一味地支持只能导致盲从，也会产生“拉帮结派”的嫌疑，影响公司决策层对你的印象。

（3）对下属多帮助、细倾听。在工作生活方面，只有职位上的差异，而人格都是平等的。在员工及下属面前，我们只是一个领头带班而已，没有什么了不起的荣耀和得意之处。帮助下属，其实就是帮助自己，因为员工们的积极性发挥得越好，工作就会完成得越出色，也让你自己获得更多的尊重，树立开明的形象。通过倾听，更能体会到下属的心境，从中还可以了解工作的情况，为准确反馈信息、调整管理方式提供了翔实的依据。

（4）向竞争对手“露齿一笑”。在我们的工作生活中，处处都有竞争对手。许多人对竞争者四处设防，更有甚者，还会在背后冷不防地“插上一刀、踩上一脚”。这种极端，只会加剧彼此间的隔阂，制造紧张气氛，对工作无疑是百害无益。其实，在一个整体里，每个人的工作都很重要。当你超越对手时，没必要蔑视；当对手在你之上时，也不必存心“找碴儿”。无论对手如何使你难堪，都千万别跟他较劲，轻轻地“露齿微笑”，静下心干好手中的工作。说不定他在怨怒时，你已做出业绩。这样既有大度开明的宽容风范，又有一个豁达的好心情，也就不必担心失败。说不定对手这时早已在心里向你投降了。

4. 把准职场友谊的“支点”

想在职场中游刃有余，仅靠自己个人形象的好坏以及个人工作成绩的优劣，是完全不够的。在注重个人“内外兼修”的同时，还应该善于经营人际关系，确保自己可以在与同事的交往中游刃有余。

（1）关注同事的爱好。俗话说“趣味相投”，只有有着共同的爱好、兴趣才能让人走到一起。你可以每天都“有意识”地关注他们的一些兴趣和爱好并努力接受。有了共同话题后，同事相处就容易多了；每次和他们闲聊的过程中，你可以将自己在工作中的一些感受和他们进行交流，同事之间的工作友谊也可以增进不少。

（2）不随意泄露个人隐私。在工作中，不要随意泄露他人的个人隐私，否则对方不会将自己的秘密全盘向你托出。假如某一天对方在别人嘴中听到了自己的秘密，肯定认为是你出卖了他。恐怕以后，没有哪个同事敢和你推心置腹地交往了。

（3）牢骚怨言要远离嘴边。无论在什么样的工作环境中，总是怒气冲天、牢骚满腹，逢人就大倒苦水的人，大家是一定不会喜爱的。尽管一些推心置腹的诉苦偶尔可以构筑出一点办公室友情。但是过分地唠叨不停会让周围的同事苦不堪言。也许你自己把发牢骚、倒苦水看作是与同事们真心交流的一种方式，但过度的牢骚怨言，会让同事们感到：既然你对目前工作如此不满，为何不“跳槽”，去另寻高就？

（4）闲聊应保持距离。在闲聊时，不要事事都追根究底，要适可而止，这样同事们才会乐意接纳你。

（5）远离搬弄是非。搬弄是非造成的伤害可以直接作用于人的心灵，它会让受到伤害的人感到非常厌倦。

（6）低调处理内部纠纷。工作过程中，与同事产生一些小矛盾是很正常的；在处理这些矛盾的时候，要注意方法，尽量不要让你们之间的矛盾公开、激化。

（7）切忌随意伸手借钱。除非在万不得已的情况下，我们切忌随意向同事伸手借钱，即使借了钱，也一定要及时归还。

（8）不要张扬。在得意时不要张扬；而在失意的时候，也不能在公开场合向其他人诉说领导的种种不对，所以，无论在得意还是失意的时候，都不要过分张扬，否则只能给工作中的友谊带来障碍。

（9）不私下向领导争宠。私下向领导争宠如果被发现肯定会引起其他同事的非议，更会影响同事之间的工作友谊。需要与领导构建良好的人际关系的时候，应尽量邀多人一起去，而不要在私下做一些见不得人的“小动作”，让同事怀疑你，甚至怀疑你人格有问题，这样同事和你相处时，就会下意识地提防你。

5. 学会在办公室“八面玲珑”

做事灵活、懂得适时变通的人，总会走在人前面，“爬”得比别人高。领导都喜欢谦卑且有潜质的下属，而不喜欢凡事都轻浮自夸的人。所以，你必须要表现出自己的才干，让领导发现你的潜质，而不能使他认为你已经尽了全力，而工作成绩仍然平平。要想达到这一目的，你就要学会“八面玲珑”。

同事关系是非常重要的。同事关系融洽，你的心情就舒畅；同事关系不和，你在工作和精神上会受到双重压力，甚至变成一种折磨。良好的人际关系是以互相帮助为前提的，办事讲究方法，做自己的事的同时，也为同事提供便利，是维护同事关系最好的“润滑剂”。下面几点一定要谨记。

（1）注意第一印象。

（2）穿着得体。

（3）言谈举止要得体。

（4）尽快了解公司文化。

（5）尊重同事，虚心求教。

（6）上下班要守时。

（7）工作要紧张有序。

（8）从领导的角度去考虑那些真正与公司整体业务相关的东西。

（9）积极做打印资料、填写简单表格等工作，这样既给人留下勤快的印象，又易于融入同事的圈子中，能够得到大家的帮助提携。

（10）初为上班族，对于领导或同事交办的每一件事，不管大小，都要尽力克服一切困难，力求在最短时间内尽善尽美地完成。只有做好每一件事，才能取得领导、同事的好感与信任。

6. 成为上司眼中的“重磅人才”

“有业绩，更要有人缘。”不管是在工作场合还是私底下，都要与领导建立良好的关系，才能获得赏识，工作起来也会比较顺利，即使业绩不好，也会受到领导关照。

7. 做好职业适应的心态调整

大学生应从以下几个方面积极调整心态，尽快度过毕业后的“心理断乳期”，完成职业适应。

（1）充满信心，愿意改变。大学生从小学、中学到大学都是在拼搏努力中走过来的，步入社会，更需要有年轻人的朝气与自信；要勇于克服任何困难，相信命运最终掌握在自己手中。

（2）保持良好的心态。由学校转向社会的过程中，难免出现一些心理上的波动，或因环境陌生而孤独，或因条件艰苦而失落，或因单位人才济济而畏惧，等等。这些情况都是正常的，无须大惊小怪。重要的是保持心理的平衡与良好的心态，不要让不良的情绪影响自己的前途。

（3）认清自己的角色，了解具体角色的特点和要求。大学生就业后，就会被人事部门安排到某部门、某岗位去工作，成为特定组织中的一员，肩负起众多角色中某一角色的职责。大学生就业后，一定要充分认清自己的角色位置，明确自己的工作内容、工作特点、工作方法、责任等。只有这样，才能明确自己在工作中该怎样去做、做些什么、怎样做好。还可以通过主动地与主管领导交谈，向老员工请教，阅读有关规定、岗位职责规范等方式，尽快熟悉自己的角色。

（4）安心本职，甘于吃苦。安心本职是角色转变的基础。许多大学生在工作几个月后还静不下心来，这对角色的转变非常不利。既然选择了这份工作，就要尽快从美好的校园生活中解脱出来，尽快全身心地投入新的工作，只有安心工作才能成就一番事业。甘于吃苦是角色转变的重要条件，只有甘于吃苦，才能很快适应工作，及时进入工作角色。

（5）要勤学好问。来到工作单位，你会发现，在大学里学过的许多知识一时用不上，而工作所需要的知识，或是在学校学得不够深入，或是完全没有学过。所以，工作中的竞争在很大程度上是谁能继续学习以更快胜任工作的竞争。谁善于学习，谁就将在激烈的竞争中取得主动权。因此，要做到善于思考，不断提出问题、不断解决问题、不断总结和提高。要想在工作中得到迅速提高，除了加强自己的学习，还要虚心好问。你的领导和同事都有着丰富的实践经验和专业知识，遇到困难及时向他们请教，是你获得成功的一条“捷径”。同时，养成勤学好问的品质，也会给人留下良好的第一印象，任何一个领导和同事都会喜欢勤学好问的人。

（6）积极参与工作。克服不良情绪的影响，尤其要使自己尽快进入工作角色、熟悉本职工作，这其实也是激发工作兴趣的过程。只有积极参与工作，才能逐步培养你对所从事工作的热爱。同时，要尽快熟悉你周围的人，“人熟为宝”，感情在相互交往中产生。如何尽快与同事熟悉起来，使你由一名“局外人”变成新集体里和谐、融洽的一员，是一门不可忽视的学问。

（7）要学会忍耐。社会要比学校复杂许多，刚走上工作岗位，你可能会遇到固执、刻薄的领导，可能碰到处处与你为难的同事，也可能在生活条件、工作环境上都不如意。遇到这种情况，要学会忍耐，冷静处置、以柔克刚。

8. 掌握报告和电话的技巧

作为职场新人，工作程序因岗位、单位不同而各不相同，但每完成一件工作大致都应该包括几个环节：即事前有计划、过程有报告、事后有总结。这里着重讲解每一位大学生都需要注意的几个方面。

（1）报告的技巧。从某种意义上讲，每个人都是下级，在工作中，都需要做报告。报告的技巧，是刚刚走上工作岗位的人的必备知识。做报告不仅能让领导了解你的工作情况，更为你提供了直接让领导了解自己的机会，应该高度重视。

①及时报告。工作时，应该在受到询问和催促之前就主动向领导报告，即使事情很小、很简单，也应在完成之后立即报告。在这里强调立即报告，是因为失去时效的报告往往毫无价值。日本企业界的权威人士松下幸之助认为，从一个员工完成工作后是否马上报告，不仅能看出他是否具备有始有终的责任观念，更能看出他是否有不忽视小事的警觉能力。一个人如果可以完成困难的工作，却不能做平凡的小事，这个人就不是真正能担当大任的人，更不是企业的灵魂人物。另外，对于意外和坏消息更要及时报告，以

便迅速处理、解决。

②中途报告。如果一件任务完成得很顺利或完成时间很短，就不需要中途报告。但如果完成一件任务需要很长时间，并且有新的问题不断涌现，就需要向领导进行中途报告，汇报工作进展情况，分析原因、展示过程，并接受指示。

③口头报告的注意事项。平时汇报工作、请示事情一般采用口头报告的形式。进行口头报告应该注意以下几个方面。

a. 对领导可能提出的问题事先做好准备。口头报告中，要紧紧抓住所要阐明的中心问题，言简意赅，忌漫无边际、杂乱无章。

b. 汇报的问题要有顺序，注意轻重缓急，并有所侧重。一般原则是先讲最重要的事情，再讲次要的；先讲结论，再补充论据。

c. 汇报时尽量避免“大概”“也许”“可能”“估计”这类词，力争准确、肯定。

（2）电话的技巧。电话是重要的办公手段，越来越多的业务通过电话进行处理。正确使用电话有助于充分发挥其功能，有助于迅速收集、传递信息，也有助于提高工作效率。拨打、接听电话的方式、方法，还能反映一个单位的形象以及个人的素质，因此电话的技巧就成为新职员的必备知识。

①拨打电话的技巧。首先，事前要做好打电话的准备，明确打给何单位、何部门、何人，电话的内容要有腹稿，重要电话要有书面文稿，以免拿起话筒后语句啰唆、词不达意，浪费时间。其次，接通电话后，应问明对方单位、姓名，并主动通报自己单位的名称与自己的姓名。再次，说完正式内容，应向对方询问是否听清内容。对于重要电话，尤其是内容较复杂的电话，还应让对方复述一遍。最后，不要在工作时间打私人电话，也不要随时随地拨打电话。

②接听电话的技巧。首先，拿起话筒后，应先通报单位名称，如“您好，这里是某单位某部门，请问你有什么事吗？”其次，要记下要点并复述一遍，尤其是电话里约定的时间、地点等，一定要问清楚并记下来。为此，你应该在电话机旁备上便条和笔。因为没记清约好的时间、地点而耽误事情的例子很多。再次，如果对方找的人就在你身边，最好不要直接说“他在”，或者干脆不说就直接把电话递过去，这是非常不礼貌的。应该说：“请稍等，我请某领导（或某同事）接听电话。”如果对方要找的人不在，应主动询问对方是否有事要转告，遇紧急事情应主动帮忙联络，仅仅回答“不在”是不负责任的。最后，有来电应及时接听，如果因手头工作忙，电话铃响三声以后才接听，应主动道歉，如“对不起，让您久等了。”

另外，无论是拨打电话，还是接听电话，都要注意三个原则：音量适中，口齿清晰；态度和蔼；使用文明用语。

9. 遵守提高工作效率的原则

能够高效率地工作，意味着你的工作任务能够按时或提前完成，并有充裕的时间来修正或者改进工作；你将赢得充裕的时间来学习新的东西，不断丰富和提高自己；你将留有一定的时间来参加你感兴趣的活动，与家人待在一起。所以，提高工作效率，对每一个人来说，都是非常重要的，其甚至等同于“延长了生命”。而高效率的工作方法，更是初入职场的你必须掌握的。以下是提高工作效率的原则。

（1）计划原则。计划帮助你成为时间的“主人”，使你的工作有条不紊。制订计划，有助于督促你的行动；将长期计划与短期计划相结合，能使你迅速达到目标。此外，你还应循序渐进，在实践中不断调整、改进计划并适时检讨。

（2）优先原则。一个人的工作根据轻重缓急，分类排序如下：重要而且紧急、重要但不紧急、紧急但不重要、不紧急也不重要。

所谓优先原则，就是在工作中一定要分清主次，优先处理那些重要而且紧急的工作。

（3）高效原则。高效原则即充分利用你效率最高的时间。

（4）弹性原则。弹性原则即劳逸结合、张弛有度。

单元三　职业情绪与情商

“你能调动情绪，就能调动一切。”要了解情商，必须弄清楚什么是情绪。在竞争日趋激烈、知识爆炸、人际关系复杂的社会中，情商的重要性日益突显。对于初入职场的大学生来说，情商是一项十分重要而又必不可少的职业素质。

一、情绪与情商

1. 情绪

普通心理学中对情绪的定义为：情绪是指人对认知内容的特殊态度，是以个体的愿望和需要为中介的一种心理活动。情绪包含情绪体验、情绪行为、情绪唤醒和对刺激物的认知等复杂成分。

生物学中对情绪的定义为：情绪是指情感中像愤怒、悲哀、恐惧等短暂地、急剧地发生的强烈的情感。

按照通俗的理解，情绪是指个体受到某种刺激后所产生的一种身心激动状态。情绪状态是主观的，因为不同的情绪体验只有当事人才能真正地感受到，别人固然可以通过察言观色去揣摩当事人的情绪，但并不能直接地了解和感受其情绪。情绪经验的产生与当事人的认知有关，但是情绪状态所伴随的生理变化与行为反应，却是当事人无法控制的。情绪每个人都会有，心理学把情绪分为四大类：喜、怒、哀、乐。其基本包括我们身上所发生的所有情绪体验。

2. 情商

EQ 是 emotion quotient（情商）的简称，它是近年来心理学家们提出的与智商相对应的概念，主要是指人在情绪、情感、意志、耐挫折等方面的品质。以往认为，一个人能否在一生中取得成就，智力水平是第一重要的，即智商越高，取得成就的可能性就越大。但现在心理学家普遍认为，情商水平的高低对一个人能否取得成功也有着重要的影响，有时其影响甚至超过智商的影响。

正式提出“情感智商”这一术语的是美国耶鲁大学的沙洛维（P.Salovey）和新罕布什尔大学的梅耶（J.Mayer）。1990 年，他们把“情感智商”描述为由三种能力组成的一种心理结构。这三种能力是：准确表达和评价情绪的能力；有效调节情绪的能力；将情绪体验运用于驱动、计划和追求成功等动机和意志过程的能力。

1995 年 10 月，美国《纽约时报》专栏作家戈尔曼（D. Goleman）出版了《情商》一书，把情商相关的学术研究成果以非常通俗的方式介绍给大众，正式提出了与智商（IQ）相对应的概念情商（EQ）。戈尔曼认为，情商包含了自制、热忱、坚持以及自我驱动、自我鞭策的能力，其具体包含以下五个主要内容。

（1）自我认知。自我认知是指某种情绪出现时能觉察到其的能力，它是情商的核心。认识情绪的本质是情商的基石，当人们出现了某种情绪时，应该承认并认识这些情绪而不是躲避。只有对自己的情绪有较大的把握才能成为生活的“主宰”，才能更好地指导自己的人生，才能更准确地决策婚姻、职业等大事；不了解自身真实情绪的人，必然沦为情绪的“奴隶”。

（2）自我管理。自我管理是指能够自我安慰、调控自我的情绪，使之“适时”“适地”“适度”。这种能力的具体表现是通过自我安慰和运动放松等途径，有效地摆脱焦虑、沮丧、愤怒、烦恼等因失败而产生的消极情绪的侵袭，不使自己陷于情绪低潮中。任何方面的成功都必须有情绪的自我管理能力，如延迟满足、控制冲动的能力等。这方面能力较匮乏的人必须常常与低落的情绪交战；而这方面能力高的人可以从人生挫折和失败中迅速跳出，重整旗鼓、迎头赶上。

（3）自我激励。自我激励是指将情绪专注于某项目标上，为了达成目标而调动、指挥情绪的能力。拥有这种能力的人能够集中注意力，发挥创造力，积极、热情地投入工作，并能取得杰出的成就；缺乏这种能力的人，则容易半途而废。

（4）认知他人的情绪。认知他人的情绪即移情，是在自我认知的基础上发展起来的最基本的人际技巧。具有移情能力的人，能通过细微的社会信号敏锐地感受到他人的需要与欲望，能分享他人的情感、对他人处境感同身受，又能客观理解、分析他人情感。移情能力强者，特别适合从事监督、教学、销售与管理的工作。

（5）人际关系的管理。人际关系的管理就是管理他人的情绪。大体而言，人际关系的管理能力就是调控他人的情绪反应的能力，包括展示情感的能力、表现力、情绪感染力以及社交能力（包括组织能力、谈判能力、解决冲突的能力等）。人际关系管理可以增加一个人的受欢迎程度、领导权威、人际互动的效能等。人际关系管理能力较强的人，常是社交上的“佼佼者”；这方面能力较弱的人，则易于攻击别人、不易与人协调合作。因此，一个人的人缘、领导能力及人际和谐程度，都与这项能力有关。

二、提升情商的方法

1. 关注情绪、不批判情绪，提高自我情绪调节能力

每个人都有自己的情绪，情商低的人往往陷入自我情绪而不自知，高情商的人能够通过情绪调节能力迅速化解自己的情绪。

情绪本身没有对错，当我们懂得关注自己情绪的时候，就可以对情绪进行调节与管理。情绪来的时候，我们可以关注情绪背后的动机，去思考自己为何会生气。例如，自己这次没有升职，而其他同事升职了，我们就有可能会生气。我们可以通过挖掘情绪背后隐藏的成长动机，激励自己下次努力，这样我们就可以降低情绪的影响。

2. 对自己失控的情绪全面复盘

每个人或多或少都会有情绪失控的时候，高情商的人往往会在事后对情绪进行复盘。我们可以用日志记录情绪发生的整个过程。心理学研究发现，写作与记录能够帮助我们缓解情绪的冲击，也让我们内心恢复平静。

你可以在自己情绪失控后进行复盘，并制定情绪转移方案与危机应对方案，这样可以对你的情绪进行预判，也能让你下次有情绪的时候，有更多的办法来应对。

3. 定期维护朋友圈

高情商的人都懂得经营自己的朋友圈，他们不会等到有需要的时候才找朋友，而是在平时就会定期维护自己的朋友圈。无论是出去旅游后还是在相关节日，他们都会送一些定制的小礼物给自己身边的朋友，或者定期与朋友见面，让朋友感受到浓浓的暖意和舒心。

另外，高情商的人会在其他交际圈中选择合适的朋友拓展自己的朋友圈。一般来说，一个人朋友圈中有各种朋友比只有同一种朋友要好。例如，你是做销售行业的，你的朋

友除了销售圈内的人，还可以有法律圈的人、研发人员、产品开发人员等，因为这样可以弥补信息的短板，且多种朋友的信息往往也会让我们看事情更为全面。李善友说：“你的朋友圈决定了你的影响力。”

4. 擅长倾听，采用坦诚、自主的沟通方式

一方面，高情商的人都擅长倾听，他们懂得“听比说更重要”。倾听会帮助我们理解对方，也会让对方感受到充分的重视。

另一方面，在沟通的时候，高情商的人会使用坦诚、自主的沟通方式。在社交中，坦诚交往是高情商的人进行人际交往的“第一要诀”，他们说话既不硬也不软，情理交融，充分表达自己的感受。他们在听到某个人倾诉的时候，不会急于对事情进行批判，而是会充分讲述自己的感受，并给出非常中肯的意见。

课堂案例

乐观也是一种情商

在20世纪70年代中期，美国某知名保险公司为扩展业务，招聘了5 000名推销员，并投入巨资，每位推销员的培训费用高达3万美元。然而，事与愿违，第一年便有一半的推销员选择离开，四年后，这批人员更是减少至不到五分之一。其背后的原因在于，保险推销过程中的频繁拒绝让许多推销员逐渐丧失了持续作战的勇气和耐心。

为了应对这一困境，公司特邀心理学家塞利格曼（M.Seligman）进行深入研究。塞利格曼不仅参照了公司常规的智商测试，还创新地设计了一个专门评估员工乐观态度的测试。随后，他跟踪研究了1.5万名新员工。令人惊讶的是，一组未通过智商测试的新员工在乐观测试中表现出色，被称为“超级乐观主义者”。这些员工在实际工作中也展现出令人瞩目的业绩。第一年，他们的推销业绩就比“一般悲观主义者”高出21%，第二年这个数字更是激增至57%。

基于这一发现，公司决定将塞利格曼的乐观测试纳入招聘流程的核心环节。塞利格曼解释道，乐观主义者面对失败时，往往将其归因于可控的因素，而不是视其为不可克服的困难。这种积极的态度使他们更有动力去调整策略、迎难而上。

值得一提的是，塞利格曼的乐观测试在某种意义上可视为情商测试的雏形。这一测试在保险公司的成功实践为情商理论提供了强有力的现实支撑，证明了情商在预测个人成功方面的重要性。

技能实训

1. 实训名称

职场新人生存技能实训。

2. 实训内容

本次实训旨在帮助参与者快速适应工作环境，掌握职场必备技能，提高综合素质，为未来的职业发展奠定坚实基础。实训内容包括沟通技巧、时间管理、团队协作、职业规划等方面。

3. 实训步骤

（1）沟通技巧提升：学习有效的沟通技巧，包括倾听、表达、反馈等，通过模拟场景练习，提高职场沟通能力。

（2）时间管理训练：掌握时间管理的基本原则和方法，学习制订合理的工作计划，提高工作效率。

（3）团队协作实践：参与团队项目，理解团队协作的重要性，培养团队意识和协作能力。

（4）职业规划指导：明确个人职业目标，制定长期和短期职业规划，提升职业发展的方向性和动力。

4. 实训评价

通过本次实训，参与者能够更好地融入团队，提升工作效率，为个人职业发展奠定坚实基础。同时，实训中的模拟场景和实际操作将帮助参与者更好地理解和应用所学知识，实现快速成长。

参考文献

［1］王雪原，武建龙，王卫．大学生职业生涯规划理论与方法［M］．北京：清华大学出版社，2024.

［2］苏文平，李红捷．大学生职业生涯规划与发展［M］.2 版．北京：中国人民大学出版社，2024.

［3］史小英，侯晓方，孙超．大学生职业生涯规划［M］．北京：人民邮电出版社，2023.

［4］陈凯．大学生职业生涯规划［M］.3 版．厦门：厦门大学出版社，2023.

［5］夏体韬．高职高专大学生职业生涯规划与指导［M］．北京：中国农业大学出版社，2023.

［6］张海峰，许琳，战文彬．大学生职业生涯规划与就业指导［M］．北京：北京师范大学出版社，2023.

［7］齐晏，林鹰．大学生职业生涯规划与就业指导［M］．北京：北京师范大学出版社，2023.

［8］杨敏杰，田红娜，李永华，等．大学生职业生涯规划实训教程［M］．北京：科学出版社，2011.

［9］孙官耀，杨菁．大学生职业生涯规划与就业指导［M］．北京：科学出版社，2020.

［10］柴效武．大学生职业生涯规划［M］．北京：北京交通大学出版社，清华大学出版社，2023.

［11］周立．大学生就业与创业指导［M］．北京：北京工业大学出版社，2009.

［12］鞠殿民，张金明，付忠臣．大学生就业指导［M］．西安：西安电子科技大学出

版社，2016.

［13］朗全发 . 大学生就业指导［M］. 北京：科学出版社，2016.

［14］沈雁华 . 大学生就业指导［M］. 上海：华东师范大学出版社，2016.

［15］王培俊 . 职业规划与创业体验［M］. 北京：高等教育出版社，2011.

［16］蔡红建 . 大学生就业指导工作研究［M］. 北京：北京交通大学出版社，2015.